Naomi Drew

Kinder lernen zusammen streiten und gemeinsam arbeiten

Ein Mediations- und Gewaltpräventionsprogramm

Verlag an der Ruhr

Impressum

Titel: Kinder lernen zusammen streiten und gemeinsam arbeiten – Ein Mediations- und Gewaltpräventionsprogramm

Titel der amerikanischen Originalausgabe:
Learning the Skills of Peacemaking,
Revised and Expanded
© 1995, Jalmar Press
Carson, California, USA

Verlag: *Verlag an der Ruhr*
Postfach 102251, 45422 Mülheim an der Ruhr
Alexanderstraße 54, 45472 Mülheim an der Ruhr
Tel.: 02 08 – 43 95 40, Fax: 02 08 – 439 5 439
E-Mail: info@verlagruhr.de
www.verlagruhr.de

© für die deutschsprachige Ausgabe:
Verlag an der Ruhr 2000
ISBN 3-86072-488-6

Autorin: Naomi Drew

Übersetzung: Ursula Tigges

Illustrationen: Jacqueline Lamer Lockwood
(Seite 67, 73, 102, 111, 138, 143, 171, 189, 196),
Dorothee Wolters (Seite 18, 89, 90, 152, 153)

Titelbild: unter Verwendung von Motiven von Hendrik Dorgathen

Druck: Druckerei Uwe Nolte, Iserlohn

Die Schreibweise der Texte
folgt der reformierten Rechtschreibung.

Gedruckt auf chlorfrei gebleichtes Papier.

Inhalt

Einführung

Frieden beginnt mit mir

59

Stufe I

123 Wir schaffen Frieden in unserer Umgebung

Stufe II

179 Wir entdecken, dass wir zu einer Weltgemeinschaft gehören

Stufe III

Vorwort von Yogesh K. Ghandi

Im Zentrum dieses Buches steht eine einfache Idee mit weitreichenden Konsequenzen: Frieden ist durch individuelle Anstrengung und die Verpflichtung zur Gewaltlosigkeit erreichbar. Konzepte zu Konfliktlösungs- und Friedensstrategien sind nicht neu. Sie sind aus der Notwendigkeit entstanden, globale, institutionelle und interpersonale Auseinandersetzungen zu lösen. Wir haben uns angewöhnt, diese Konzepte in erster Linie für Erwachsene als nützlich anzusehen. „Kinder lernen zusammen streiten und gemeinsam arbeiten" zeigt nun, wie wichtig es ist, unsere Bemühungen auch auf eine andere Bevölkerungsgruppe zu richten: auf die Kinder. In der Kindheit entdecken wir unser Ich, formen unsere Weltsicht, und wir lernen mit Frustration und Konflikten umzugehen. In der Kindheit begeistern wir uns für unsere ersten Ideale. Wenn wir als Kinder lernen friedfertig zu sein – ich gehe einmal optimistisch davon aus, dass dies möglich ist – können wir als Erwachsene unsere Zeit in den Dienst der Gesellschaft stellen, statt sie damit zu vertun, unproduktive Angewohnheiten abzulegen.

Aus Untersuchungen wissen wir, dass die Familie großen Einfluss auf die psychologische und soziale Entwicklung der Kinder hat. Auch der Erziehung kommt eine Schlüsselrolle zu. Sie prägt die Verhaltensmuster der Kinder. Überall dort, wo Kinder in Gruppen gemeinsam lernen, arbeiten oder ihre Freizeit verbringen, ergibt sich ein legitimer Schauplatz, sie in den Prozess des Friedenschaffens einzubinden.

Naomie Drew profitiert bei der Zusammenstellung des vorliegenden Übungsprogramms von ihrer Erfahrung als Erzieherin, Wissenschaftlerin und Mutter. Sie stellt konkrete Entwürfe und besondere methodische Anleitungen vor, mit deren Hilfe ein friedliches Miteinander erreicht werden kann, die den Respekt gegenüber sich selbst und anderen, sowie effektive Kommunikation fördern. Drew unterstreicht, wie wichtig es ist, für die Kinder eine sichere Umgebung zu schaffen, in der sie zum Ausdruck bringen können, was sie beschäftigt; in der sie kreative und spontane Lösungen finden.

Anmerkung zum Sprachgebrauch:
Um den Lesefluss nicht erheblich zu beeinträchtigen, haben wir in diesem Buch durchgehend nur die männliche Form der Anrede verwandt. Es sind damit aber auch Mädchen und Frauen gemeint, also die Schülerinnen, die Freundinnen, die Pädagoginnen, die Lehrerinnen etc.

Vorwort von Yogesh K. Ghandi

Mit Verständnis, Flexibilität und in Verhandlungen lernen sie Probleme positiv und gewaltfrei zu lösen. Die eigentliche Herausforderung, der wir uns als Erzieher und Eltern stellen müssen, ist das vorzuleben, was wir lehren. Unser authentisches Handeln sagt den Kindern mehr über unsere Gefühle und Gedanken, als Worte es je könnten. Ich muss an dieser Stelle an die Geschichte einer Mutter denken, die nicht mehr wusste, was sie tun sollte, damit ihr Sohn seine ungesunden Essgewohnheiten ablegte. Da sie seine Bewunderung für Mahatma Gandhi kannte, legte sie mit ihrem Sohn einen Fußmarsch von 480 km zurück, in der Hoffnung, Mahatma würde dem Jungen raten, keinen Zucker mehr zu essen. Als sie ankamen, sagte Mahatma, sie sollten in zwei Wochen wiederkommen. Trotz ihrer Müdigkeit und Enttäuschung gehorchte die Frau. Beim zweiten Mal traf Mahatma sich mit dem Jungen, und man erzählt, dass dieser aus seiner Bewunderung für ihn seine Essgewohnheiten änderte. Die Mutter fragte Mahatma, warum er nicht schon bei ihrem ersten Besuch mit ihrem Sohn sprechen wollte. Mahatma habe geantwortet „Vor zwei Wochen aß ich gerade etwas Süßes."

Wenn Kinder erst einmal begonnen haben, die Friedens-Strategien zu verstehen und anzuwenden, können sie sie auch auf globale Probleme übertragen. Die Kinder erhalten die Gelegenheit, Ähnlichkeiten und Unterschiede in Bräuchen, Einstellungen und der Politik anderer Völker zu erkunden und an die Möglichkeit einer friedlichen Welt zu glauben. Indem wir unser Ziel deutlich machen und uns beharrlich dafür einsetzen, Frieden zu schaffen, können wir denjenigen Mut machen, die glauben, Gewalt und Krieg seien nicht zu vermeiden. Wenn wir damit beginnen Informationen über innovative und friedliche Ansätze zur Konfliktlösung zu verbreiten und unser Wissen weiterzugeben, kann die große Sehnsucht nach Weltfrieden Wirklichkeit werden.

„Kinder lernen zusammen streiten und gemeinsam arbeiten" kann seinen Teil dazu beitragen.

Yogesh K. Gandhi,
Gründer „Gandhi Memorial International Foundation"

Die Licht-Träger

Die Licht-Träger

(von Jessica Hirst, 11 Jahre)

Licht, das herabregnet
und Regenbogenfarben
über, unter, durch fast alles malt.
Hindernisse werden überwunden,
Gestalten in Licht gewaschen.
Manche nehmen es gierig auf
und behalten es zum eigenen Vergnügen.
Viele wollen es positiv nutzen, ihm helfen zu wachsen.
Sie versuchen es, aber sie schaffen es nicht.
Einige nehmen es auf, wissen damit umzugehen
und geben es an andere weiter.
Diese Wenigen sind die Licht-Träger,
die das Licht für andere tragen,
das Licht anderen bringen:
einem traurigen Kind,
einem verzweifelten Jugendlichen,
einem müden Alten.
Allen wird gesagt:
Die Sonne wird wieder aufgehen,
verliere die Hoffnung nicht, sondern halte sie fest,
sei ein Licht-Träger
und hilf denen, die verletzt wurden, bevor die Seele flieht.
Überwinde Selbstsucht, Grausamkeit,
bewahre dich vor Selbstzerstörung.
Licht, das herabregnet,
gieße die Regenbogenfarben
in die geöffneten Arme
der Licht-Träger.

Vorwort der Autorin

Wenn wir wahren Frieden in der Welt erreichen wollen, müssen wir bei den Kindern beginnen. Wenn sie in ihrer natürlichen Unschuld aufwachsen, brauchen wir nicht zu kämpfen. Wir brauchen unsere Ideale nicht in unfruchtbare Resolutionen zu fassen. Wir werden vielmehr das Netz von Liebe und Frieden immer weiterknüpfen, bis dieser Frieden und diese Liebe, nach denen bewusst oder unbewusst die ganze Welt hungert, zuletzt jeden Winkel der Erde überzieht.“

(Gandhi)

Während der ersten elf Jahre meiner Tätigkeit an der Grundschule wurde mir klar, dass das Schulsystem den Kindern zwar Lesen, Schreiben, Rechnen und Wissen in anderen Fächern vermittelt, nicht aber das Wichtigste von allem: den Umgang miteinander und der Welt. Ich versuchte herauszufinden, was die Kinder heute am meisten beschäftigt und merkte, dass viele junge Menschen große Angst vor der Zukunft haben. Sie sind von der sie umgebenden Gewalt betroffen.

Ich erfuhr auch, dass die Kinder Hoffnung schöpfen, wenn sie die Gelegenheit erhalten über die Zukunft zu sprechen – über eine gewaltfreie Zukunft und über das, was sie selbst dazu beitragen können. Sie erkennen, dass es möglich ist, selbst aktiv an einer friedlichen Zukunft mitwirken zu können.

Ich spürte, dass dringend ein Programm benötigt wurde, mit dessen Hilfe den Kindern die Fähigkeit des friedlichen Miteinanders, ebenso wie Mathematik, Sprache und Sachunterricht beigebracht werden könnte. Ein solches Programm würde zeigen, dass das Engagement für den Frieden genauso logisch, praktisch und von unschätzbarem Wert ist wie Rechnen und Schreiben.

Im Laufe der Jahre habe ich das Programm, nach dem ich zuerst an meiner eigenen Schule gearbeitet habe, erweitert. Mittlerweile wird es in Schulen und Gemeinden vieler verschiedener Staaten und Bezirke in den USA angewandt.

Alles fing damit an, dass ich folgenden Fragen nachging:

- Wie werden junge Menschen auf eine Zukunft vorbereitet, die viele von ihnen bedroht sehen?
- Bietet die Erziehung den Jugendlichen Werte an und vermittelt sie Verantwortungsgefühl für die Welt oder trainiert sie nur fachliche Grundkenntnisse?
- Kann Erziehung den Kindern zu Lebensfreude und Hoffnung verhelfen?
- Lernen junge Menschen, mit den rasanten technologischen Veränderungen und einem Weltbild umzugehen, das immer diffuser wird?
- Lernen Kinder überhaupt die Zukunft zu gestalten? Wenn nicht, wie können sie das erreichen?

Der Titel **„Kinder lernen zusammen streiten und gemeinsam arbeiten“** greift diese Fragen auf. Die Kinder lernen einen praktikablen Lösungsweg für Probleme kennen und trainieren Fähigkeiten, mit deren Hilfe sie eine friedliche Zukunft gestalten können. Sie erfahren nicht nur, dass es möglich ist, zu Hause und in der Schule mit anderen zusammenzuarbeiten. Sie begreifen auch, dass Kooperation viel selbstverständlicher für uns werden kann als Streit. Auch wenn Konflikte immer wieder auftauchen werden – sie brauchen unser Leben nicht zu bestimmen. Im Grunde möchten wir miteinander auskommen und unsere Streitigkeiten beilegen.

Fragen Sie einmal die Kinder, in welcher Atmosphäre sie sich wohler fühlen: In einer, die von Ärger und Wut oder von Frieden und Harmonie geprägt ist. Die Entscheidung ist leicht. Wir wünschen uns Harmonie, wissen aber nicht immer, wie wir sie erreichen können. Oft gelingt es uns zwar, eine friedliche Atmosphäre zu schaffen. Wenn wir sie aber auch erhalten wollen, ist unser ganzer Einsatz gefragt, viel Übung und der Wille alte Gewohnheiten aufzugeben. Die Entscheidung für Versöhnung und gegen Konflikt ist eine ständige Herausforderung.

Für eine friedliche Atmosphäre, in der Kompromisse möglich sind, müssen folgende Voraussetzungen erfüllt sein:

- **Kooperation**
- **Ruhe**
- **die Bereitschaft Streitigkeiten auszutragen**
- **die Fähigkeit Probleme kooperativ zu lösen**
- **Liebe und Akzeptanz**
- **die Fähigkeit zu sagen: „Ich bin auch nur ein Mensch. Ich habe einen Fehler gemacht. Ich versuche es noch einmal."**

Eine friedliche Atmosphäre trägt zum Wohlbefinden aller Beteiligten bei. Sie ist offen und dynamisch, da immer wieder neue Wege gefunden und alte in Frage gestellt werden müssen.

Frieden beginnt mit der Verpflichtung jedes Einzelnen, zur Verbesserung der Welt beizutragen. Erziehung kann das Bewusstsein für diese Verpflichtung stärken. Sie als Erzieher können diesen Prozess in Gang setzen, indem Sie besonders behutsam mit Fragen der Disziplin umgehen, zeigen, wie man Konflikte löst, die Kinder bestätigen und ihnen deutlich machen, dass sie Teil einer Gemeinschaft sind.

„Kinder lernen zusammen streiten und gemeinsam arbeiten" ist als Sprungbrett für ein positives Miteinander in Gruppe, Familie oder Klasse gedacht. Passen Sie die einzelnen Entwürfe Ihren jeweiligen Bedürfnissen an. Wenn Sie die hier vorgestellten Methoden kontinuierlich anwenden, können Sie eine ruhige, kooperative und friedliche Atmosphäre schaffen.

Frieden ist mehr als die Abwesenheit von Krieg. Frieden ist ein aktiver Prozess, an dem Menschen zusammenarbeiten, indem sie ihre Konflikte verantwortlich lösen. Frieden ist der Schlüssel zur Zukunft.

Naomi Drew

Zur Entstehung des Buches

„Es kommt vor allem darauf an, dass Einzelne aus dem Gewissen heraus handeln. Nur so kann ein kollektives Gewissen entstehen."

Irgendwann wurde mir klar, dass ich einen persönlichen Beitrag in der Welt leisten wollte. Ich wusste zwar noch nicht wie, fing jedoch an nach etwas zu suchen, was mich wirklich bewegte. Dabei stieß ich auf das Buch *„Human Options"* (= Möglichkeiten des Menschen) von **Norman Cousins**.

Das war 1982. Das Thema Nuklearwaffen beherrschte damals die Schlagzeilen, und beim Zeitunglesen fragte ich mich, was passieren würde, wenn es jemals zu einem Atomkrieg käme. Ich machte mir Gedanken um meine Familie, meine Freunde und die Kinder, die ich unterrichtete. Etwa zur gleichen Zeit hörte ich von Cousins Buch. Cousins vertrat darin die These, dass wir selbst in Zeiten der potentiellen nuklearen Bedrohung durch unser Einmischen die Zukunft aktiv gestalten könnten und stellte das individuelle Handeln in den Mittelpunkt. Individuelles Handeln – damit war der richtige Nerv bei mir getroffen.

„Eine bessere Welt fängt damit an, dass man sie für möglich hält. Zivilisation beginnt mit der Vorstellung. Der ungebändigte Traum ist der erste Schritt in Richtung Wirklichkeit. Er ist der Kompass, der den Menschen ein höheres Ziel weist und sie eine Lebensaufgabe finden lässt." (Cousins, 52)

Worin bestand meine Lebensaufgabe? Ich dachte immer mehr darüber nach. Da ich zu keinem Ergebnis kam, schrieb ich an Norman Cousins. Ich vertraute ihm meine Hilflosigkeit an, die ich als Mutter zweier kleiner Kinder angesichts einer so gefährdeten Zukunft für alle Kinder empfand. Ich sprach von meinem Bedürfnis dem Lauf der Dinge etwas entgegenzusetzen und selbst aktiv zu werden. Einige Wochen später erhielt ich Cousins Antwort: „So lange es Menschen gibt, die sich wie Sie Gedanken machen, gibt es Hoffnung für die Zukunft." Obwohl seine Worte mich berührten, brachten sie mich in Verlegenheit. Was konnte ich, als einfache Mutter, Ehefrau und Lehrerin schon tun?

Worin bestand meine Lebensaufgabe und wie konnte ich als Mutter und auch als Lehrerin Zukunft gestalten? Nachdem ich eine Menge gelesen, mein Gewissen erforscht und mit anderen gesprochen hatte, stieß ich auf die Worte Gandhis: „Wenn wir wahren Frieden in der Welt erreichen wollen, müssen wir bei den Kindern beginnen."

Ghandis Worte brachten mich auf die Frage: Wie kann ich meinen Schülern den Frieden nahe bringen? Meine Aufgabe nahm schließlich von selbst Gestalt an: Ich würde „bei den Kindern beginnen", denn Kinder sind noch frei und offen für neue Gedanken. Aus diesem Gedanken entstand ein erster Entwurf des vorliegenden Buches, das ich ursprünglich als Leitfaden für mein erstes Schuljahr konzipiert hatte.

Zuerst stellte ich ein Curriculum zusammen, das Cousins Konzept von einer gerecht geteilten Welt mit einbezog, einer Welt, in der die Menschen Verantwortung für eine größere Harmonie übernehmen. Als ich zum ersten Mal mit meinen Schülern über die Idee friedlichen Miteinanders sprach, versuchte ich ihnen zu vermitteln, welche Gefühle Anstoß für dieses Ziel waren.

Nachdem wir uns auf den Boden in einen Kreis gesetzt hatten, begann ich das Gespräch folgendermaßen: „Wenn ich manchmal über unsere Welt nachdenke, mache ich mir Sorgen um eure Zukunft. Wir wissen, dass Menschen und Staaten sich oft gegenseitig verletzen. Es muss etwas geben, das wir jetzt, wo ihr noch jung seid, tun können, um die Dinge zu ändern."

Ich machte eine Pause und sah die Kinder an. Ihr betroffener und besorgter Blick ermutigten mich weiter zu reden. „Ich habe mir überlegt, wie wir selbst ein wenig dazu beitragen können, eine bessere Welt zu schaffen – eine Welt, in der die Menschen einander respektieren und friedlich zusammenleben. Wenn wir selbst damit anfangen, werden vielleicht auch andere Menschen es schaffen. Würdet ihr gern daran mitarbeiten?"

Die Kinder waren sichtlich bewegt. Ehrfürchtiges Schweigen und zustimmendes Kopfnicken waren die Antwort. Mark meldete sich und sagte: „Ja, Mrs. Drews. Aber was können wir tun?"

Dann zeigte ich ihnen einen Globus und erklärte, dass er unsere Erde darstellt, die wir mit vielen anderen Menschen teilen. Ich sagte: „Die Erde gehört allen Menschen. Damit wir aber friedlich zusammenleben können, müssen wir versuchen, unsere Konflikte auszutragen ohne uns gegenseitig zu verletzen. Damit müssen wir beginnen."

Wir sprachen darüber, wie wichtig es ist, dass die Menschen ihre Verschiedenheit akzeptieren und lernen damit umzugehen. Wir unterhielten uns auch über das Bedürfnis aller Menschen nach Liebe, Geborgenheit und Respekt und darüber, dass jeder Einzelne dafür verantwortlich ist, andere menschlich zu behandeln. Dies alles leuchtete den Kindern ein, besonders die Notwendigkeit Konflikte ohne Gewalt zu lösen.

Von da an setzten wir uns jeden Morgen in einen Kreis und überlegten gemeinsam, wie wir zu Hause, in der Schule und überall sonst Frieden stiften könnten. Ich führte Regeln zur Konfliktlösung ein, und die Kinder erzählten von ihren Versuchen, Probleme mit Freunden und Familienangehörigen friedlich auszutragen anstatt zu streiten.

Stufenweise ging eine Veränderung mit meinen Schülern vor. Mit jeder der täglichen Diskussionen stellte ich eine wachsende Sensibilität fest. Sie fingen an, aufmerksamer zuzuhören, höflichere Worte und die „Ich"-Botschaften zu verwenden, die ich ihnen beigebracht hatte, um Probleme auszudrücken. Von Tag zu Tag wuchs der Respekt voreinander. Eine friedliche Atmosphäre breitete sich in der Klasse aus.

Leuten, die in unsere Klasse kamen, fiel die Harmonie auf. Eltern und Kollegen wollten wissen, wie ich diese Veränderungen herbeigeführt hätte. Eine Mutter erzählte mir, dass der Leiter einer Gruppe, in der ihr Sohn Mitglied war, sie danach gefragt hätte, was die Kinder in der Schule gerade machen würden: „Michael hat eine Sensibilität entwickelt, die für Kinder seines Alters ungewöhnlich ist." Michaels Mutter hatte ihm daraufhin vom Programm „Frieden schaffen", wie wir es nannten, erzählt. Viele Eltern baten mich ihnen zu erklären, wie sie unsere Konfliktlösungsstrategie – die win-win-Methode – auch zu Hause anwenden könnten. (Statt win-win-Methode könnte man auch „Beide-Seiten-gewinnen-Methode" oder „Keiner-verliert-Methode" sagen. Diese Methode wird ab Seite 27 genauer erläutert.)

Nach sechs Monaten schien es mir an der Zeit, dem Kollegium mitzuteilen, woran ich arbeitete.

Als der 80 Seiten umfassende Leitfaden zum Programm „Frieden schaffen" fertig war, wollte ich ihn auch über den Klassenraum hinaus bekannt machen. Ich schickte ihn an die *„National Foundation for the Improvement of Education"* (Nationale Stiftung zur Verbesserung der Erziehung), die sich der Entdeckung und nationalen Verbreitung exemplarischer Erziehungsprogramme widmete. Eine Woche später erreichte mich ein Anruf aus Washington. Es war der Direktor der National Foundation, der mich nach Washington einlud.

Die Reaktion des Direktors hat sich bei mir besonders eingeprägt. Er sagte: „Das ist eines der besten Programme, die ich je gesehen habe. Es sollte in Schulen des ganzen Landes durchgeführt werden. Die ‚National Foundation' möchte dies ermöglichen." Eine solche Reaktion auf das Programm, das ich mit meinen Schülern jeden Morgen im Sitzkreis durchführte, hätte ich mir nicht träumen lassen.

Das war der Anfang. Ich ließ mich schließlich von meiner Tätigkeit als Lehrerin beurlauben, um das Programm weiter auszuarbeiten und stürzte mich damit in die anstrengendsten, aber auch spannendsten zweieinhalb Jahre meines Lebens.

Im Oktober 1986 wurde mein Buch gedruckt, vier Jahre nach meiner Lektüre von „Human Options". Kürzlich erhielt ich den Brief eines achtjährigen Mädchens namens Rachel. Sie schrieb:

Danke, dass Sie das Buch „Kinder lernen zusammen streiten und gemeinsam arbeiten" geschrieben haben. Es hat wirklich mein Leben verändert. Es hat mir zu Hause und in der Schule geholfen. Ich stifte gern Frieden und wünschte, es gäbe auf der ganzen Welt Frieden.

Rachel

Ähnliche Empfindungen wiederholen sich in Äußerungen von Lehrern und Eltern, die im Laufe der Jahre auf mich zugekommen sind. Ich hoffe, mein Buch wird Ihnen den Anstoß geben, den mir Cousins Buch gegeben hat.

Ein Mensch, dem das
Herz am rechten Fleck sitzt,
strahlt Schönheit aus.

Sein Heim ist harmonisch,
in sein Land kehrt Ruhe ein
und in der Welt herrscht Frieden.

(Lao Tsu)

Einleitung

„Kinder lernen zusammen streiten und gemeinsam arbeiten" ist ein Leitfaden für Eltern und Pädagogen, die Kinder zu friedlichem Miteinander befähigen wollen. Die Übungsanleitungen und Erklärungen beziehen sich in ihrer Formulierung auf den schulischen Bereich. Denken Sie aber bitte daran, dass sie ebenso für Gruppenarbeit und Familie gedacht sind. Im Mittelpunkt des Buches stehen vier wichtige Konzepte:

- **Sich selbst und andere akzeptieren**
- **Effektiv kommunizieren**
- **Konflikte friedlich lösen**
- **Interkulturelle Unterschiede verstehen**

Das Buch ist in drei „Stufen" eingeteilt, die Übungen zu allen vier Konzepten beinhalten. Insgesamt gibt es 59 Übungen. **Stufe I** hat die Überschrift „Frieden beginnt mit mir", **Stufe II** „Wir schaffen Frieden in unserer Umgebung", **Stufe III** „Wir entdecken unsere gemeinsamen Wurzeln und unsere Verbundenheit". Alle Stufen eignen sich für verschiedene Altersgruppen. Ich nenne zwar zu Beginn jeder Übung das Alter der Zielgruppe, es ist jedoch sinnvoll, wenn sie die Übungen immer Ihren jeweiligen Bedürfnissen anpassen. So können Sie sie auch durchführen, wenn die Kinder Ihrer Gruppe jünger oder älter sind als angegeben.

Lesen Sie das Buch zunächst ganz durch, damit Sie die Übungen aussuchen können, die für Ihre Klasse/Gruppe am besten geeignet sind. Jede Klasse/Gruppe ist anders. Wenn Sie das Buch flexibel und kreativ einsetzen, haben die Kinder mehr davon. Scheuen Sie sich auch nicht, die Übungen in anderer Reihenfolge durchzuführen. Einige der Konzepte werden für die Kinder ganz neu sein. Führen Sie daher neue Ideen und Begriffe jedes Mal genau ein.

Dieser Leitfaden stellt eine Vielfalt an Methoden vor, mit denen friedliches Miteinander geübt werden kann. Dazu gehören: Rollenspiel, kreatives Schreiben, Lektüre, Musik, Gestalten und Gruppendiskussion. Setzen Sie die Übungen etwa zwei Mal pro Woche ein, um andere Themen und Inhalte damit zu bereichern. Da die Konzepte und Werte, die in den Übungen vermittelt werden, den täglichen Umgang miteinander prägen sollen, können Sie einige Techniken regelmäßig wiederholen, um eine friedliche Atmosphäre in der Klasse/Gruppe zu fördern.

Beginnen Sie zum Beispiel den Morgen mit einer Atemübung, um die Kinder ruhig auf den Tag einzustimmen. Die Strategien zur Konfliktlösung können in allen angespannten Situationen angewandt werden. Nutzen Sie eine bestimmte Konfliktsituation als Fallbeispiel, und vermitteln Sie mit Hilfe der win-win-Methode. Binden Sie die ganze Klasse in die Lösung des Problems ein. (Die win-win-Methode und die Mediation in Konfliktfällen werden im nächsten Kapitel vorgestellt.) Es hat eine große Wirkung, wenn Sie gelegentlich die Sache unterbrechen, mit der Sie gerade beschäftigt sind, damit Sie gemeinsam einen Konflikt lösen können. Erklären Sie, dass dies zum Prozess des Friedenschaffens dazu gehört.

Denken Sie daran, dass das Grundkonzept des Buches sich durch alle drei Stufen zieht. Wenn die Kinder lernen, in ihrer Umgebung Frieden zu stiften, entdecken sie allmählich, dass dies auch außerhalb ihres unmittelbaren Umfeldes möglich ist. Je routinierter sie werden, desto besser sind sie in der Lage zu abstrahieren.

In vielen Kapiteln geht es um aktuelle Ereignisse, die den Zusammenhang zwischen individuellem Handeln und Ereignissen von weltweiter Bedeutung deutlich machen. Um die Lösung von Konflikten zu trainieren, untersuchen die Kinder z.B. Zeitungsartikel, die sich auf eine Konfliktsituation beziehen. Die Kinder werden gefragt: „Wie kann man diese Situation mit Hilfe der Methoden, die wir gelernt haben, lösen?" Eine solche Frage führt die Kinder einen Schritt weiter und zeigt ihnen, dass sie nicht nur Mitglieder einer kleinen Gemeinschaft sind – der Familie, der Nachbarschaft und Schule –, sondern auch zur großen Gemeinschaft ihrer Stadt, des Landes und schließlich der Weltbevölkerung gehören.

Die Kinder entdecken, dass sie zur großen Familie aller Menschen auf der Welt gehören und dass alle auf vielfältige Weise miteinander verbunden sind. Vor allem aber lernen sie, dass Frieden bei jedem Einzelnen anfängt, dass die Machthaber der Welt die gleichen Methoden zum Umgang mit Problemen anwenden können wie der normale Durchschnittsbürger. Das bedeutet nicht, Komplexität heutiger internationaler Konflikte grob zu vereinfachen. Es soll vielmehr gezeigt werden, dass Individuen, unabhängig von ihrem Titel oder ihrer Stellung, verschiedene Möglichkeiten haben, ihre Konflikte zu lösen.

Eltern zu Partnern machen

Als ich mit meinem damaligen ersten Schuljahr die Übungen zum Friedenschaffen erprobte, weckte das die Neugier der Eltern. Ich erhielt Anrufe, wie etwa von Todds Mutter: „Mrs. Drew, was machen Sie mit Todd? Sein Verhalten hat sich sehr verändert. Er ist neuerdings bereit Probleme wirklich zu lösen und streitet nicht mehr so viel mit seinem Bruder. Als ich ihn fragte, woher die plötzliche Veränderung kommt, antwortete er: ‚Wir lernen in der Schule, wie man Friedensstifter wird. Unsere Lehrerin zeigt uns, wie wir besser miteinander klarkommen.' Können Sie mir darüber etwas mehr erzählen? Ich möchte es auch gerne lernen."

Eine andere Mutter erzählte: „Michaels Fußballtrainer hat gesagt, dass er Strategien entwickelt hat, Konflikte mit anderen Kindern zu regeln. Er fragte mich, was ich getan hätte, um das zu erreichen. Ich habe ihm erzählt, dass Michael in der Schule an einem besonderen Programm teilnimmt. Könnten Sie mir mehr darüber erzählen?"

Nach mehreren Gesprächen lud ich die Eltern ein, einmal bei einer Stunde zu hospitieren. Wir trafen uns auch mehrmals an Nachmittagen. Das hatte gleich mehrere Vorteile: Die Zusammenarbeit mit den Eltern verbesserte sich. Sie erhielten praktische Informationen und wurden mit den Methoden vertraut gemacht, die ich den Kindern beibrachte. So verstanden die Eltern besser, was wir in der Schule taten und sie konnten unsere Ideen zu Hause unterstützen.

Regelmäßige Treffen mit den Eltern werden Ihnen helfen, gute gegenseitige Beziehungen aufzubauen. Ein Nachmittagskaffee oder ein abendliches Treffen gibt Ihnen Gelegenheit, den Eltern dieses Programm, seine Konzepte und Ziele vorzustellen. Zeigen Sie ihnen auch etwas, das die Kinder selbst gemacht haben, wie zum Beispiel die „Ich-Mobiles" aus Übung 4. Das bringt das Gespräch ein gutes Stück voran. Eltern sehen immer gern, wenn die Werke ihrer Kinder ausgestellt werden, besonders wenn es sich um so persönliche Projekte wie die Mobiles handelt.

Lassen Sie die Eltern ruhig auch einmal beim Unterricht zuschauen. Viele Übungen verlangen sowieso ein Publikum, besonders mündliche Vorträge. Jede Gelegenheit die Eltern einzubeziehen hilft ihnen, die Kinder auch zu Hause bei dem zu unterstützen, was sie in der Schule/Gruppe gelernt haben.

Friedenschaffen ist ein Prozess aus mehreren Stufen

Stellen Sie sich vor, Sie halten eine hohe Leiter. Sie stehen ganz unten. Wenn Sie loslassen, kippt die Leiter um. Wenn Sie gut festhalten, ist die Leiter stabil. Genau so ist es mit dem Friedenschaffen. Frieden fängt bei jedem Einzelnen an. Als innere Einstellung manifestiert er sich zuerst dadurch, wie Menschen über sich selbst denken. Ich komme in diesem Buch immer wieder auf die Bedeutung eines positiven Selbstbildes zu sprechen, weil darin ein wichtiger Schlüssel für erfolgreiches Friedenstiften liegt. Das Selbstbild beeinflusst unser Handeln, unseren Umgang miteinander und unsere Reaktionen.

Mit einem positiven Selbstbild sind Sie in der Lage die nächste Stufe der Leiter zu erklimmen: das Partnerverhalten. Diese Stufe betrifft Beziehungen zwischen zwei Menschen – den Umgang zweier Freunde miteinander, zwischen Lehrern und Schülern, Geschwistern, Nachbarn usw.. Auf dieser Stufe der Leiter sind wir aufgefordert effektiv zu kommunizieren, Konflikte positiv zu lösen und Probleme gemeinsam anzugehen.

Danach folgen Beziehungen innerhalb kleiner Gruppen – Familie, Nachbarschaft, Schule, Kirchengemeinde, Verein usw. So schaffen wir Frieden in immer größeren Gruppen von Menschen und bewältigen immer komplexere Interaktionen. Machen Sie sich immer wieder klar, dass es vor allem unsere innere Verfasstheit ist, die unsere Beziehungen innerhalb der Gemeinschaft bestimmt. Wer sich als Teil und als Ganzes zugleich begreift, kann effektiver mit anderen umgehen. Das Gefühl wertlos und unzulänglich zu sein oder Kummer zu haben, äußert sich auch im Umgang mit anderen und in der Wahrnehmung anderer. Das können Sie an den Kindern in Ihrer Klasse/Gruppe beobachten: Fast zwangsläufig haben diejenigen, die sich von anderen absondern, keine gute Meinung über sich selbst.

Wenn Sie die Leiter noch weiter hinauf klettern, begegnen Sie immer größeren Gruppen. Sie steigen bis zu Gemeinden, dem Land, dem Staat, dem Erdteil und schließlich der ganzen Erde auf. Wie Sie die Welt wahrnehmen und wie Sie sich zu ihr verhalten, hängt von Ihrem Verhältnis zu sich selbst ab. Fragen Sie sich selbst:

- Was kann ich für andere und für die Welt tun?
- Wie verhalte ich mich zu den Menschen, die um mich herum sind?
- Wie kann ich meinen Einfluss erweitern?
- Was kann ich zur Veränderung der Welt beitragen?

Übungen wiederholen

Frieden schaffen muss ebenso regelmäßig geübt werden wie Fakten wissen. Sie sollten die Übungen jedes Jahr mit den Kindern wiederholen, dabei aber variieren. Wenn Sie zum Beispiel ein drittes Schuljahr unterrichten, das die meisten Übungen zum Frieden schaffen bereits im zweiten Schuljahr durchgenommen hat, können Sie die Übungen in veränderter Form wiederholen. Führen Sie ein Klassengespräch durch, in dem sie mit den Kindern besprechen, dass sie jetzt neue Einsichten und neues Verständnis gewonnen haben, weil sie älter geworden sind und während des vergangenen Jahres viele Erfahrungen gesammelt haben. Die Reaktion auf die Übungen kann deshalb diesmal etwas anders ausfallen. Die Wiederholung bestärkt sie aber, in ihrem Verhalten und ihrer Einstellung weiterzuarbeiten.

Gehen Sie kreativ vor. Variieren Sie die Übungen und Diskussionen, halten Sie dabei aber immer das Ziel im Auge. Führen Sie mit Kollegen ein Brainstorming durch, um zu erfahren, welche neue Ideen sie beim Unterrichten des friedlichen Miteinanders entwickelt haben. So können schnell neue Aktivitäten und Übungen entstehen.

Denken Sie daran, dass die Wiederholung wichtig ist, damit Kinder Neugelerntes festigen können. Veränderung braucht Zeit, Übung und Anpassung, aber sie sollte auch Spaß machen. Die Kinder begreifen Inhalte leichter, wenn ihnen der Unterricht Spaß macht.

Warum ist es wichtig, die Kinder zu friedfertigen Menschen zu erziehen?

Mir ist immer wieder aufgefallen, dass Lehrer und Kinder die Konzepte des Friedenschaffens, die in diesem Buch vorgestellt werden, verinnerlichen müssen, damit etwas in Bewegung gerät. Ein Lehrer erzählte mir von folgendem Beispiel:

„Im Raum war es so still, dass Sie das eigene Atmen hören konnten. Die Kinder saßen mit gekreuzten Beinen in einem Kreis auf dem Boden. Alle waren in Gedanken versunken. Die Kinder waren gebeten worden, sich die Welt so vorzustellen, wie sie sie gern hätten. Sie sollten sich vorstellen, wie es wäre, wenn Menschen aller Rassen, Religionen, Hautfarben und Nationen miteinander klarkämen. Wie würde die Welt dann aussehen? Wie würde sie sich von unserer heutigen Welt unterscheiden? Wie würden sie sich fühlen, wenn die Welt so wäre? Die Kinder saßen für ein paar Minuten ganz konzentriert und still da. Dann begann einer nach dem anderen zu sprechen. Ein Junge sagte: ‚Ich habe mir vorgestellt, dass farbige und weiße Kinder zusammen spielten.'
Ein kleines Mädchen sagte: ‚Ich habe mir eine Welt ohne Krieg vorgestellt, in der die Menschen gelernt haben, ihre Konflikte gemeinsam zu lösen.'"

Rechnen Sie damit, dass Kinder ebenso wie Erwachsene sich zuerst dagegen wehren werden, sich in einer nicht-friedlichen Welt friedlich zu verhalten. So erzählten mir einige Lehrer:

„Manchmal sind Kinder zu mir gekommen, die gesagt haben ‚Ich bin kein Friedensstifter, ich muss manchmal streiten', oder ‚Warum soll ich versuchen, mit anderen zurechtzukommen, wenn sie nicht mit mir zurechtkommen wollen?'" Machen Sie sich auf solche Fragen gefasst – sie gehören zum Lernprozess des friedlichen Miteinanders dazu. Das Programm fordert die Kinder zur bewussten Wahrnehmung und zu bewusstem Handeln heraus. Veränderung braucht Zeit.

Seien Sie geduldig und achten Sie auf die kleinen Veränderungen, die sich Schritt für Schritt vollziehen. Eine Lehrerin berichtete, nachdem sie das Programm durchgeführt hatte: „Manche Kinder in meiner Klasse streiten sich immer noch, aber sie haben damit begonnen Verantwortung für ihr Verhalten zu übernehmen."

Hinweise zur Benutzung des Buches
– Tipps für Lehrer und Eltern

Beginnen Sie mit einer Diskussion

Erzählen Sie den Kindern, warum Sie sich selbst zum Frieden in Ihrer Klasse/Gruppe oder Familie verpflichtet haben. Diskutieren Sie mit ihnen über folgende Leitfragen:

- *„Welche Atmosphäre wünscht ihr euch in der Klasse/Gruppe?"*
- *„Wie möchtet ihr von den anderen behandelt werden?"*
- *„Wodurch zeichnet sich eurer Meinung nach eine friedfertige Klasse/Gruppe aus?"*

Stellen Sie eine vorläufige Hitliste mit den genannten Wünschen und Eigenschaften zusammen und hängen Sie sie auf. Sie bietet einen Einstieg und wird später weiter anwachsen. Alle Kinder helfen, diese Liste zu vervollständigen. Gehen Sie sie von Zeit zu Zeit gemeinsam noch einmal durch, um sich die Ideen erneut vor Augen zu halten. Schließen Sie die Diskussion mit folgenden Fragen ab:

- *„Wie ginge es in unserer Klasse/Gruppe zu, wenn wir alle unser Bestes täten, um miteinander auszukommen?"*
- *„Wie sähe die Welt aus, wenn sich alle für Frieden einsetzten und wüssten, wie man Frieden verwirklichen kann?"*
- *„Was bedeutet es, wenn wir sagen ‚Frieden beginnt mit mir?'"*

Seien Sie nicht überrascht, wenn die Kinder während der Diskussion Gefühle der Verzweiflung, Resignation oder Apathie äußern. Lassen Sie sie ruhig zu und gestatten Sie sich auch selbst negative Gefühle. Sie gehören zur Entwicklung eines friedlichen Miteinanders dazu. Je länger Sie sich damit befassen, umso deutlicher erkennen Sie, dass alte Lösungsmechanismen nicht funktionieren. Diese Einsicht äußert sich manchmal in mangelndem Vertrauen in neue Lösungsmöglichkeiten.

Wir meinen oft: „Das kann nicht funktionieren. Es entspricht einfach nicht der menschlichen Natur, Differenzen beiseite zu schieben und Konflikte einvernehmlich zu lösen." Denken Sie aber auch daran, dass diese Empfindung auf ihrer Kehrseite den Glauben an eine Möglichkeit birgt. Wenn wir uns der Hoffnungslosigkeit überlassen, sind wir machtlos. Der Glaube daran, dass sich etwas bewegen lässt, wirkt wie ein Katalysator – durch ihn werden Sie entdecken, dass Sie langsam aber sicher in der Schule und zu Hause Harmonie und Kooperation entwickeln können. Vergessen Sie nicht, dass es sich dabei um einen langsamen Prozess handelt, und haben Sie Geduld.

Ob sich jemand für den Frieden einsetzt, wird gewöhnlich zunächst im täglichen Umgang miteinander sichtbar. Dieses Thema habe ich mit meiner eigenen Familie ausführlich diskutiert. Eine der Fragen, die aufkamen, lautete: „Wie können wir von Staaten erwarten, dass sie miteinander auskommen, wenn uns dies zu Hause schon nicht gelingt?" Daraus schlossen wir, dass wir zu Hause nach Möglichkeiten suchen müssten miteinander auszukommen, damit auch andere dies vielleicht schaffen könnten. Wenn wir eine bessere, sicherere Welt wollen, müssen wir uns zuallererst zu Hause dafür einsetzen.

Langsam sahen meine Kinder ein, dass wir selbst Verantwortung für den Frieden übernehmen müssen. Es ist oft so viel einfacher, die Schuld an Konflikten auf andere oder die Umständen zu schieben. In uns hineinzuhorchen und unsere eigene Verantwortung für einen Konflikt zu entdecken, widerstrebt oft eingefleischten Verhaltensmustern. Aber genau das ist der Punkt, an dem wir ansetzen müssen, um Probleme zu lösen und Frieden zu schaffen.

Bevor Sie den Kindern Strategien zur Konfliktlösung beibringen, sollten Sie sie unbedingt in ihrem Glauben an den Frieden und in ihrer Verpflichtung zum Frieden bestärken. Vision und Verpflichtung sind die wichtigsten Elemente im Einsatz für den Frieden. Ohne sie ist der Prozess hohl und bedeutungslos. Eine Verpflichtung ist ein Versprechen, das wir uns selbst und anderen geben, und das wir halten müssen – egal, was passiert. Eine Verpflichtung ist weder von irgendwelchen Umständen noch vom Verhalten anderer abhängig. Sie ist Sache jedes Einzelnen und hängt ganz von seinem eigenen Willen ab.

Fragen Sie die Kinder: „Wollt ihr euch wirklich dazu verpflichten, Streit mit anderen friedlich auszutragen?“ Sprechen Sie mit ihnen darüber und erklären Sie, dass wir manchmal selbst den ersten Schritt tun müssen, um einen Konflikt zu lösen. Fragen Sie dann: „Wie wäre es, wenn die erste Pflicht aller Menschen auf der Welt, auch der Regierenden, darin bestünde, Konflikte gewaltlos auszutragen?“

Vielleicht haben Sie selbst an diesem Punkt noch Zweifel? Dann fragen Sie sich noch einmal, ob Sie Frieden grundsätzlich für möglich halten. Denken Sie einen Moment nach: Wie wäre die Welt, wenn überall Frieden herrschen würde? Stellen Sie sich Einzelheiten vor. Was ist Ihnen eingefallen? Glauben Sie an eine friedliche Welt oder steht dem noch etwas im Weg? Wenn ja, was? Sprechen Sie auch mit anderen darüber. Der Glaube ist Quelle und Ziel zugleich: Wenn Sie daran glauben, dass Frieden möglich ist, haben Sie den ersten Schritt zur Verwirklichung des Ziels schon getan. Der Friedensprozess beginnt mit Ihnen als Individuum und Ihrem alltäglichen Verhalten.

Klassen- oder Familienkonferenz

Es gibt viele Möglichkeiten, in der Klasse und zu Hause eine friedliche Atmosphäre zu schaffen. Die Klassen- oder Familienkonferenz ist eine davon. Sie hilft Ihnen, einen guten Nährboden für die Kooperation vorzubereiten. Wenn Sie mit den Kindern diskutieren, ist es leichter Übereinkünfte zu treffen, mit deren Hilfe Probleme sich lösen lassen. Halten Sie die Klassen- oder Familienkonferenz mindestens einmal pro Woche zu einer festgesetzten Zeit ab. Im Klassenraum setzen sich dazu am besten alle in einen Kreis. So haben die Teilnehmer das Gefühl gleichberechtigte Partner zu sein. Alle sitzen in der „ersten Reihe“. Der beste Platz für Familienkonferenzen ist der Esstisch. Wenn jüngere Kinder teilnehmen, kann der Lehrer oder ein Elternteil die Versammlung leiten. Sie können sich mit älteren Kindern in dieser Rolle abwechseln.

Regeln für die Klassen-/ Familienkonferenz:

- Ziel soll sein, die Atmosphäre in der Klasse oder Familie zu verbessern und nicht, alten Streit wieder „aufzuwärmen“ oder „Frust abzuladen“.
- Alle kommen der Reihe nach zu Wort.
- Niemand wird unterbrochen.
- Alle erklären sich einverstanden, auf negative Kommentare zu verzichten.
- Alle hören zu.
- Alle erklären sich bereit (vielleicht besser: nehmen sich vor), die Dinge aus der Sicht des Sprechers zu betrachten und sich nicht nur auf die eigenen Gedanken zu konzentrieren.

Halten Sie alle Entscheidungen und Übereinkünfte, die die Klasse oder Familie gemeinsam getroffen hat, schriftlich fest und hängen Sie sie an einer gut sichtbaren Stelle auf. Im Laufe der Versammlung kann der Gesprächsleiter allen danken, die ihre Meinungen oder Gedanken ausgesprochen haben. Damit erkennt er ihre Beiträge an und ermutigt die Teilnehmer, die sich eventuell noch zurückhalten.

Klassen- oder Familienkonferenzen bieten eine Gelegenheit, Konflikte offen darzulegen, Probleme zu lösen und kooperativ zusammenzuarbeiten. Kinder freuen sich, wenn sie in einen Entscheidungsprozess miteinbezogen werden – das stärkt ihre Selbstständigkeit und Eigenverantwortung. Diese Art der Teilnahme aller trägt auch zum Zusammengehörigkeitsgefühl der Klasse oder Familie bei.

Einfühlsame Erziehung zur Disziplin: Worauf Sie achten sollten!

Die folgenden Tipps helfen Ihnen, die Kinder zu friedfertigem Verhalten zu erziehen:

Vergessen Sie nicht, dass Sie grundsätzlich alle Kinder erreichen können.
Untersuchungen belegen, dass Kinder, deren Lehrer (oder Eltern) ihnen vertrauen und an ihren Erfolg glauben, tatsächlich auch erfolgreich sind. Negative Erwartungen in Bezug auf intellektuelle Leistungen führen dagegen zum Scheitern. Das Gleiche gilt auch für Verhalten. Wenn Sie Negatives erwarten, werden Sie es auch bekommen. Wenn Sie aber wissen, dass alle Kinder in der Lage sind, sich positiv zu verhalten und zu kooperieren, und wenn Sie aus dieser Überzeugung heraus handeln, werden Sie das Verhalten der Kinder positiv beeinflussen. Mit dieser Einstellung werden disziplinierende Maßnahmen automatisch seltener notwendig.

Bestätigung
Eine Bestätigung ist ein ernst gemeintes Kompliment, das wir anderen machen. Je häufiger Sie die Kinder in ihrem Sein und Tun bestätigen, umso besser. Wenn wir andere bestätigen, halten wir ihnen einen Spiegel vor, durch den sie ihre besten Eigenschaften sehen können. Jede Bestätigung ist ein Geschenk. Seien Sie mit diesem Geschenk freigebig.

Halten Sie Momente fest, in denen Kinder sich richtig verhalten und zeigen Sie ihnen sofort Ihre Anerkennung dafür.
Damit ist nicht gemeint, dass Sie negatives Verhalten ignorieren sollen. Lenken Sie die Aufmerksamkeit aber eher vom Negativen zum Positiven. Es wird funktionieren. Beginnen Sie eventuell damit, dass Sie alle positiven Eigenschaften eines schwierigen Kindes aufschreiben. Zeigen Sie diesem Kind die Liste, um sein Selbstbild zu stärken. Jedes Mal, wenn Sie sehen, dass das betreffende Kind sich positiv verhält, zeigen Sie ihm Ihre Anerkennung. Ergänzen Sie die Liste täglich.

Positives Verhalten loben
Beispiel aus der Schule: Es ist Ihnen zu Beginn der Stunde zu laut in der Klasse. Sagen Sie: „Ich möchte, dass ihr jetzt leise seid. Nehmt bitte eure Mathe-Bücher heraus und zeigt mir, wenn ihr bereit seid." Die meisten reden unbeirrt weiter. Nur fünf Kinder befolgen Ihre Anweisungen. Sagen Sie: „Karin, ich finde gut, dass du dein Mathe-Buch herausgenommen hast und für den Unterricht bereit bist. Klaus, du hältst dich ebenfalls an das, was ich gesagt habe und bist bereit. Du hast deine Stifte und deinen Radiergummi herausgenommen und dein Buch auf der richtigen Seite aufgeschlagen. Das finde ich toll." Mit der Zeit werden Sie merken, dass jedes Mal, wenn Sie positives Verhalten loben, die anderen Kinder dem Beispiel nach und nach folgen. Wenn dies der Fall ist, geben Sie jedem Kind eine kurze Rückmeldung: „Tom, du bist auch fertig, prima." Fahren Sie so fort, bis die ganze Klasse still und aufmerksam ist. Danach loben Sie die ganze

Gruppe. Kinder werden gern bemerkt. Wenn sie Ihre Aufmerksamkeit nicht durch positives Verhalten gewinnen können, versuchen sie es mit dem Gegenteil. Steht das Positive im Mittelpunkt, haben alle etwas davon.

Beispiel aus dem familiären Kreis: Drei Geschwister spielen ein Spiel. Jan und Karla fangen an sich zu zanken. Das dritte Kind Julia spielt still weiter und hält sich aus dem Streit heraus. Sagen Sie: „Julia, ich finde toll, wie gut du mit anderen zusammen spielen kannst. Du bist sehr aufmerksam deinen Geschwistern gegenüber. Danke." Beobachten Sie, wie die beiden anderen reagieren. Sehr wahrscheinlich werden sie dem positiven Beispiel folgen. Oft ist es gar nicht nötig das negative Verhalten zu tadeln.

Sollten sich die Kinder dennoch weiter streiten, haben Sie mehrere Möglichkeiten:

- *Stellen Sie die Kinder vor die Wahl:* „Entweder ihr hört auf zu streiten oder ihr legt das Spiel weg."
- *Stellen Sie eine Forderung:* „Spielt jetzt bitte still. Es stört mich, wenn ihr euch streitet. Wollt ihr mit dem Zanken aufhören und weiterspielen?"
- *Auszeit:* „Mir scheint, ihr beiden müsst euch voneinander erholen. Jan, setze dich bitte eine Weile an den Küchentisch. Karla, du setzt dich auf die Couch. Wenn ihr meint, ihr habt euch beruhigt, könnt ihr weiterspielen.
- *Wenden Sie die win-win-Regeln an* (vgl. Kapitel „Erste Einführung in die win-win-Methode", ab S. 27).

Beachten Sie: Mit keiner der oben genannten Methoden wird ein Urteil gefällt oder eine Strafe verhängt. Das heißt nicht, dass Bestrafung nie angemessen sein kann. Wenn alles andere nichts genützt hat, kann die Strafe der nächste Schritt sein. Achten Sie aber darauf, durch die Strafe niemanden zu beschimpfen oder zu verurteilen. Sprechen Sie einfach das Verhalten an, das Sie gern geändert haben möchten und sagen Sie, was Sie darüber denken. Zum Beispiel: „Ich bin jetzt wirklich wütend, Jan und Karla. Ich habe euch darum gebeten, nicht mehr zu streiten. Ihr habt trotzdem einfach weitergemacht. Meine Geduld ist jetzt zu Ende. Ich möchte, dass ihr in eure Zimmer geht."

Beachten Sie den Unterschied zwischen dieser Reaktion und den folgenden:

- *Beschimpfung*: „Jan und Karla, ihr seid Nervensägen und macht mich noch verrückt."
- *Urteil*: „Wie ungehorsam ihr seid! Ihr habt Strafe verdient, weil ihr so frech wart."
- *Moralisieren*: „Wenn ihr liebe Kinder wärt, würdet ihr aufhören euch zu streiten, wenn ich euch darum bitte. Als ich klein war, habe ich immer auf das gehört, was meine Mutter sagte."

Die Mutter aus dem ersten Beispiel macht den Kindern ihre Position deutlich, ohne dass sie sich angegriffen fühlen müssen. Menschen, die sich angegriffen fühlen, sind nicht mehr kooperationsbereit.

Eine angemessene Form der Strafe, die Sie ausprobieren können, ist die „Wenn-dann"-Strafe. Sie entziehen dem Kind zwar ein Privileg, geben ihm aber die Gelegenheit, dieses Privileg durch positives Verhalten neu zu verdienen.

- *Wenn-denn-Strafe:* „Na gut, ihr beiden. Ihr hattet die Chance, euren Streit friedlich beizulegen, aber ihr habt es nicht geschafft zusammenzuarbeiten. Deshalb dürft ihr heute Abend nicht fernsehen. Ihr könnt euch dieses Recht aber neu verdienen. Wenn ihr es schafft, ohne euch zu zanken weiter zusammen zu spielen, überlege ich mir die Sache vielleicht noch einmal anders."

Belohnen

Schreiben Sie auf eine Liste, welches Verhalten Sie sich von einem bestimmten Kind wünschen. Bitten Sie dieses Kind jeden Morgen und jeden Mittag zu sich, um mit ihm gemeinsam nachzusehen, welche Wünsche/Ziele auf der Liste stehen und ob sie verwirklicht oder erreicht wurden. Das können Sie in der Schule und/oder zu Hause tun.

Gehen Sie nach folgendem Muster vor:

Tims Hitliste	Mo	Di	Mi	Do	Fr
Ich habe meine Aufgaben in der Klasse/ zu Hause erledigt.					
Ich habe meine Hausaufgaben geschafft.					
Ich habe mich mit meinem Tischnachbarn (mit meinen Geschwistern) vertragen.					
Ich habe sauber und gründlich gearbeitet.					
Ich habe aufgepasst.					

Jedes Mal, wenn das Kind einen der aufgezählten Punkte erledigt hat, markieren Sie dies mit einem Sternchen. Wenn Sie die Liste in der Schule führen, geben Sie dem Kind am Ende der Woche eine kurze positive Nachricht mit nach Hause. Loben Sie das Kind für alles, was es geschafft hat, und gehen Sie noch einmal genau auf die einzelnen Punkte ein. Sagen Sie zum Beispiel: „Tim, du hast heute alle Hausaufgaben und alle Aufgaben in der Klasse erledigt. Alles war sauber und ordentlich. Herzlichen Glückwunsch." Ein solches Lob bewirkt weit mehr als ein allgemeines „Du hast gut gearbeitet." Sobald das Kind kontinuierlich seine Ziele erreicht, führen Sie die Liste nicht weiter, damit es auch ohne diese Stütze zurechtkommt.

Äußern Sie Zuneigung

Je mehr Sie sich auf liebevolle Gefühle konzentrieren, desto weniger Raum bleibt für negative. Stellen Sie sich vor, Sie wären ein Radio mit vielen Frequenzen. Sie können Ihren „Empfang" sehr fein einstellen, sodass Sie alle positiven Eigenschaften eines Kindes auffangen können. Tragen Sie alles in die bereits erwähnte Eigenschaftsliste ein. Erweitern Sie diese Liste, wenn Ihnen eine neue gute Eigenschaft auffällt. Zeigen Sie auch dem Kind, was Sie aufgeschrieben haben. Dadurch fühlt es sich bestätigt.

Tun Sie sich etwas Gutes

Eine subtile Form von Gewalt, die wir uns in der modernen, hektischen Gesellschaft oft selbst antun, ist der Stress. Stress entsteht durch Druck, Überarbeitung und übersteigerte Erwartungen. Wenn Sie selbst angespannt und überlastet sind, ist es schwierig anderen liebevoll zu begegnen. Ein guter Vorschlag ist es, sich mehrmals am Tag kurz zu besinnen und sich zu fragen: „Was kann ich in diesem Moment Gutes für mich tun?" Probieren Sie es einmal aus. Sie werden sich weniger unter Druck gesetzt fühlen und entspannter mit anderen umgehen können. Wer sich selbst liebevoll behandelt, verbreitet auch um sich herum positive Gefühle. Ein Tipp für alle Lehrer: Versuchen Sie doch einmal einen Kollegen zur gegenseitigen Unterstützung zu gewinnen. Zum Beispiel mit einem gemeinsamen kurzen, entspannenden Spaziergang über den Pausenhof.

Zusammen Spaß haben

Für Sie als Lehrer oder Mutter ist es wichtig im Tagesablauf genug Raum für Spaß zu lassen. Leichte, entspannende, lustige oder verrückte Aktivitäten können einen anstrengenden Tag angenehmer machen. Fünf Minuten Spaß liefern neue Energie und schaffen eine lebendigere Atmosphäre, wo immer Sie sich auch befinden. Lachen ist ein gutes Gegenmittel gegen einen ausgelaugten Geist. Wenn wir uns selbst ein fröhliches Miteinander gönnen, blühen unsere Beziehungen auf. Planen Sie für jeden Tag mindestens eine lustige Aktivität ein, selbst wenn es nur für ein paar Minuten ist. Sie werden bald feststellen, wie groß der Unterschied ist, den solche „Nebensachen" für Sie selbst und die Kinder ausmachen.

Ein friedliches Umfeld schaffen

Machen Sie sich bewusst, dass Sie als Erzieher die Kinder beeinflussen können.

Machen Sie sich mit mir auf den Weg, der Ihre Erziehungsarbeit bereichert und das Leben der Kinder auf Jahre hinaus positiv beeinflussen wird. Genießen Sie den Weg und vergessen Sie nicht, dass er genauso wertvoll ist wie das Ziel.

Wenn Sie Frieden schaffen und Konflikte lösen möchten, sollten Sie auf folgende Verhaltensregeln achten:

- sich selbst und andere annehmen;
- gesprächsbereit sein und „Ich"-Botschaften verwenden;
- Gefühle akzeptieren (sowohl die eigenen als auch die der anderen);
- kompromissbereit sein und nach win-win-Lösungen suchen;
- andere bestätigen (die positiven Eigenschaften anderer loben).

Wie bringe ich den Kindern diese Verhaltensweisen bei?

Indem Sie sie vorleben. Mit anderen Worten: Verhalten Sie sich selbst im Zusammenleben mit den Kindern so, wie sie es sich von ihnen wünschen. Ihr Einfluss kann sich für viele Kinder auf ihr ganzes Leben auswirken. Kinder, die schon früh lernen, Konflikte friedlich zu lösen, können auch später angemessen auf Konflikte reagieren, effektiv kommunizieren und gesunde Beziehungen aufbauen. Der wichtigste Beitrag, den Sie selbst dazu leisten können, ist selber den Frieden vorzuleben.

Wenn Sie diese Verhaltensregeln erst einmal ausprobiert haben, werden Sie mit den Ergebnissen zufrieden sein. So berichtete ein Lehrer über seine Erfahrungen: „Ich habe jetzt eine viel bessere Beziehung zu meiner Familie und zu meinen Freunden. Wir kommunizieren effektiver miteinander, und es ist viel leichter geworden Konflikte auszutragen." Vergessen Sie nicht, dass es dazu Zeit braucht. Dabei wird es Ihnen wie mit dem Fahrradfahren ergehen: Am Anfang scheint es noch schwierig zu sein, je länger Sie aber üben, desto leichter geht es.

Welche Fähigkeiten und Verhaltensweisen muss ich vorleben?

Machen Sie den Kindern durch Ihre eigene Einstellung zu sich selbst deutlich, was es bedeutet die eigene Persönlichkeit zu akzeptieren. Sagen Sie sich: „Ich bin okay. Ich akzeptiere mich, wie ich bin, mit meinen Bedürfnissen, Gefühlen und Fehlern." Genau dieses Gefühl wollen wir den Kindern vermitteln und ihnen zeigen: „So wie du bist, bist du vollkommen in Ordnung."

Vermitteln Sie ihnen dann die Sicherheit: „Ich bin auf deiner Seite." Für Kinder ist es sehr wichtig zu spüren, dass die erwachsenen Bezugspersonen sie akzeptieren. Man muss auch nicht gleich zu Gegnern zu werden, wenn Probleme auftauchen. Manchmal verfallen wir jedoch in eine solche Haltung, weil wir keine Alternativen kennen, und weil wir es nicht anders gewohnt sind. Kinder brauchen aber die Gewissheit, dass wir sie nicht verraten oder verlassen, wenn sie etwas falsch gemacht haben. Sie müssen wissen, dass wir ihre Partner sind, und dass wir uns – egal was passiert – für ihr Wohlergehen einsetzen. Darüber hinaus müssen sie erfahren, dass es zu jedem Problem eine Lösung gibt, die sie gemeinsam mit uns finden können.

Im nächsten Schritt beschäftigen wir uns mit der Botschaft: „Das schaffen wir." Aus Selbst-Akzeptanz und Partnerschaft erwächst das Vertrauen darauf, dass sich Probleme lösen lassen. Konflikte sind normal und gehören zum Leben dazu. Sie sind nur dann problematisch, wenn die Menschen falsch mit ihnen umgehen. Konflikte sind auch nicht gleichbedeutend mit Aggression. Die Kinder sollten dies erkennen und verstehen, dass Konfliktlösungen dynamische, kreative Prozesse sind, die sogar Spaß machen können, wenn wir sie richtig anpacken. Lassen Sie die Kinder wissen, wie Sie mit Ihren eigenen Konflikten umgehen und wie Sie ihnen bei ihren helfen können.

In der Schule kann es oft zu Konflikten zwischen Lehrern und Schülern kommen.

Ein Beispiel:

Lehrerin (wütend): „Sven, warum hast du schon wieder keine Hausaufgaben gemacht?"

Sven (schaut zu Boden): „Weiß ich nicht."

Lehrerin (brüllt): „Ich muss dich jetzt schon zum dritten Mal in dieser Woche ermahnen. Du bist faul, Sven. Ich muss mit deinen Eltern sprechen."

Sven (traurig, mürrisch, wütend): „Machen Sie das ruhig. Das ist mir doch egal!"

Ein anderer Ansatz:

Lehrerin (mit besorgter, fürsorglicher Stimme): „Sven, es macht mir Sorgen, dass deine Hausaufgaben nicht vollständig sind. Gibt es ein Problem, von dem ich wissen sollte (legt die Hand auf Svens Schulter)?"

Sven: (sieht die Lehrerin an, sagt nichts, hält aber Blickkontakt).

Lehrerin: „Wenn ich irgendwie helfen kann, würde ich es gern wissen. Ich mache mir Sorgen um dich, Sven, und ich möchte wirklich gern, dass du dieses Schuljahr schaffst."

Sven: „Ich habe das Kapitel im Lesebuch nicht verstanden. Ich habe Schwierigkeiten, die Wörter in dem schweren Text richtig zu lesen."

Lehrerin: „Vielleicht können wir das Problem gemeinsam lösen. Hast du mit deiner Mutter oder deinem Vater über deine Schwierigkeiten mit dem Text gesprochen?"

Sven: „Nein."

Lehrerin (beruhigend): „Vielleicht setzen wir uns einmal alle zusammen, um eine Möglichkeit zu finden, wie dir geholfen werden kann."

Beide Lehrerinnen in diesen gegensätzlichen Beispielen machen sich Sorgen um ihren Schüler. Der Grund für ihr Verhalten liegt jedoch in der unterschiedlichen Einstellung. Die Lehrerin im ersten Beispiel ist frustriert und kann sich deshalb nicht effektiv mit dem Schüler auseinandersetzen. Die Lehrerin aus dem zweiten Beispiel fühlt sich verpflichtet, das Problem zu lösen und dem Schüler das Gefühl zu geben, dass man ihn bestehen lässt und ihn unterstützt. Sie erreicht dies – und ebenso können auch Sie es machen – indem sie eine versöhnliche Haltung einnimmt.

Untersuchungen belegen, dass tägliche Bestätigung unser Selbstwertgefühl stärkt.

Zuletzt zeigen wir den Kindern, wie wir uns gegenseitig bestätigen können. Es ist ganz einfach. Schauen Sie der Person, die sie bestätigen wollen, in die Augen und sagen Sie ganz aufrichtig etwas Positives über sie.

So könnten Sie z.B. einen Schüler bestätigen:

„Jan, ich freue mich, dass du so gute Arbeit geleistet hast. Was du machst, ist einfallsreich, sorgfältig, vollständig und immer rechtzeitig fertig. Mach' weiter so."

... oder eine Kollegin:

„Anne, ich bin wirklich froh, dass du die Schüler und mich immer mit deinen tollen Ideen unterstützt. Vielen Dank. Das ist mir sehr wichtig."

Oft haben wir zwar eine positive Meinung über jemanden, sagen es ihm aber nicht. Es macht einen großen Unterschied, ob wir jemandem durch die Bestätigung unsere Anerkennung zeigen oder nicht. Jedes Mal, wenn wir uns bestätigend äußern, ist es, als ob die Sonne herauskäme. Untersuchungen belegen deutlich, dass tägliche Bestätigung das Selbstwertgefühl stärkt. Probieren Sie es aus, und Sie werden merken, wie gut es Ihnen tut.

Jetzt werden Sie wahrscheinlich fragen: „Aber, wie steht es mit der Disziplin? Das ist ja alles gut und schön, aber was passiert, wenn die Kinder Theater machen?“ Dazu einige Vorschläge:

Umgang mit Disziplin

Bestehen Sie auf die konsequente Einhaltung einiger Grundregeln.
Sorgen Sie dafür, dass die Kinder diese Grundregeln kennen und sich daran halten. Eine Grundregel könnte z.B. lauten: „Kinder an unserer Schule/in unserer Gruppe verletzen sich nicht gegenseitig.“ Die Kinder wissen das. Sobald jemand diese Regel verletzt, muss ihm klar sein, dass ein solches Verhalten inakzeptabel ist. Es kann nötig sein, in einem solchen Fall das betreffende Kind zu strafen, es beiseite zu nehmen, ihm die Pause zu streichen oder einen Brief an die Eltern zu schicken.

Seien Sie unerbittlich, was diese Grundregeln anbetrifft, aber flexibel in allen anderen Bereichen.
So gewinnen die Kinder enorme Freiheit. Sie wissen, dass es bestimmte Regeln gibt, über die nicht zu verhandeln ist und an die sie sich unbedingt halten müssen. Darüber hinaus wissen sie aber auch, dass ihnen eine Menge Freiheit und Entscheidungsmöglichkeiten gewährt werden. Dies gibt ihnen einen ausgeprägten Sinn für Sicherheit und Fairness.

Machen Sie die Eltern zu Ihren Partnern.
Erstellen Sie mit den Kindern eine Wunschliste für eine friedliche Klasse/Gruppe, kopieren Sie diese und schicken Sie sie an die Eltern. Informieren Sie sie über das, was Sie mit dem Programm „Frieden schaffen“ beabsichtigen. Schicken Sie ihnen auch die Anleitung zur win-win-Methode, damit sie sie zu Hause zur Verfügung haben. Laden Sie die Eltern ein, die Klasse/Gruppe zu besuchen und dabei zuzuschauen, wie Sie mit den Kindern üben Konflikte zu lösen. Binden Sie die Eltern mit ein, so fühlen sie sich als Partner behandelt und merken, dass Sie nicht nur auf Seiten der Kinder, sondern auch der Eltern stehen.

Erste Einführung in die win-win-Methode

Die win-win-Regeln zur Konfliktlösung sind äußerst wichtig, um Friedfertigkeit zu erlernen. Ich stelle sie an dieser Stelle vor, komme aber auch später noch darauf zurück. Diese Regeln sind Grundlage für das Verfahren, das wir den Kindern beibringen, um Konflikte zu lösen.

Die win-win-Methode:

1. Nehmt euch Zeit euch zu beruhigen, wenn es nötig ist. Überlegt, wie ihr Wut auch anders ausdrücken könnt.
2. Schildert eure Gefühle und das Problem aus der eigenen Sicht. Dazu verwendet ihr „Ich"-Botschaften. Keine Beschuldigungen, keine Beschimpfungen, keine Unterbrechungen.
3. Beschreibt das Problem dann aus der Sicht des anderen. (Bei Bedarf oder auf Wunsch.)
4. Gesteht euch ein, für welchen Anteil an dem Konflikt ihr verantwortlich seid. (Bei Bedarf oder auf Wunsch)
5. Sucht im Brainstorming gemeinsam nach Lösungen und entscheidet euch für eine Lösung, die beide Seiten zufrieden stellt – eine win-win-Lösung.
6. Bestätigt, verzeiht oder bedankt euch.

Die win-win-Methode (Kurz-Version):

1. Beruhigen
2. „Ich"-Botschaften verwenden
3. Wiederholen aus der Sicht des anderen
4. Den eigenen Anteil eingestehen
5. Lösungen durch Brainstorming
6. Bestätigen, Verzeihen, Danken

Gehen Sie auf folgende Punkte ein, bevor Sie die win-win-Methode mit den Kindern besprechen:

Regeln für die Anwendung der win-win-Methode:

- Behandelt euch gegenseitig mit Respekt.
- Hört dem anderen zu.
- Seid ehrlich.
- Keine Beschuldigungen, Beleidigungen oder Unterbrechungen.
- Arbeitet auf eine Lösung hin, mit der alle Beteiligten leben können.

Fallbeispiele

An Fallbeispielen lässt sich besonders gut zeigen, wie man Konflikte löst. Besprechen Sie hin und wieder einen Konflikt zwischen einzelnen Kindern mit der ganzen Klasse/Gruppe. Das folgende Beispiel (aus einer vierten Klasse) soll verdeutlichen, wie Sie vorgehen können, um die win-win-Methode anzuwenden. In diesem Fall war die Klasse bereits mit der Methode vertraut.

Lisa und Lena flüstern miteinander. Plötzlich zerknüllt Lena einen Zettel und schmeißt ihn zu Lisa. Die Lehrerin unterbricht den Unterricht.

Lehrerin: „Was ist los, Mädchen?"

Lena: „Sie hat etwas Gemeines über mich auf den Zettel geschrieben."

Lisa: „Das war doch nicht gemein. Ich hab' nur Spaß gemacht."

Lena: „Schöner Spaß! Das ist überhaupt nicht lustig. Du bist eine gemeine Ziege."

Die anderen fangen an zu flüstern und rufen: „Was hat sie über dich gesagt, Lena?"

Lena: „Seid still und lasst mich in Ruhe."

Lehrerin: „Es reicht jetzt, Lena. Ich weiß, dass du wütend bist und ich möchte dir und Lisa gern helfen das Problem so auszutragen, wie wir es besprochen haben: mit der win-win-Methode."

Lena: „Ich möchte überhaupt nichts mit ihr austragen, ich hasse sie."

Lehrerin: „Ich weiß, dass du wütend auf Lisa bist, aber ihr seid doch auch Freundinnen. Wenn ihr wollt, kann ich euch dabei helfen, den Streit beizulegen, damit ihr weiter Freundinnen seid. Wenn ihr das nicht schafft, müsst ihr morgen auf die Pause verzichten. Was ist euch also lieber?"

Lisa: „Ich glaube, win-win-Methode."

Lena *(schmollend)***:** „Na gut."

Lehrerin: „Möchtet ihr sofort damit anfangen oder braucht ihr Zeit um euch zu beruhigen? (Beide sind einverstanden, sofort zu beginnen). Ich möchte gerne, dass die ganze Klasse sich beteiligt, damit wir lernen mit eigenen Streitigkeiten umzugehen. Seid ihr beide damit einverstanden?"

Lisa: „Ja."

Lena: „Nur wenn sich niemand über mich lustig macht."

Lehrerin: „Kinder, versprecht ihr, keine abfällige Bemerkungen zu machen?"

Klasse: „Ja."

Lehrerin: „Gut, dann fangen wir an. Zuerst muss ich aber noch auf etwas anderes hinweisen. Es darf nicht unterbrochen werden. Sobald jemand einen anderen unterbricht, hören wir auf. (Achtung: Das ist äußerst wichtig, da sich der Prozess sonst über den ganzen Vormittag hinziehen kann und Sie völlig auslaugt.) Sind alle einverstanden? (Alle nicken). Dann nennen wir zuerst das Problem. Denkt daran, dass alles, was ihr sagt, aus der Verpflichtung heraus passiert den Streit zu beenden. Okay?"

Lisa und Lena: „Okay."

Lehrerin: „Beschreibt bitte zuerst das Problem aus der eigenen Sicht. Lena, fange bitte an."

Lena: „Es ist genau so, wie ich eben gesagt habe. Sie hat etwas Gemeines über mich aufgeschrieben."

Lisa: „Das war, weil sie gesagt hat, mein neues T-Shirt sei hässlich."

Lena: „Es ist ja auch hässlich."

Lehrerin: „Lena, ich erinnere dich daran, dass du dich verpflichtet hast, den Konflikt friedlich zu lösen. Wenn du dich nicht daran hältst, möchte ich keine Unterrichtszeit verschwenden."

Lena: „Entschuldigung."

Lisa: „Ich glaube, das Problem ist, dass Lena heruntergeputzt hat, was ich anhabe. Also wollte ich auch etwas von ihr schlecht machen."

Lehrerin: „Das hört sich so an, als ob ihr euch gegenseitig beleidigt hättet. Lisa, wie hast du dich gefühlt, als Lena dich beleidigt hat?"

Lisa: „Ich war sehr wütend."

Lehrerin: „Und du, Lena?"

Lena: „Ich hätte sie am liebsten gehauen."

Lehrerin: „Ich bin froh, dass du es nicht getan hast, denn mit Schlagen löst man keine Konflikte. Lena, kannst du dir vorstellen, du wärst Lisa und versuchen, die Sache aus ihrer Sicht zu schildern?"

Lena: „Na gut. Lisa fühlte sich verletzt durch das, was ich über ihr T-Shirt gesagt habe. Wahrscheinlich war es ihr auch peinlich, weil ich es vor den anderen Kindern gesagt habe."

Lehrerin: „Danke, Lena. Was meinst du, Lisa? Kannst du dir für einen Moment vorstellen, du wärst Lena und die Sache so darstellen, wie sie sie sieht?"

Lisa: „In Ordnung. Lena war wütend, weil ich etwas Gemeines über sie aufgeschrieben habe, nachdem sie sich über das lustig gemacht hat, was ich anhabe. Das macht sie manchmal, wenn ich sie nicht beachte und mich mit Melissa unterhalte."

Lehrerin: „Lena, welchen Anteil hattest du an dem Konflikt?"

Lena: „Ich habe mich über Lisas T-Shirt lustig gemacht."

Lehrerin: „Welchen Anteil hattest du, Lisa?"

Lisa: „Ich habe etwas Gemeines über sie auf einen Zettel geschrieben."

Lehrerin: „Was könnt ihr beide tun, um einen solchen Konflikt demnächst zu vermeiden? Sammelt bitte möglichst viele verschiedene Ideen. Die Klasse darf auch Vorschläge machen. Am Schluss könnt ihr euch dann gemeinsam für die beste Lösung entscheiden."

Lena: „Sie kann aufhören mich zu beleidigen."

Lisa: „Lena kann aufhören sich über meine Kleider lustig zu machen. Ich kann nichts dafür, dass sie schönere Sachen hat."

Schülerin: „Lisa und Lena können ihre Kleider ab und zu tauschen."

Schüler: „Lisa und Lena können zusammen einkaufen gehen."

Schüler: „Lisa kann Lena mit einbeziehen, wenn Melissa dabei ist. Dann fühlt sie sich nicht übergangen."

Lena: „Lisa und ich können besser auf unsere Gefühle achten und aufhören uns gegenseitig schlecht zu machen."

Lisa: „Ich kann Lena sagen, wenn ich mich über sie ärgere, anstatt sie zu beleidigen."

Schülerin: „Ihr könnt euch gegenseitig Zettel schreiben, auf denen steht, warum ihr wütend aufeinander seid, statt sie für Beleidigungen zu benutzen."

Lehrerin: „Mir scheint, das sind schon eine Menge guter Ideen. Lisa und Lena, für welche Lösung entscheidet ihr euch?"

Lena: „Wie wär's, wenn wir besser auf unsere Gefühle achten würden?"

Lisa: „Ja, genau. Und wir können uns auch einfach sagen, wenn wir uns ärgern, anstatt uns zu beschimpfen."

Lehrerin: „Vielen Dank, Lisa und Lena. Mir gefällt, wie ihr die Sache geregelt habt. Könnt ihr euch jetzt gegenseitig etwas Nettes sagen?"

Lena: „Danke, Lisa. Es tut mir leid, dass ich so gemein war."

Lisa: „Ist schon in Ordnung. Es tut mir auch leid, und ich freue mich, dass wir Freundinnen bleiben."

Dieser Vorgang dauert zehn Minuten und stellt für die Gruppe eine wertvolle Übung zur Konfliktlösung dar. Fallbeispiele sind besonders dann hilfreich, wenn die Klasse/Gruppe beginnt, die win-win-Methode zu üben. Die ganze Gruppe darf sich an dem Prozess beteiligen und kann das Ergebnis mitverfolgen. Ein Fallbeispiel dient auch als Modell für zukünftiges kooperatives Verhalten und die Lösung von Problemen.

Je selbstverständlicher die Kinder mit Konfliktlösungsprozessen umgehen, umso seltener benötigen Sie Ihre Hilfe. Möglicherweise sind sie sogar schon bald in der Lage die Methode selbstständig anzuwenden. Dabei brauchen sie nicht jedes Mal alle Schritte zu vollziehen. Die zehn Minuten, die Sie von Ihrem Unterricht opfern, um ein Fallbeispiel zu besprechen, sind gut investiert. Auf diese Weise lernen die Kinder kooperatives Verhalten und tragen schließlich ihre Streitigkeiten selbst aus. Ist das einmal erreicht, schicken Sie die „Kontrahenten" einfach in eine besondere Ecke des Raumes, wo sie ihr Problem lösen können.

Die win-win-Methode zur Routine machen

Im Folgenden finden Sie einige Tipps, die Ihnen und den Kindern helfen, die win-win-Methode in den täglichen Umgang miteinander zu integrieren. Sie brauchen nicht jedes Mal jeden Schritt zu befolgen. Für die meisten Konflikte reichen die folgenden Schritte:

- Alle Beteiligten drücken durch „Ich"-Botschaften ihre Gefühle aus und schildern das Problem aus der eigenen Sicht. Keine Beschuldigungen, keine Beleidigungen und Unterbrechungen.
- Sie suchen gemeinsam im Brainstorming nach Lösungen und entscheiden sich für eine, die beide Parteien zufrieden stellt.
- Sie bestätigen den Partner.

Behalten Sie sich die anderen Schritte der Strategie für Konflikte vor, bei denen sie Ihrer Meinung nach vonnöten sind.

Sollten Sie feststellen, dass einer oder beide Beteiligten ihre Verantwortung für eine Rolle in dem Konflikt nicht übernehmen wollen, empfiehlt sich der Schritt: „Eingestehen, für welchen Anteil am Konflikt man selbst verantwortlich ist". Sie werden bald herausfinden, wann Sie welche Schritte einbauen müssen. Nach einer Weile erkennen die Kinder dies auch selbst.

Investieren Sie besonders am Anfang viel Zeit
Es lohnt sich den Kindern bei der Lösung ihrer Konflikte anfangs zu helfen. Sie werden nach und nach die Prinzipien und Strategien zur Konfliktlösung verinnerlichen.

Fallbeispiele herausgreifen
Wenn Sie Konflikte als Fallbeispiele heranziehen oder ab und zu vor der ganzen Klasse vermitteln, können die anderen Kinder Beobachtungen machen und sich am Prozess aktiv beteiligen. Vergessen Sie aber nicht, die am Konflikt beteiligten Kinder um ihr Einverständnis zu bitten, bevor Sie anfangen.

Arbeiten Sie mit einer „Konfliktliste"
Halten Sie ständig eine Liste mit der Überschrift „Diesen Konflikt wollen wir austragen" bereit. Sagen Sie den Kindern, dass sie sich immer dann in die Liste einschreiben können, wenn im Laufe des Tages ein Konflikt auftaucht, bei dessen Lösung sie Vermittlung wünschen. Wenn möglich, räumen Sie dann zum Schluss 10–15 Minuten Zeit ein, um die Klasse/Gruppe zu versammeln. Besprechen Sie die Konflikte mit den Kindern und suchen Sie gemeinsam im Brainstorming nach Lösungen.

Trainieren Sie rechtzeitig „Ich"-Botschaften zu verwenden
Stellen Sie sich folgende Szene vor: Die Klasse ist unruhig. Sie möchten sie beruhigen. Sie werden nervös. Die Kinder hören nicht zu. Die herkömmliche Reaktion: „Ihr seid zu laut! Ihr seid wirklich die chaotischste Klasse, die ich je hatte. Ihr könntet wahrscheinlich nicht einmal mit Reden aufhören, wenn euer Leben davon abhinge."

Nach der neuen Methode verwenden Sie „Ich"-Botschaften: „Ich werde wirklich langsam wütend. Es ist mir zu laut. Ich möchte, dass ihr jetzt ruhig werdet. Ich finde es schwierig zu unterrichten, wenn alle gleichzeitig sprechen."

Beachten Sie: Beide Äußerungen drücken die Gefühle des Lehrers aus. Mit der ersten werden die Schüler jedoch beschimpft. Daraufhin werden sie eine Verteidigungshaltung einnehmen. Die zweite Äußerung ist ehrlich, stellt aber mehr die Reaktion des Lehrers in den Mittelpunkt. Sie ist weniger negativ und sarkastisch.

Üben Sie die „Ich"-Botschaften in Ihrem eigenen Umgang mit den Kindern und im Umgang der Kinder miteinander. Wenn Sie dies oft genug tun, wird es den Kindern leichter fallen, „Ich"-Botschaften zu verwenden, wenn ein wirklicher Konflikt auftaucht. Ihnen selbst wird es genau so ergehen.

Positiv bestärken

Die Kinder verstehen am besten, was friedfertiges Verhalten ist, wenn Sie es ihnen vormachen und Positives hervorheben.
Dazu einige Vorschläge:

1. Handeln Sie nach dem Prinzip „einfühlsame Erziehung zur Disziplin", und nutzen Sie jede Gelegenheit, in der sich die Kinder so verhalten, wie Sie es sich wünschen. Bestärken Sie sie möglichst oft in ihrem Verhalten.
2. Wählen Sie regelmäßig einen Friedensstifter der Woche. Die Kinder bestätigen sich so gegenseitig für friedfertiges Verhalten. Geben Sie den Eltern des Kindes, das sich besonders friedfertig verhalten hat, die positive Nachricht mit nach Hause. So können Sie auch den Eltern gegenüber die Leistungen des Kindes loben. Für Eltern ist es eine schöne Erfahrung wegen guter Neuigkeiten von der Schule benachrichtigt zu werden.
3. Lassen Sie die Kinder Friedens-Tagebücher führen. Kinder, die noch nicht selbst schreiben können, haben die Möglichkeit Bilder in ihre Tagebücher zu malen und/oder ihre Einträge jemandem zu diktieren. Einige Erzieher nutzen die Tagebücher, damit die Kinder am Ende eines Treffens das Gelernte reflektieren oder vertiefen können. Bitten Sie die Kinder ihre Gedanken über eines der folgenden Themen (oder über irgendein anderes, aktuelles Thema) aufzuschreiben:
   - So fühle ich mich, wenn ich wütend bin.
   - Entscheidungen, die ich treffe, wenn ich mich über jemanden ärgere.
   - So habe ich einen Konflikt in der Familie/mit Freunden ausgetragen.
   - Ich habe schon lange ein Problem mit jemandem. So kann ich es lösen.
   - Ich kenne jemanden, der sich friedfertig verhalten hat, indem er ...
   - Ich habe mich vor kurzem selbst friedfertig verhalten, indem ich ...
   - Ich habe etwas über einen Prominenten erfahren, der Frieden gestiftet hat. Er hat Folgendes getan: ...
4. Bringen Sie den Kindern bei, wie sie sich durch tiefe Atmung entspannen können. Unterbrechen Sie den Unterricht/die Gruppenstunde, wenn die Kinder „zappelig" werden, und lassen Sie sie ein paar Mal tief ein- und ausatmen.
   Sagen Sie: „Wir atmen jetzt einmal ganz tief ein und aus und werden dabei ganz ruhig. Mit jedem Atemzug lasst ihr euren Atem in den Bauch fließen, ohne dass er sich ganz aufpumpt. Jedes Mal, wenn ihr ausatmet, wird er wieder flach. Atmet durch die Nase ein und durch den Mund aus, dreimal ein und aus, ein und aus, ein und aus. Fühlt ihr euch jetzt entspannter?" Während die Kinder tief ein- und ausatmen, können sie sich etwas Schönes vorstellen. Diese Übung zur inneren Ruhe ist äußerst hilfreich.
5. Sagen Sie den Kindern, wenn sie etwas richtig machen und nicht, wenn sie etwas falsch machen.

Auf die Plätze, fertig, los!

Jetzt sind Sie startbereit. Vergessen Sie nicht das Buch einmal ganz durchzuschauen, bevor Sie beginnen, und passen Sie die Übungen bitte den besonderen Bedürfnissen Ihrer Klasse/Gruppe oder Familie an. Alle Übungen enthalten Formulierungshilfen, die Ihnen die Arbeit erleichtern sollen. Lassen Sie sich dadurch jedoch nicht einengen. Passen Sie die Ausdrucksweise Ihrem eigenen Stil an und bringen Sie Ihre reichhaltigen Erfahrungen in jede Übung mit ein.

Denken Sie auch über die Möglichkeit nach, Gesprächskreise einzubauen, um persönliche Erfahrungen auszutauschen. Sprechen Sie erst über Ihre eigenen Erfahrungen. Das nimmt den Kindern die Scheu. Außerdem schätzen sie es, etwas über Ihre Gefühle und Gedanken zu erfahren.

Besonders wichtig ist aufmerksames Zuhören. Wenn ein Kind spricht, sollten sich alle anderen auf den Sprecher konzentrieren und ihn ansehen.

Ich wünsche Ihnen und den Kindern viel Freude und Erfolg mit den Übungen.

Mediation in der Peergroup
– ein Programm für Schule und Jugendarbeit

„Kinder lernen zusammen streiten und gemeinsam arbeiten" bietet eine Grundlage für den Aufbau eines Programms zur Mediation in der Peergroup. So können Sie mit Hilfe ausgewählter Übungseinheiten aus diesem Buch „Fachleute" im Bereich Konfliktlösung und Mediation ausbilden. Wie das möglich ist, erfahren Sie in diesem Kapitel. Lassen Sie uns aber erst der Frage nachgehen: „Wozu überhaupt Mediation in der Peergroup?"

In den letzten Jahren haben sich Programme zur Peer-Mediation immer weiter verbreitet – aus gutem Grund. Aus Untersuchungen geht hervor: „Wenn man Kinder und Jugendliche dabei unterstützt, ihre Angelegenheiten selbstständig zu regeln, stärkt dies ihre Autonomie und Selbstkontrolle. Kinder, die wissen, wie sie mit ihren Konflikten konstruktiv umgehen und das eigene Verhalten steuern können, haben einen Entwicklungsvorsprung gegenüber denjenigen, die dazu nicht in der Lage sind." („Educational Leadership", Sept. 1992).

In der Dezemberausgabe 1993 von „Update" widmet sich die „Association for Supervision and Curriculum Development (ASCD)" (Institut für Supervision und Lehrplanentwicklung in den USA) verschiedenen Programmen zur Peer-Mediation. Darin heißt es: „Die erfolgreichsten Programme beziehen Kinder und Erzieher ein ..., weil Programme zur Konfliktlösung am besten dort funktionieren, wo alle Mitglieder einer Gemeinschaft über bestimmte allgemeine Normen und Strategien zum Umgang mit Konflikten verfügen. ... Alle Kinder sollten in der Schule oder Gruppe die Fähigkeiten erlernen, die für faires Streiten und zur Mediation in der Peergroup notwendig sind."

Ein ganzheitlicher Ansatz zur Konfliktlösung, der Erzieher und Kinder gleichermaßen mit einbezieht, ist der beste Weg, um in Ihrer Schule/Gruppe eine friedliche Atmosphäre zu schaffen. Wenn sich die ganze Gemeinschaft im friedlichen Miteinander übt, ist dies effektiver als das Bemühen Einzelner.

Mit der Peer-Mediation können Kinder selbstständig mit Streitsituationen umgehen. Die Fähigkeit Konflikte zu lösen, kombiniert mit Methoden zur gegenseitigen Unterstützung und eigenständigen Problemlösung, gibt ihnen Autonomie.

Es ist nicht so, dass Erwachsene sich niemals einmischen sollten, um Kindern bei der Lösung von Konflikten zu helfen – im Gegenteil. Die Erwachsenen müssen zuerst die Grundlagen für eine friedliche Atmosphäre schaffen. Dazu gehört ihre Vorbildfunktion in friedfertigem Verhalten und die Aufgabe, die Kinder anzuleiten, friedlich miteinander umzugehen und Konflikte bewältigen zu können. Außerdem sollten sie positive Entscheidungen bestärken und ständig für diejenigen ansprechbar sein, die Hilfe bei der Lösung eines Konflikts benötigen. Die Kinder brauchen sich jedoch nicht immer sofort an Erwachsene zu wenden, wenn ein Konflikt auftaucht. Oft ist es hilfreicher, wenn sie bei Bedarf auf gleichaltrige Ansprechpartner zugehen können.

Wiederholt werde ich von Erziehern gefragt: „Sollen die Streitpartner im Konfliktfall sofort einen Vermittler ansprechen oder lieber erst versuchen, den Konflikt selbst zu lösen?" Orientieren Sie sich an folgenden Schritten:

Wenn es zum Konflikt gekommen ist

Erstens: Kinder sollten zunächst versuchen ihn mit Hilfe der win-win-Methode selbst zu lösen.

Zweitens: Wenn sie das Problem nicht lösen können, sollten sie Mediatoren aus der Peergroup um Hilfe bitten.

Drittens: Ist der Konflikt ernster oder dauert er schon lange an, sollte eine formelle Mediation vereinbart werden, die Mitglieder der Peergroup in Anwesenheit eines Erwachsenen durchführen.

Viertens: Lässt sich das Problem durch keine der o.g. Möglichkeiten lösen, muss ein dazu ausgebildeter Erwachsener die Mediation durchführen.

Der vierte Schritt wird aber wahrscheinlich nur selten notwendig werden, wenn die gesamte Gemeinschaft friedfertiges Verhalten übt, die win-win-Methode anwendet und sich zum Frieden in der Schule/Gruppe verpflichtet. Sie werden bald merken, dass der Umgang mit Konflikten mit der Zeit immer selbstverständlicher wird.

Schritt-für-Schritt-Anleitung zum Aufbau eines Programms zur Peer-Mediation

Schritt 1
Machen Sie alle Mitarbeiter und Erwachsenen, die mit den Kindern zu tun haben, mit der win-win-Methode vertraut, damit sie sie in Konfliktsituationen richtig anwenden können. Binden Sie alle ins Programm ein.
Sie alle sollten Vorbilder für die Kinder sein und ihnen im Konfliktfall helfen, die richtigen Entscheidungen zu treffen. Es ist sehr wichtig, dass an der Schule/Einrichtung Einigkeit herrscht: eine gemeinsame, klare Sprache, eine gemeinsame Grundeinstellung und Einvernehmen über die Art des Umgangs mit Konflikten.

Schritt 2
Bitten Sie die Mitarbeiter nun, den Kindern die win-win-Methode beizubringen. Nutzen Sie die Übungen aus diesem Buch, um die Kinder dafür zu sensibilisieren. Friedfertigkeit ist der Grundstein für ein effektives Konfliktlösungsprogramm.

Schritt 3
Gründen Sie ein Konfliktlösungs-Team. Ein Hinweis für die Schule: Bitten Sie den Rektor oder einen Vertrauenslehrer, in diesem Team mitzuarbeiten. Dieses Team bildet das Rückgrad einer gemeinschaftlichen Anstrengung mit dem Ziel, friedliches Miteinander zum Prinzip Ihrer Einrichtung zu machen. Die Mitglieder treffen sich regelmäßig und haben folgende Aufgaben:

- sie planen Übungen und führen sie durch;
- sie helfen Peer-Mediatoren auszusuchen;
- sie stehen Erziehern und Kindern zur Seite, um mit ihnen Konfliktlösungen und die Mediation in der Peergroup einzuüben;
- sie helfen bei der Auswertung des Programms zur Konfliktlösung und Peer-Mediation;
- sie stehen bei bestimmten Mediations-Sitzungen als Mediatoren zur Verfügung.

Schritt 4
Stellen Sie Kriterien für die Wahl der Peer-Mediatoren auf. Dabei können Ihnen folgende Fragen helfen:

- Wird die Person, die in Betracht kommt, von den anderen Kindern respektiert?
- Ist sie fair und ehrlich?
- Kann sie die eigenen Konflikte lösen?
- Weiß sie das Vertrauen der anderen zu schätzen?
- Ist sie bereit zusätzliche Zeit zu investieren?

- Ist sie unvoreingenommen?
- Fühlt sie sich dem Frieden verpflichtet?

Wägen Sie die o.g. Kriterien ab und versuchen Sie dann eine repräsentative Gruppe von Mediatoren zusammenzustellen. Zu ihr sollten in ausgewogenem Zahlenverhältnis Jungen, Mädchen, Kinder aus verschiedenen Kulturen und mit unterschiedlichem Leistungsniveau (einschließlich der „Förderkinder") gehören.

Viele Pädagogen ziehen nur Kinder aus höheren Klassen als Mediatoren heran. Einige Fachleute schlagen aber auch vor, Kinder aller Altersstufen zu Mediatoren auszubilden. In diesem Fall würden die Kinder einer Klasse/Gruppe sich in dieser Rolle abwechseln. Sie sehen, es gibt viele verschiedene Möglichkeiten ein Programm umzusetzen. Entscheiden Sie selbst, welche für Ihre Einrichtung am besten geeignet ist.

Manchmal wird versucht, die „Problemkinder" in den „Griff zu bekommen", indem man sie als Kandidaten für das Amt des Mediators vorschlägt. Wenn ein Kind die meisten der oben genannten Kriterien einlöst, seine Energie jedoch durch negatives Verhalten vergeudet, können Sie es möglicherweise in Ihr Mediationsprogramm einbinden. Oft ist damit dem Kind ebenso gedient wie Ihrer Klasse oder Gruppe.

Vermeiden Sie eine Elite-Gruppe aus Kindern zusammenzustellen, mit denen die anderen sich nicht identifizieren können. Peer-Mediatoren sollten einen repräsentativen Querschnitt aller Kinder einer Einrichtung darstellen. Einer unserer Mediatoren brachte dies auf den Punkt: „Ich möchte nicht, dass die Kinder denken, ich wäre eine Art Aufpasser, der mit einem Namensschild herumläuft und den Leuten sagt, was sie zu tun haben."

Schritt 5

Bitten Sie die Kinder um Kandidatenvorschläge. Dazu können Sie das Formblatt 1 (s.S. 37) verwenden. Mitglieder des Konfliktlösungs-Teams besuchen alle Klassen/Gruppen, verteilen die Formulare zur Kandidatur und erklären die Entscheidungskriterien. Sorgen Sie dafür, dass die Kinder die Kandidaten nach den genannten Kriterien und nicht nach ihrer Beliebtheit auswählen. Die Kinder dürfen sich auch selbst vorschlagen. Sie werden sich wundern, wie überlegt sie sich selbst und andere zur Wahl vorschlagen.

Schritt 6

Alle Kinder, die für die Wahl zum Peer-Mediator aufgestellt werden, bekommen jetzt ein Antragsformular. Benutzen Sie dazu das Formblatt 2 (s.S. 38).

Schritt 7

Jetzt kann die Überprüfung beginnen. Das Konfliktlösungs-Team liest alle Anträge. Möglicherweise möchten Sie einige der Kinder befragen, besonders wenn sie den Mitgliedern des Teams nicht bekannt sind. Wenn Sie zusätzliche Informationen benötigen, bitten Sie den Gruppenleiter des betreffenden Kindes um Angaben.

Wählen Sie mehr Kandidaten für das Amt des Mediators, als Sie tatsächlich brauchen, da einige womöglich doch noch ausfallen. Auf 15 Kinder sollte ein Mediator kommen.

Schritt 8

Entscheiden Sie dann, wann und wo die Mediationen stattfinden sollen.

In einigen Einrichtungen sind dafür bestimmte Räume vorgesehen. Das kann zum Beispiel ein Tisch in der Aula oder in einem Aufenthaltsraum sein, der als „Mediationstisch" dient. Ein Hinweis für die Schule: Dort sollten sich in der Pause ständig zwei Mediatoren bereithalten, die den Schülern helfen Streit zu schlichten, der in der Pause entstanden ist.

Eine geschützte Ecke auf dem Schulhof, die die Kinder im Konfliktfall aufsuchen können, eignet sich dazu ebenso. Auch dort sollten sich zwei Mediatoren bereithalten.

Manche Einrichtungen bieten den Kindern ein Büro als Raum zur Mediation von Konflikten an, die im Laufe des Tages entstehen. Auch ein Beratungszimmer, sofern eines zur Verfügung steht, ist dazu geeignet. Die Mitglieder des Konfliktlösungs-Komitees können in Freistunden ihre Klassenzimmer für die Mediation zur Verfügung stellen. Noch eines ist wichtig: Die Mediatoren sollten leicht zu erkennen sein. Sie können eine besondere Kappen oder T-Shirts tragen. Wir finden jedoch, dass Anstecknadeln, Buttons oder Pins diesen Zweck besser erfüllen. Sie sind leicht zu erkennen, aber nicht so auffällig. Wir möchten vermeiden, dass die Mediatoren als Elite betrachtet werden.

Schritt 9

Nun beginnt die Übungsphase. Zuerst müssen Sie das Kollegium vorbereiten, sodass alle genau wissen, wie sie das Programm zur Peer-Mediation unterstützen können. Die Rolle der Kollegen bei der Vermittlung, Bestärkung und Ermutigung der Kinder in Fragen der Konfliktlösung ist äußerst wichtig. Für diese Vorbereitung sollten Sie eine Stunde einkalkulieren. Behandeln Sie auf jeden Fall folgende Punkte:

- Stellen Sie die win-win-Methode und die Regeln für deren Anwendung vor. Sorgen Sie dafür, dass alle genau verstehen, wie sie sie nutzen können.
- Besprechen Sie die Aufgabe der Peer-Mediatoren und bitten Sie das Kollegium das Programm zu unterstützen. Erinnern Sie die Teilnehmer daran, dass es sich um etwas handelt, das für alle neu ist, und dass Sie ihre Hilfe brauchen, um eventuell noch Ungereimtheiten zu klären. Machen Sie deutlich, dass die Aufgabe der Mediatoren nicht darin besteht, die Probleme für die Kinder zu lösen. Sie sollen nur dann helfen, wenn die Streitparteien alleine nicht mehr weiterkommen.
- Besprechen Sie organisatorische Fragen: Wo und wann findet Mediation statt? Wie können Kinder aus Unterricht oder Gruppenarbeit freigestellt werden? Diese Fragen muss das Team klären, bevor das eigentliche Training beginnt.
- Zeigen Sie das Erkennungszeichen, das Sie für die Mediatoren vorgesehen haben (Kappen, T-Shirts, Anstecknadeln, Buttons, Pins). Fordern Sie die Kollegen auf, die Kinder zu ermutigen, auf Mediatoren zuzugehen, wenn ein Konflikt sich schwer lösen lässt.
- Verteilen Sie Kopien mit der Anleitung und den Regeln für die win-win-Methode, die überall im Schulgebäude aufgehängt werden sollen.
- Lassen Sie genug Zeit für Fragen und zur Diskussion. Erinnern Sie daran, dass die ganze Einrichtung von der Zusammenarbeit profitieren wird.

Schritt 10

Beginnen Sie nun mit der Ausbildung der Mediatoren. Das Konfliktlösungs-Team entscheidet, wer von den Mitgliedern diese Ausbildung anleitet. An einer Schule wäre dazu besonders der Vertrauenslehrer geeignet. Er könnte gemeinsam mit einem Mitglied des Teams das Training durchführen. Das Mediatoren-Training nimmt insgesamt fünf Stunden in Anspruch. Zwei Einheiten von je 90 Minuten und eine dritte Sitzung, die zwei Stunden dauert, haben sich bewährt. Zwischen den einzelnen Sitzungen sollte genug Zeit bleiben, damit die Kinder das Gelernte verarbeiten können.

Auf den Seiten 42–44 finden Sie ein Trainingsprogramm für die Ausbildung von Peer-Mediatoren. Schritt für Schritt wird dort erklärt, was Sie ihnen beibringen müssen.

Schritt 11

Herzlichen Glückwunsch! Nachdem Sie das Mediatoren-Training erfolgreich abgeschlossen haben, können Sie jetzt die Peer-Mediatoren der Gruppe/Klasse vorstellen. Starten Sie das Programm mit einer Versammlung.

Während dieser Versammlung erklären Sie noch einmal das Ziel des Peer-Mediations-Programms und sagen, dass die Mediatoren zur Verfügung stehen, um bei der Bewältigung von Konflikten zu helfen, wenn die Kontrahenten nicht weiterkommen. Weisen Sie darauf hin, wie wichtig eine friedliche Atmosphäre ist, und dass jeder Einzelne zur Verwirklichung dieses Ziels nötig ist. Sagen Sie den Kindern, dass sie bei Bedarf die Mediatoren aufsuchen dürfen. Sie sollten die Verabredung zu einem Mediationstreffen aber vorher mit dem Gruppenleiter absprechen.

Ein Mitglied des Konfliktlösungs-Teams kann die Versammlung leiten und so die Gelegenheit nutzen, die Kinder auf den Prozess des Friedenschaffens einzustimmen und den Gemeinschaftssinn zu fördern. Hier sind einige Vorschläge, die Sie nutzen können, um eine harmonische Atmosphäre zu schaffen:

- Lassen Sie einige Kinder ein Rollenspiel zum Thema Konfliktlösung vorführen, das sie sich selbst ausgedacht haben. Die Kinder können eine Vorher-Nachher-Situation darstellen: Zuerst zeigen sie, wie ein Konflikt ablaufen könnte, wenn die Beteiligten noch keine Strategie zur friedlichen Konfliktlösung besitzen. Danach spielen sie vor, wie sich das Resultat ändert, nachdem man den Kontrahenten beigebracht hat Konflikte friedlich zu lösen.
- Nehmen Sie schon vor der Versammlung ein Rollenspiel auf Video auf, das Kinder in einer Konfliktsituation zeigt. Demonstrieren Sie, wie dieser Konflikt mit Hilfe von Mediatoren gelöst wird. Während der Versammlung führen Sie das Video vor.
- Suchen Sie ein Lied aus, das das Wir-Gefühl stärkt und das die Kinder immer dann gemeinsam singen können, wenn alle zusammenkommen (z.B. das Kinder-Mutmach-Lied).
- Organisieren Sie eine Ausstellung der Projekte, die die Kinder während der Arbeit mit diesem Buch gestaltet haben. Es wäre z.B. schön, wenn Sie von jeder Gruppe ein Wandbild bekommen könnten, das die Kinder während der Übung „Wir träumen von einer friedlichen Welt“ (Übung 34) angefertigt haben.
- Kündigen Sie die Vergabe des Preises „Der Friedensstifter des Monats“ an, mit dem alle besonderen Friedensstifter geehrt werden. Hängen Sie die Namen der Friedensstifter am schwarzen Brett aus.

Lassen Sie sich etwas einfallen, wie Sie die Friedensstifter gebührend feiern können. Je mehr Sie unternehmen, um die Gemeinschaft zu stärken und Begeisterung für das Friedenschaffen zu wecken, umso besser.

Schritt 12

Treffen Sie sich regelmäßig mit den Mediatoren, um Rückmeldungen über den Verlauf der Mediation zu bekommen. Nutzen Sie die Zeit, um Fragen zu stellen, Probleme zu lösen, sich durch Rollenspiele zu üben. Geben Sie den Mediatoren Gelegenheit, aus den Erfahrungen der anderen zu lernen.

Achten Sie darauf, dass sie Mediations-Tagebücher benutzen, in denen sie jede Mediation schriftlich dokumentieren. Sie können sich dann auf die Notizen stützen, die sie während der einzelnen Mediationssitzungen gemacht haben. Diskutieren Sie während der Treffen darüber. Halten Sie fest, wie oft im Monat Mediationen durchgeführt wurden. Dies sind wichtige Daten, die Sie später für die Auswertung des Programms benötigen.

Schritt 13

Werten Sie das Programm am Ende des Jahres/Schuljahres aus. Die Auswertungsbögen zur Peer-Mediation finden Sie auf Seite 39–41. Sie sollten auf jeden Fall vermerken, wie viele Mediationen im Laufe des Jahres stattgefunden haben.

Sehen Sie sich während des Abschlusstreffens mit dem Konfliktlösungs-Team die Bewertungsformulare an und entscheiden Sie über eventuelle Änderungen für das nächste Jahr/Schuljahr.

Viel Erfolg beim Aufbau einer Gemeinschaft, deren Mitglieder friedlich miteinander umgehen. Denken Sie sich jeden Einzelnen als Glied einer Kette: Leiter, Kollegium, Eltern und Kinder. Stellen Sie sich vor, dass alle einander unterstützen, sodass ein Netzwerk aus Frieden, Harmonie und Respekt entsteht. Wenn Sie die Fähigkeit zum friedlichen Miteinander von einem zum anderen weitergeben, wird der Zusammenhalt der Glieder dieser Kette immer stärker werden. Dazu wünsche ich Ihnen gutes Gelingen!

Vorschlag für einen Kandidaten für das Amt des Peer-Mediators

Ich schlage ______________________________ als Kandidaten
(Name des Kindes)

für das Amt des Peer-Mediators vor.

Meiner Meinung nach eignet er/sie sich als Peer-Mediator, weil …

____

____

____

____

____

____

____

____

____

____

______________________ ______________________________
(Datum) *(Unterschrift)*

Formblatt 2

Bewerbung um das Amt des Peer-Mediators

Name: ______________________________

Datum: __________________

Hiermit bewerbe ich mich um das Amt des Peer-Mediators.
Ich glaube, ich bin für diese Aufgabe geeignet, weil …

Weitere Eigenschaften und persönliche Erfahrungen, die mich zu einem guten Peer-Mediator machen würden, sind:

Mir ist klar, dass ich das Vertrauen aller Kinder, mit denen ich zusammen arbeite, wenn ich gewählt werde, respektieren muss.

____

(Unterschrift)

Auswertungsbogen zur Peer-Mediation (für Mediator)

Name: ____________________ Datum: ____________

Wie viele Mediationen hast du durchgeführt?

Wie viele davon sind erfolgreich abgeschlossen worden?

Glaubst du, dass du den meisten Kindern, die sich an dich gewandt haben, helfen konntest? Erkläre, warum.

Was halten die Kinder aus deiner Klasse/Gruppe von dem Peer-Mediations-Programm? Erläutere deine Einschätzung.

War deine Erfahrung als Peer-Mediator positiv?

Was hast du dabei gelernt?

Musstest du auch negative Erfahrungen machen? Welche?

Wie können wir das Programm noch verbessern? (Benutze, wenn nötig, die Rückseite des Blattes.)

Formblatt 4

Auswertungsbogen zur Peer-Mediation (für das Kollegium)

Name: ______________________

Datum: ______________

Glauben Sie, dass das Peer-Mediations-Programm
für die Schule/Einrichtung hilfreich war? Inwiefern?

Ja ☐ Wenn ja, warum? ______________________________

____

Nein ☐ Wenn nein, warum? ______________________________

____

Welche Veränderungen haben Sie seit dem Beginn der Arbeit
mit dem Peer-Mediations-Programm an unserer Einrichtung beobachtet?

____

____

Wie könnten wir Ihrer Meinung nach das Programm noch verbessern?

____

____

Formblatt 5

Auswertungsbogen zur Peer-Mediation (für alle Kinder)

Name: ______________________ Datum: ______________

Hast du in diesem Jahr/Schuljahr die Hilfe eines Peer-Mediators in Anspruch genommen?

Ja ☐ Wenn ja, warum? ______________________

Nein ☐ Wenn nein, warum? ______________________

Findest du das Angebot hilfreich?

Ja ☐ Wenn ja, warum? ______________________

Nein ☐ Wenn nein, warum? ______________________

Welche Veränderungen hast du an unserer Schule/Einrichtung festgestellt, seit es dieses Programm gibt?

____

Hast du den Eindruck, dass viele Kinder die Peer-Mediation nutzen? Warum oder warum nicht?

____

Wie könnten wir deiner Meinung nach das Programm noch verbessern?

____

Anleitung zum Training der Peer-Mediatoren

Die Inhalte des Mediatoren-Trainings

Folgende Übungen aus diesem Buch enthalten Informationen, die als inhaltliche Grundlage für das Training der Mediatoren wichtig sind. Lesen Sie deshalb diese Übungen vorher gründlich durch:

Übung 9: „Ich-Botschaften" verwenden
Übung 10: „Anleitung zur win-win-Methode"
Übung 12: „Aktives Zuhören"
Übung 15: „Konfliktlösungen durch Brainstorming"

Lesen Sie außerdem sorgfältig das Kapitel „Ein friedliches Umfeld schaffen", in dem die Inhalte Ihres Trainingsworkshops zu großen Teilen behandelt werden.

Der Abschnitt „Mediation im Team" (s.u.) stellt einen weiteren wesentlichen Teil des Mediations-Trainings dar. Um alle notwendigen Inhalte zu behandeln, benötigen Sie etwa fünf Stunden. Einen genauen Zeitplan finden Sie auf Seite 52/53.

Die Rolle des Mediators klären

Die Aufgabe des Peer-Mediators besteht darin, die Kinder dabei zu unterstützen, ihre Konflikte mit Hilfe der win-win-Methode selbst zu lösen. Üben Sie mit den Mediatoren die Arbeit im Zweierteam. Normalerweise finden Kinder es angenehmer mit einem Partner zusammenzuarbeiten. Sie können sich dann gegenseitig bei der Schritt-für-Schritt-Anwendung der win-win-Methode helfen oder einen Partner bestimmen, der im Bedarfsfall einspringen und den Prozess weiter leiten kann. Die Mediatoren tauschen dann bei jeder neuen Mediation die Rollen.

Betonen Sie während des Trainings immer wieder, dass es nicht Aufgabe der Mediatoren ist, die Probleme für die Kinder zu lösen, die sich an sie wenden. Sie sollen vielmehr die Streitpartner dazu bringen, miteinander zu sprechen und ihre eigenen Lösungen herauszuarbeiten.

Da wir gewöhnlich alle dazu neigen Ratschläge zu geben, muss folgender Punkt im Verlauf des Trainings besonders deutlich gemacht werden: Wenn jemand mit einem Problem zu uns kommt, möchten wir es gewöhnlich für ihn lösen. Die betroffene Person hat davon aber weit weniger, als wenn sie selbst eine Lösung findet. Menschen gewinnen Kraft, wenn sie sich ihren Problemen stellen. Das Mediations-Programm soll die Kinder darin bestärken, akzeptable Lösungen für Probleme zu finden, die im täglichen Umgang miteinander entstehen.

Es gibt einen weiteren wichtigen Grundsatz, den die Mediatoren beachten und auf den sie während der Mediationssitzungen immer wieder hinweisen sollten:

> Wir wollen gegen
> ein Problem kämpfen,
> nicht gegen den Streitpartner.

Wenn wir dies im Auge behalten, verhalten wir uns nicht mehr ablehnend, sondern versöhnlich. Nach alter Konfliktauffassung standen wir einander gegenüber und versuchten das Gesicht zu wahren oder den eigenen Standpunkt zu verteidigen. Wenn wir diese Haltung ändern, beginnen wir zu erkennen, dass viele der früheren Probleme nur dadurch entstanden, dass wir den anderen als Gegner betrachtet haben.

Durch die Arbeit mit dem Programm „Frieden schaffen" wird uns klar, dass die Vorstellung von Feindschaft vor allem in unserem Kopf existiert. Wir fahren besser damit, wenn wir das Problem und nicht die andere Person angreifen. Stärken Sie diesen Gedanken während des Mediatoren-Trainings und auch während des Trainings mit dem Kollegium.

Mediation im Team

Wichtigstes Element des Mediations-Trainings ist die Darstellung von Konflikten und deren Mediation im Rollenspiel. Im Folgenden wird eine Technik vorgestellt, die Sie nicht nur im Mediations-Training verwenden können. Sie ist auch dazu geeignet, einer Klasse/Gruppe beizubringen, wie sie Konflikte lösen kann. Nutzen Sie diese Technik auch für Übungen mit Kollegen und Eltern. Sie ist sehr effektiv und macht außerdem Spaß.

Am Ende dieses Abschnitts finden Sie Beschreibungen von Konfliktszenen, die Sie für Rollenspiele nutzen können (s. S. 47–51). Übertragen Sie diese Szenen für das Training auf Folien und projizieren Sie sie für alle sichtbar an die Wand oder kopieren sie die Konfliktszenen auf Arbeitsblätter.

Mediation im Team: eine Schritt für Schritt-Annäherung

1. Bilden Sie kooperative Gruppen von jeweils fünf Kindern. Benutzen Sie die auf Seite 47–51 dargestellten Szenen, und lassen Sie jeden Teilnehmer eine der folgenden Rollen übernehmen. Die Rollen werden in jeder Szene neu verteilt:
   - **Mediator 1**
   - **Mediator 2**
   - **Streitpartner A**
   - **Streitpartner B**
   - **Beobachter/Protokollant**

2. Erklären Sie die Rollen:
   Die beiden Mediatoren arbeiten zusammen und helfen den Streitpartnern ihren Konflikt zu lösen. Erste Möglichkeit: Sie wechseln sich mit der Anleitung zu den einzelnen Schritten der win-win-Methode ab. Zweite Möglichkeit: Ein Mediator führt durch das Konfliktgespräch. Der Partner leistet moralische Unterstützung, indem er Impulse gibt, wenn der Prozess ins Stocken gerät.

   Die Streitpartner im Rollenspiel sind in der glücklichen Lage, bereits Übung in der Lösung von Konflikten zu haben. Denken Sie daran: Als erstes müssen Sie den Kindern beibringen, wie sie die win-win-Methode anwenden können, damit Ihr Peer-Mediations-Programm funktioniert. Während des Rollenspiels sollten die Streitpartner daran denken, dass sie Personen darstellen, die bereits mit dem Prozess vertraut sind und einander mit Respekt behandeln.

   Der Beobachter/Protokollant macht während des Rollenspiels Notizen. Seine Aufgabe besteht darin, den Mediatoren und Streitpartnern ein Feedback zu geben. Am Ende dieses Abschnitts finden Sie eine Kopiervorlage für die Beobachter/Protokollanten, die sie während der Mediation ausfüllen können.

3. Projizieren Sie der Reihe nach die Szenen für das Rollenspiel, die auf Seite 47–51 skizziert werden, an eine Wand oder auf eine andere Fläche, die groß genug ist, um von allen Teilnehmern gesehen zu werden, oder kopieren Sie sie für alle Teilnehmer.

4. Lassen Sie die Gruppenmitglieder selbst die Rollenverteilung für die erste Szene übernehmen. Erinnern Sie sie daran, dass die Rollen später getauscht werden.

5. Informieren Sie die Teilnehmer, dass die Trainings-Leiter von Gruppe zu Gruppe gehen werden und sich Notizen machen, während die Kinder ihre Rollenspiele durchführen. Am Schluss jeder Darstellung geben sie dann ein Feedback ab.

6. Bitten Sie die Streitpartner ihre Stühle so zu stellen, dass sie einander direkt ansehen können.

7. Die Mediatoren beginnen mit dem Mediationsprozess und folgen dabei dem im Mediations-Skript dargestellten Ablauf auf den folgenden Seiten.

8. Die Trainings-Leiter gehen herum und machen sich Notizen. Sie können dazu auch die Checkliste für das Beobachtungs-Protokoll (vgl. Seite 46) benutzen. Außerdem helfen sie den Mediatoren, wenn sie Schwierigkeiten haben sollten (z.B. durch Hinweise wie: „Versuche zusammenzufassen, was Susi gerade gesagt hat.“ Oder „Mark und Kevin hatten jetzt genug Zeit zu diskutieren, worüber sie aufgebracht sind. Sie sollten jetzt zum nächsten Schritt übergehen.“) Die Leiter nehmen den Mediatoren aber nicht ihre Aufgabe ab. Sie machen nur Einwürfe, die für das Fortschreiten des Prozesses notwendig sind und gehen dann zur nächsten Gruppe. Dort verfahren sie genau so.

9. Fordern Sie die Gruppen nach etwa zehn Minuten auf, ihre Rollenspiele langsam zu Ende zu bringen und anzuhören, was der Beobachter oder Protokollant zu berichten hat. Die Gruppen haben für die Auswertung etwa fünf Minuten Zeit.

10. Lenken Sie die Aufmerksamkeit der Teilnehmer dann auf die Leiter. Sie geben ihrerseits allen Gruppen ein Feedback, und bitten auch die Beobachter/Protokollanten ihre Kommentare und Einsichten mit allen Teilnehmern auszutauschen. Durch ein solches Vorgehen lernen die Kinder von den Erfahrungen, die die anderen Gruppen bei ihrem Rollenspiel gemacht haben. Auch die übrigen Gruppenmitglieder können sich austauschen. Dieser Teil der Aktion sollte zehn bis fünfzehn Minuten dauern.

11. Fahren Sie mit dem nächsten Rollenspiel fort. Wiederholen Sie den Prozess.

Mediations-Skript

1. „Habt ihr euch beide beruhigt? Wenn nicht, was würde euch helfen, bevor wir über euren Konflikt sprechen?“
Die Mediatoren können die Streitpartner dazu auffordern tief durchzuatmen, einen Schluck Wasser zu trinken oder sich eine Weile in verschiedene Ecken zu setzen, um sich dort zu beruhigen. Wenn einer der Streitpartner noch immer wütend sein sollte, verschieben Sie die Mediation auf später, eventuell sogar auf den nächsten Tag. Wenn beide sich beruhigt haben, folgt Schritt 2.

2. „Ich möchte euch noch einmal an die Regeln für die win-win-Methode erinnern. Nennt sie:
   - ✗ Behandelt euch mit Respekt.
   - ✗ Hört zu, wenn der andere spricht.
   - ✗ Seid ehrlich.
   - ✗ Keine Beschuldigungen, Beleidigungen oder Unterbrechungen.
   - ✗ Arbeitet auf eine Lösung hin, mit der alle Beteiligten leben können.

   Seid ihr bereit euch an diese Regeln zu halten?“ (Diesen Punkt müsst ihr sicherstellen.)

3. „Seht euch bitte an. **Person A**, kannst du bitte **Person B** eine ‚Ich‘-Botschaft übermitteln und erklären, was du denkst?“

4. „**Person B**, richte bitte eine ‚Ich‘-Botschaft an **Person A** und erkläre, was du denkst.“

5. Ein Mediator fasst die Äußerungen der beiden Streitpartner zusammen.

6. „**A**, wiederhole bitte für **B** das, was er vorher über den Grund seiner Wut gesagt hat. Es hilft dir, wenn du mit den Worten anfängst ‚Ich habe verstanden, dass du gesagt hast, …‘.“

7. „**B**, sage bitte zu **A**, was er über den Grund seiner Wut gesagt hat.“

8. Jetzt wird über das Problem diskutiert. Die Sitzung soll aber nicht in Zankerei ausarten.

9. „**A**, welchen Anteil hattest du an dem Problem?“

10. „**B**, welchen Anteil hattest du an dem Problem?“

11. Ein Mediator wiederholt, was gesagt wurde.

12. „Was könnt ihr tun, um dieses Problem zu lösen?“ Lasse die beiden darüber sprechen und ermutige sie, nach verschiedenen Lösungsmöglichkeiten zu suchen. Sie dürfen sich gemeinsam für ein oder zwei Lösungen entscheiden.

13. „Ist euch beiden die Lösung recht?“ Zeige beiden deine Anerkennung dafür, dass sie ihr Problem gelöst haben.

14. Der Mediator bittet die Streitpartner, sich gegenseitig zu bestätigen, zu danken oder zu verzeihen. Sie können sich jetzt die Hände schütteln. Der Mediator sollte den Kindern für die gute Arbeit danken.

Beachte:
Manchmal hilft es den Streitpartnern, wenn sie ihre Lösungen oder Vereinbarungen aufschreiben. Das können sie am Ende der Mediation tun.

Nach jeder durchgeführten Mediation sollten die Mediatoren einen Vermerk in ihr Notizbuch einzutragen. Dabei sollten sie auch angeben, ob die Mediation erfolgreich abgeschlossen wurde. Notieren Sie alles, über das sie beim nächsten Treffen der Mediatoren sprechen möchten.

Checkliste für Beobachtungen und Protokolle

(zum Gebrauch während des Rollenspiels)

1. Haben die Mediatoren sichergestellt, dass die Streitpartner sich beruhigt haben?

2. Sorgen die Mediatoren dafür, dass die Streitpartner bei der Sache bleiben?

3. Wiederholen die Mediatoren von Zeit zu Zeit, was gesagt wurde?

4. Behandeln die Streitpartner sich gegenseitig mit Respekt?

5. Arbeiten die Streitpartner an einer Lösung?

6. Haben die Streitpartner eine Lösung gefunden? Wenn ja, wie haben die Mediatoren dies ermöglicht?

7. Gibt es irgendetwas, das die Mediatoren beim nächsten Mal anders machen könnten?

Rollenspiele für das Mediatoren-Team

Szene 1

Die Zweitklässlerinnen **Anne** und **Susi** sind gute Freundinnen. Sie spielen jeden Tag auf dem Schulhof zusammen. Heute möchte Anne lieber mit Jessica spielen. Als Susi fragt, ob sie mitspielen darf, sagen beide „nein“. Nachdem alle wieder in der Klasse sind, stößt Susi Annes Bücher vom Tisch. Anne rächt sich, indem sie das Gleiche mit Susis Büchern tut.

Annes Sicht: Ich spiele gern mit Susi, aber Jessica hatte mich schon vor längerer Zeit gefragt, ob ich mit ihr spiele. Jessica und ich wollten gerade zusammen auf die Wippe gehen, als Susi kam. Auf der Wippe ist aber nicht genug Platz für drei Kinder. Deshalb haben wir Susi gesagt, dass sie nicht mit uns spielen kann. Wir wollten sie nicht verletzen.

Susis Sicht: Anne und ich spielen jeden Tag zusammen. Sie hat mir nicht gesagt, dass sie mit jemand anderem spielen möchte. Ich kann nicht glauben, dass sie und Jessica mich ausgeschlossen haben, als ich gefragt habe, ob ich mitspielen darf. So würde ich mich Anne gegenüber nie verhalten.

Rollenspiele für das Mediatoren-Team

Szene 2

Die Viertklässler **Jamal** und **Peter** sind große Konkurrenten. Jeden Tag rennen sie um die Wette, um als erster in der Reihe zu stehen, wenn sie sich aufstellen müssen. Heute ist Jamal zuerst da. Er verlässt nur kurz seinen Platz, um ein Papier aufzuheben, das heruntergefallen ist. Peter rennt schnell an die erste Stelle. Als Jamal das sieht, schubst er Peter aus der Reihe. Peter ruft ihm ein Schimpfwort nach.

Peters Sicht: Jeden Tag versucht Jamal Erster zu sein. Manchmal schneidet er mir den Weg ab. Heute ist er von seinem Platz weggegangen, also war ich Erster, stimmt's? Er hatte kein Recht mich zu schubsen.

Jamals Sicht: Jeden Tag versucht Peter Erster zu sein. Manchmal schneidet er mir den Weg ab. Eben habe ich mich nur für eine Sekunde heruntergebeugt, um ein Papier aufzuheben. Da kam Peter, schubste mich weg und ging an meinen Platz. Das war nicht fair. Er hatte kein Recht dazu.

Rollenspiele für das Mediatoren-Team

Szene 3

Die Drittklässlerinnen **Lucia** und **Stephanie** haben sich noch nie leiden können. Jedes Mal, wenn Lucia vorbeikommt, sieht Stephanie sie provozierend an und sagt gemeine Dinge.
Heute hat Lucia genug davon. Als Stephanie ihr eine Grimasse schneidet, greift Lucia nach ihren Haaren und zieht fest daran.

Stephanies Sicht: Ich hasse Lucia. Sie war immer schon gemein zu mir. Im ersten Schuljahr hat sie mir meine beste Freundin weggeschnappt. Das habe ich ihr nie verziehen. Sie lässt mich immer links liegen und beachtet mich nicht. Ich finde nicht, dass ich böse zu ihr war.

Lucias Sicht: Stephanie hasst mich und ich weiß nicht warum. Sie schneidet mir immer Grimassen und tuschelt hinter meinem Rücken. Meine Mutter hat gesagt, ich soll sie einfach nicht beachten.
Das versuche ich auch, aber sie ist trotzdem weiter gemein zu mir. Heute habe ich es nicht mehr ausgehalten und sie an den Haaren gezogen.
Ich weiß, dass das nicht richtig war, aber es war mir einfach zu viel.

Rollenspiele für das Mediatoren-Team

Szene 4

Der Viertklässler **Marko** hat ein Auge auf seine Mitschülerin **Mona** geworfen. Mona möchte aber nichts mit ihm zu tun haben. Marko schickt Mona dauernd Zettel und sagt Dinge, die ihr peinlich sind. Meistens geht Mona einfach weg. Heute hat sich Marko hinter sie geschlichen, den Arm um ihre Schultern gelegt und gesagt: „Hallo Süße!" Mona schubst ihn weg und sagt: „Hau ab, du Schwachkopf." Marko benutzt einen Kraftausdruck.

Monas Sicht: Marko lässt mich nicht in Ruhe. Ich möchte nicht mit ihm herumhängen. Das hab' ich ihm auch deutlich gezeigt, aber er ärgert mich immer weiter, schickt mir blöde Zettel und fasst mich manchmal an. Ich habe ihn Schwachkopf genannt, weil ich ihn ein für alle Mal loswerden wollte.

Markos Sicht: Mona ist das hübscheste Mädchen aus der Klasse. Ich möchte mit ihr gehen. Ich hab' gedacht, sie spielt nur die Unnahbare, und dass sie mir eine Chance geben würde, wenn sie wüsste, wie sehr ich sie mag. Sie hat mich eben vor meinen Freunden wirklich heruntergemacht. So etwas lasse ich mir von keinem Mädchen gefallen.

Rollenspiele für das Mediatoren-Team

Szene 5

Robert ist am Morgen von seinem Vater verprügelt worden. Das passiert oft. Robert hat schlechte Laune, als er in den Schulbus steigt. Da steigt **Jonas** ein und lächelt ganz glücklich. Er hat immer gute Laune. Robert hasst Jonas für dessen gute Laune und glaubt, dass Jonas ein viel besseres Leben hat als er selbst. Er streckt seinen Fuß aus, als Jonas durch den Mittelgang kommt und stellt ihm ein Bein. Jonas ist völlig überrascht, fällt hin und boxt Robert.

Roberts Sicht: Mein Vater schlägt mich dauernd. Ich halte es zu Hause nicht mehr aus. Jonas muss denken, er wäre etwas Besseres als ich. Er hat immer schöne Sachen an, und sein Vater ist sogar Trainer im Fußballverein. Ich kann einfach nicht sehen, wenn er dauernd so zufrieden lächelt. Ich wollte ihn von seiner Wolke runterholen.

Jonas Sicht: Ich stieg heute Morgen in den Bus, ohne irgend jemanden zu ärgern. Plötzlich streckt Robert seinen Fuß aus und stellt mir ein Bein. Ich kenne diesen Typen kaum. Warum wollte er mir weh tun? Ich habe mir meinen Kopf hart an der Kante des Sitzes gestoßen. Aus Wut habe ich ihn geboxt.

Zeitplan und Inhalte des Mediatoren-Trainings

Erster Tag: 90 Minuten

1. Begrüßen Sie die Mediatoren und gratulieren Sie ihnen. Die Mediatoren stellen sich selbst vor.
2. Besprechen Sie die Aufgabe der Peer-Mediatoren. Sagen Sie den Teilnehmern, was an diesem Tag passieren wird.
3. Aufwärm-Übung: Die Kinder setzen sich paarweise gegenüber. Lassen Sie sie bestimmen, wer **Person A** und wer **Person B** sein wird.
   Person A fragt **Person B**: „Was kannst du richtig gut? Beschreibe es bitte für mich." Dann stellt **B** die gleiche Frage an **A**. Danach bilden die Kinder einen großen Kreis. Sie erzählen nun vor der ganzen Gruppe, welche Fähigkeiten der Partner genannt hat.
4. Erklären Sie noch einmal die win-win-Methode und demonstrieren Sie jeden einzelnen Schritt. Gehen Sie auch die Kurzanleitung durch. Bei einfachen Konflikten ist es leichter, die Kurzversion anzuwenden (S. 86).
5. Besprechen Sie die Regeln für die Anwendung der win-win-Methode (S. 87). Sagen Sie den Mediatoren, dass sie die Streitpartner bei jeder Mediation an diese Regeln erinnern müssen.
6. Besprechen Sie „Ich"-Botschaften. Lassen Sie die Kinder „Du"-Botschaften in „Ich"-Botschaften verwandeln. Benutzen Sie dazu die Beispiele aus Übung 9 (s. S. 81/82) und ergänzen Sie sie durch eigene „Du"-Botschaften.
7. Üben Sie „Aktives Zuhören". (vgl. Übung 12, S. 91–93). Sie können auch das Spiel „Warum bist du mir böse?" spielen: Lassen Sie die ganze Gruppe einen Kreis bilden. Fragen Sie das erste Kind: „Warum bist du mir böse?" Das erste Kind denkt sich eine Antwort aus. Fassen Sie nur zusammen, was es gesagt hat, ohne weitere Erklärungen oder einen Kommentar. Das erste Kind wendet sich dann an das zweite und stellt die gleiche Frage. Die Frage geht im ganzen Kreis herum, wobei jedes Kind zusammenfasst, was sein Vordermann gesagt hat. Nachdem alle einmal zuhören und zusammenfassen durften, diskutieren Sie mit den Kindern: Wie war es für sie, einfach zuzuhören, ohne eine Antwort oder Erklärung zu geben oder sich zu verteidigen.
   Machen Sie den Kindern klar, dass diese Fähigkeit für Konfliktlösungen äußerst wichtig ist. Sagen Sie ihnen, dass sie das zu Hause weiterüben sollen.
8. Verteilen Sie Mediations-Tagebücher für die Mediations-Sitzungen. Einfache Notiz- oder Spiralblöcke reichen aus. Für die folgende Woche bekommen die Kinder verschiedene Aufgaben:
   a) Benutze jedes Mal „Ich"-Botschaften, wenn du einer anderen Person deine Gefühle klarmachen möchtest.
   b) Wende so oft du kannst die Methode des reflektierenden Zuhörens an, auch in alltäglichen Gesprächen.
   c) Wenn du mit jemandem in einen Konflikt gerätst, dann benutze die win-win-Methode, um ihn auszutragen.
   d) Schreibe jeden Abend in dein Mediations-Tagebuch, wie es gewesen ist, diese Aufgaben zu erfüllen. Trage auch die Antworten und Reaktionen ein, die du erhalten hast. Bringe dein Mediations-Tagebuch zur nächsten Trainingsstunde mit und bereite dich darauf vor, den anderen von deinen Erfahrungen zu erzählen.

Zweiter Tag: 90 Minuten

1. Begrüßen Sie die Teilnehmer. Gratulieren Sie ihnen dazu, dass sie die erste Woche des Peer-Mediationstrainings abgeschlossen haben.
2. Austausch in der Zweiergruppe: Die Kinder tauschen sich mit einem Partner über ihre Erfahrungen mit den „Ich"-Botschaften und dem „reflektierenden Zuhören" während der vergangenen Woche aus. Bitten Sie die Kinder über die Gelegenheiten zu sprechen, bei denen sie die win-win-Methode anwenden konnten. Wenn sie möchten, können sie aus ihren Mediations-Tagebüchern vorlesen.
   Dann bilden alle Teilnehmer einen großen Kreis und berichten darüber, was sie vorher mit dem Partner besprochen haben. Sie sprechen über alle neuen Einsichten, die sie gewonnen haben.
3. Rollenspiel: Die Leiter führen die Mediation in einem Konflikt vor. Wenn Sie ein Video über eine Mediation vorbereitet haben, können Sie dies ebenfalls zeigen.
   Stützen Sie sich dabei auf die Kapitel „Mediation in der Peergroup" (ab S. 42) und Rollenspiele für das Mediatoren-Team (s. S. 46–51). Innerhalb der zur Verfügung stehenden Zeit können Sie wahrscheinlich zwei Rollenspiele durchführen. Sorgen Sie dafür, dass genug Zeit zur Auswertung zwischen den einzelnen Rollenspielen bleibt.
4. Nennen Sie die Hausaufgabe: Lassen Sie die Kinder die „Ich"-Botschaften, das „reflektierende Zuhören" und die win-win-Methode während der nächsten Woche weiter üben.
   Die Kinder sollen auch diesmal die Reaktionen auf ihr Verhalten in die Notizbücher eintragen. Bitten Sie sie auch aufzuschreiben, was sie über die Aussicht Peer-Mediator zu werden, denken. Die Kinder können zusätzlich notieren, was sie gerne üben möchten, um ihre Aufgabe zu meistern.
   Zur nächsten Sitzung bringen sie ihre Aufzeichnungen mit.

Dritter Tag: zwei Stunden

1. Heißen Sie die Kinder willkommen und teilen Sie ihnen mit, dass sie am Ende dieser Sitzung offizielle Peer-Mediator sein werden.
2. Besprechen Sie die Eintragungen in den Mediations-Tagebüchern und die neuen Einsichten, die die Kinder während der vergangenen Woche gewonnen haben.
3. Wiederholen Sie noch einmal die Aufgabe der Peer-MediatorInnen, und betonen Sie die Notwendigkeit, nicht zu urteilen und respektvollen Umgang voranzutreiben.
   Sprechen Sie das Thema Vertraulichkeit an und machen Sie sehr deutlich, was damit verbunden ist.
   Betonen Sie, dass Mediatoren ihre Sachkenntnis dazu einsetzen müssen, anderen dabei zu helfen ihre Probleme selbst zu lösen. Sie sollen den Streitenden diese Aufgabe nicht abnehmen.
4. Rollenspiele in der Gruppe: Führen Sie an diesem Tag drei Rollenspiele durch. Dies ist die letzte Übungsstunde, bevor die Kinder wirklich beginnen. Wenn Sie den Eindruck haben, dass sie noch mehr Übung brauchen, können Sie dies für das nächste geplante Treffen berücksichtigen.
5. Fragen, Diskussion.
6. Stellen Sie einen Mediationsplan zusammen, der allen Mediatoren zugänglich sein sollte.
7. Zeichnen Sie die Mediatoren mit Buttons, Pins oder Anstecknadeln und Zeugnissen aus. Verteilen Sie die Mediations-Tagebücher und erklären Sie, wie sie benutzt werden sollen. Gratulieren Sie den frischgebackenen Mediatoren und feiern Sie mit ihnen!

Eltern-Workshops vorbereiten und leiten

In den zehn Jahren, seit denen ich Eltern-Workshops leite, habe ich immer wieder festgestellt, dass Eltern zu den eifrigsten Teilnehmern gehören. Sie sind begierig nach Informationen über das Friedenschaffen und suchen in der sich verändernden modernen Welt nach neuen Wegen der Kommunikation für ihre Familie. Sie möchten in Konflikten vermitteln können und den Kindern helfen, ihre Gefühle auszudrücken. Eines ihrer dringendsten Anliegen ist die Frage, wie sie in der Familie Frieden schaffen können.

Da ich selber Kinder habe, teile ich diese Betroffenheit und kann bestätigen, dass die Fähigkeit Frieden zu schaffen meine eigene Familie verändert hat. Tag für Tag wird sichtbar, wie sehr es meine Kinder geprägt hat, dass sie in einer „friedlichen Familie" aufgewachsen sind.

Mein Sohn Mike, der jetzt studiert, lieferte dafür neulich erst ein Beispiel. In einem unserer wöchentlichen Telefongespräche erlaubte ich mir eine etwas zu persönliche Frage und überschritt dadurch die Grenze zwischen berechtigter Besorgnis und Einmischung. Ich merkte, dass ich Mike durch meine Schnüffelei sehr gereizt hatte.

Statt mich seinen Zorn spüren zu lassen, lieferte Mike die perfekte „Ich"-Botschaft und sagte: „Mom, ich weiß, dass du mir deine liebevolle Besorgnis zeigen willst, aber mir sind solche Fragen unangenehm. Ich möchte, dass du meine Privatsphäre mehr respektierst." Außer meiner Scham darüber, dass ich meinem Sohn zu nahe getreten war, empfand ich auch Stolz, weil er seine Übung im Friedenstiften so gut gelernt hatte.

Ich erwähne diese Anekdote, weil sie etwas veranschaulicht, nach dem wir alle streben – zu sehen, dass unsere heranwachsenden Kinder das anwenden, was sie zu Hause gelernt haben.

Mit jedem Eltern-Workshop, den ich leite, verbinde ich die Hoffnung, dass die Kenntnisse und Einsichten, die die Teilnehmer daraus gewinnen, sich auf die Familie überträgt und die Kinder das Wesentliche davon in das Erwachsenenalter mitnehmen.

Das folgende Kapitel hilft Ihnen Eltern-Workshops durchzuführen. Passen Sie die Vorschläge den speziellen Bedürfnissen der Eltern an.

Schritt für Schritt-Anleitung zur Durchführung von Eltern-Workshops

1. Suchen Sie Leiter für die Workshops aus. Welche Erzieher an Ihrer Einrichtung sind besonders stark in der Vermittlung friedfertigen Verhaltens? Bitten Sie sie den Workshop zu leiten oder die Co-Leitung zu übernehmen. Machen Sie ihnen klar, dass Friedensfähigkeit nicht an ein bestimmtes Alter gebunden ist. Wenn die Eltern in der Lage sind, zu Hause mit ihren Kindern Friedfertigkeit zu üben, werden alle davon profitieren. Die Workshops stellen eine solidarische Verbindung zwischen Friedensbemühungen zu Hause und in der Einrichtung her.

2. Suchen Sie einen Termin für den Workshop aus. Er sollte zu einem Zeitpunkt stattfinden, an denen beide Elternteile Zeit haben. Versuchen Sie, wenn möglich, eine Kinderbetreuung vor Ort anzubieten. In einigen meiner Workshops habe ich kurze Demonstrationen der Übungen aus diesem Buch einfließen lassen, indem ich die Kinder beteiligt habe. Überlegen Sie, ob dies auch für Sie eine Möglichkeit wäre. Eltern sehen gerne, wie ein Programm in der Praxis durchgeführt wird. So verstehen sie besser, worauf es ankommt, wenn sie auch zu Hause Frieden schaffen wollen. Wählen Sie einen günstigen Zeitpunkt für die Beteiligung der Kinder. Wenn eine Kinderbetreuung zur Verfügung steht, können die jüngeren „Akteure“ in der Zeit betreut werden, in der sie nicht am Workshop beteiligt sind.

3. Bereiten Sie den Inhalt des Workshops vor. Viele der Informationen, die Sie benötigen, erhalten Sie direkt aus diesem Buch. „Hinweise zur Benutzung des Buches. Tipps für Lehrer und Eltern“, besonders der Abschnitt „Einfühlsame Erziehung zur Disziplin“ (s. S. 21–23) bilden die Grundlage für Ihren Workshop. Jeden Unterpunkt aus dem Abschnitt „Einfühlsame Erziehung zur Disziplin“ können Sie auf eine Folie oder ein Plakat schreiben. Sie benötigen außerdem eine Folie bzw. ein Plakat mit der win-win-Methode, sowohl in ausführlicher (s. S. 85) als auch in abgekürzter Form (s. S. 86), und für die Regeln der Anwendung dieser Methode (s. S. 87). Sehen Sie sich die Übung 1 „Ein friedliches Umfeld schaffen“ (s. S. 60–63) an. Sie ist ebenfalls wichtiger Bestandteil Ihres Workshops. Am besten hängen Sie die Kurzbeschreibung der win-win-Methode im Raum auf, damit die Eltern sie jederzeit nachsehen können. Wenn Sie dann die einzelnen Schritte durchnehmen, können Sie auf das Plakat verweisen. Stützen Sie sich auf das Kapitel „Mediation im Team“ (s. S. 43). Gehen Sie diesen Abschnitt sehr genau durch. Dieser Prozess hilft den Eltern in einem Konflikt mit Hilfe der win-win-Methode zu vermitteln. Schreiben oder kopieren Sie auch die Rollenspiel-Situationen auf Plakate (s. S. 48–51). Teilen Sie während des Workshops Kopien des Kapitels „Einfühlsame Erziehung zur Disziplin“, der win-win-Methode und der Kurzfassung der win-win-Methode aus.

4. Überlegen Sie, ob Sie eine Video-Aufnahme einsetzen. Während der Übungsstunden zum Friedenschaffen ergeben sich viele schöne Momente, die sie auf Video festhalten können. Solche Aufnahmen bereichern den Workshop. Ein Rollenspiel, in dem die Kinder die win-win-Methode anwenden oder Szenen, die während verschiedener anderer Übungen aufgenommen wurden, eignen sich für diesen Zweck ebenso wie eine Demonstration der „Bestätigung“. Ein zehnminütiges Video kann mehr über das Friedenschaffen sagen, als der beste Bericht über Erfahrungen aus der Klasse/Gruppe.

5. Ein Hinweis für die Schule: Beziehen Sie die Elternvertreter mit ein. Das kann von großem Vorteil sein. Mitglieder der Schulpflegschaft geben den Workshop gern bekannt, helfen bei der Vorbereitung und stellen Getränke und Knabbereien bereit. Indem Sie die Eltern an der Planung beteiligen, erfüllen Sie zugleich einen wesentlichen Zweck des Workshops: Sie fördern die Verbindung von Elternhaus und Schule.

6. Bewahren Sie die Arbeiten der Kinder auf. In diesem Buch gibt es viele Projekte, die von den Kindern durchgeführt werden können. Oft hängen in den Klassen-/Gruppenräumen schöne Wandbilder oder Kunstobjekte aus, die die Kinder während der Übungen angefertigt haben. Sie verschönern den Raum und zeigen auf ihre Weise, worum es beim Friedenstiften geht.

7. Bitten Sie alle Teilnehmer Namensschilder aufzustellen. Die Atmosphäre im Workshop wird dadurch persönlicher. Wenn Menschen mit Namen angesprochen werden, fühlen sie sich behaglicher und beteiligen sich eher am Geschehen.

8. Verschicken Sie motivierende Einladungen für den Workshop. Vergessen Sie nicht zu erwähnen, wie sehr dieser Workshop mit dem Friedensprogramm in der Schule/Einrichtung verbunden ist. Weisen Sie deutlich auf die Möglichkeit der Kinderbetreuung hin, sofern sie vorhanden ist. Versenden Sie die Einladungen rechtzeitig, sodass die Eltern ihre Teilnahme arrangieren können.

Vorschlag für den zeitlichen Ablauf des Workshops (zwei Stunden)

Begrüßen Sie die Eltern, ...
... stellen Sie die Leiter des Workshops vor und erklären Sie das Programm. Erzählen Sie den Eltern, welche Themen Sie für den Workshop geplant haben und in welcher Beziehung sie zum Programm „Frieden schaffen" stehen, das Sie mit den Kindern in Ihrer Einrichtung durchführen.
(**5 Minuten**)

Beginnen Sie mit einer Aufwärmübung.
Beziehen Sie die Eltern direkt ein, indem Sie fragen: „Was erhoffen Sie sich von unserem Workshop?" Nehmen weniger als 25 Personen teil, können sie sich in der ganzen Gruppe über ihre Wünsche austauschen. Ist Ihre Gruppe zu groß, um dies innerhalb von zehn Minuten zu schaffen, lassen Sie die Teilnehmer mit dem Sitznachbarn diskutieren (Zweiergespräch). Bitten Sie alle, die etwas sagen wollen, sich zuerst vorzustellen.
(**10 Minuten**)

Stellen Sie mit Hilfe der Folie oder des Plakats das Prinzip „Einfühlsame Erziehung zur Disziplin" vor, ...
... und erläutern Sie die einzelnen Schritte. Geben Sie auch persönliche Beispiele. Wenn Sie sich entschlossen haben ein Video zu zeigen, ist der Zeitpunkt dazu jetzt günstig. Um Schritt 2 der Anleitung zur „Einfühlsamen Erziehung zur Disziplin" zu veranschaulichen, können Sie eine Video-Aufnahme der Übung zum Thema „Bestätigung" vorführen.
(**15 Minuten**)

Stellen Sie die win-win-Methode vor.
Besprechen Sie die einzelnen Schritte. Wenn Sie geplant haben Kinder an einer Vorführstunde teilnehmen zu lassen, können diese jetzt im Rollenspiel zeigen, wie die Methode angewandt wird. Wenn nicht, können auch Erzieher oder die Leiter des Workshops die Demonstration übernehmen.

An den folgenden Aktivitäten zu den einzelnen Schritten können die Eltern sich beteiligen. Die Durchführung der Aktionen dauert etwa **30 Minuten**.

Beruhigen: Lassen Sie die Eltern im Brainstorming Ideen sammeln, wie man sich beruhigen kann. Schreiben Sie die Antworten auf eine Liste. Erinnern Sie die Eltern daran, dass man keine Konflikte lösen kann, wenn man aufgebracht oder wütend ist. Beruhigen ist der erste wesentliche Schritt zur Konfliktlösung.

Sagen Sie den Eltern, dass es in Ordnung ist mit der Konfliktlösung zu warten, sogar bis zum nächsten Tag, wenn dies nötig ist, damit die Kontrahenten sich genügend abkühlen können. Es ist wichtig, dass die Parteien einen gemeinsamen Nenner finden, um das Problem zu lösen.

„Ich"-Botschaften: Geben Sie Beispiele für „Ich"-Botschaften als Kontrast zu „Du"-Botschaften und stellen Sie im Rollenspiel dar, wie unterschiedlich beides ankommt. Beziehen Sie sich auf Übung 9 „‚Ich'-Botschaften verwenden" (S. 81/82). Lassen Sie die Teilnehmer einige der „Du"-Botschaften, die in diesem Kapitel genannt werden, in „Ich"-Botschaften umwandeln.

Aktives Zuhören: Die Leiter können im Rollenspiel zusammenfassen, was sie den anderen haben sagen hören. Beispiel:

A: „Ich bin wirklich sauer, dass du mich heute Abend zu spät abgeholt hast."
B: „Ich habe verstanden, dass du sauer bist, weil ich dich heute Abend zu spät abgeholt habe."
(Bereiten Sie vorher einige dieser einfachen Rollenspiele vor.)

Lassen Sie dann die Teilnehmer das Spiel zum aktiven Zuhören „Warum bist du mir böse?" (s. S. 52, Punkt 7) durchführen.

Mit Hilfe dieser Technik lernen die Teilnehmer aufmerksam zuzuhören, ohne eine Meinung oder Erklärung abzugeben. Auch die Erfahrung, dass man ihnen wirklich zuhört, ist für viele neu.

Verantwortung für den eigenen Anteil an einem Konflikt eingestehen: Dazu gibt es keine Übungen. Rufen Sie den Eltern aber einige Punkte ins Gedächtnis. Sagen Sie ihnen, dass in 99% aller Fälle beide Parteien auf die ein oder andere Weise für den Konflikt verantwortlich sind. Es ist deshalb wichtig, dass beide bereit sind, sich selbst zu prüfen und die Verantwortung für die eigene Rolle im Konflikt zu übernehmen.

Mit diesem Schritt ist für die meisten eine Veränderung ihres Verhaltens verbunden. Wir finden von einer gegnerischen zur versöhnlichen Einstellung. Indem wir unseren Anteil an einem Konflikt eingestehen, signalisieren wir unsere Bereitschaft ihn auszutragen. Beschuldigungen verstärken Probleme nur. Die Anerkennung der Verantwortung hilft sie zu lösen.

Lösungen durch Brainstorming: Stellen Sie ein ganz alltägliches Problem zur Debatte: Zwei Kinder streiten sich zum Beispiel darüber, welches Fernsehprogramm sie anschauen wollen. Lassen Sie die Teilnehmer so viele Lösungen wie möglich im Brainstorming-Verfahren nennen und schreiben Sie sie auf eine Liste. Je mehr, desto besser. So erkennen die Eltern, dass es gewöhnlich sehr viele Lösungsmöglichkeiten gibt.

Sobald sich Menschen bewusst werden, welche Bandbreite an Lösungsmöglichkeiten es gibt, geht ihnen ein Licht auf. Sie merken, dass sie oft nur automatisch in alte Reaktionsmuster verfallen sind. Sie beginnen sich zu öffnen und erkennen, dass die alten Methoden mit Konflikten umzugehen sie einschränken. Mit der Zeit wird die Suche nach neuen Lösungen immer selbstverständlicher.

Bestätigen, Verzeihen, Danken: Jetzt ist ein günstiger Zeitpunkt, die Eltern in Partnerarbeit Bestätigungsübungen durchführen zu lassen (s. dazu Übung 6, S. 74–76 „Die Bestätigung“). Die Leiter führen diesen Vorgang zuerst vor.

Rollenspiel

Die Teilnehmer üben, wie sie bei der Lösung eines Konfliktes helfen können, indem sie die win-win-Methode anwenden. Diese Technik wird ausführlich auf den Seiten 42–44 in diesem Buch beschrieben. Planen Sie, wenn möglich, zwei Rollenspiele, unterbrochen durch eine Auswertung.
(**25 Minuten**)

Schlussreflexion

Klären Sie eventuell noch bestehende Fragen. (Wenn es Ihnen ähnlich ergeht wie mir, haben Sie jetzt die Zeit schon überzogen. Tun Sie Ihr Bestes und entschuldigen Sie sich für die Überziehung. Die Teilnehmer sind aber oft so dankbar für die erhaltenen Informationen, dass sie nicht einmal gemerkt haben, dass die Zeit schon herum ist.) Sie können weitere Fragen auch beantworten, während Sie am Ende des Workshops einige Getränke und Knabbereien anbieten. Viel Erfolg!

Beachten Sie:
Manche Einrichtungen haben im Anschluss an diesen Workshop Eltern-Kind Friedensgruppen gebildet, die sich privat treffen, um Fähigkeiten des Friedenschaffens (Bestätigung, Anwendung der win-win-Methode, aktives Zuhören usw.) zu üben und aktuelle Konflikte, die zu Hause aufgekommen sind, auszutragen.

Diese Gruppen treffen sich meistens einmal pro Woche, insgesamt sechs Wochen lang. Danach haben die Mitglieder die Wahl, ob sie weitermachen wollen oder nicht. Solche Treffen sind für Familien äußerst hilfreich. Versuchen Sie, auch an Ihrer Einrichtung eine solche Gruppe ins Leben zu rufen. Es lohnt sich!

Stufe I:

Frieden beginnt mit mir

1

Übung

Ein friedliches Umfeld schaffen

Alter: für Kinder zwischen 6 und 10+

Ziele:

- ✗ Der Erzieher legt gemeinsam mit den Kindern den Grundstein für ein friedliches Umfeld.
- ✗ Die Kinder zählen auf, was zu einem friedlichen Umfeld gehört.

Material:

- ❖ Ein großes Plakat mit der Überschrift: „Zu einem friedlichen Umfeld gehört ..."
- ❖ Ein kleineres Plakat für die Unterschriften der Kinder
- ❖ Filzstifte
- ❖ Briefvorlage des Elternbriefes (s. S. 62)
- ❖ Der Text: „Freunde" (s. S. 63)

So geht es:

1. Betrachten Sie alle Kinder in Ihrer Klasse als vollkommene und fähige Individuen. Konzentrieren Sie sich auf das Versprechen für ein friedliches Miteinander, das die Kinder gegeben haben. Stellen Sie sich vor, wie es sein wird, wenn sie dieses Versprechen im kommenden Jahr einlösen. Denken Sie auch an Ihr eigenes Versprechen, und machen Sie sich klar, dass Sie die Kinder durch die Art und Weise, wie Sie mit ihnen umgehen, nachhaltig beeinflussen können. Die Kinder sind Individuen. Sie sind in der Lage, Verantwortung zu übernehmen, fürsorglich und produktiv zu handeln. Machen Sie sich bewusst, dass Sie ihre Entwicklung in diese Richtung unterstützen können. Jetzt sind Sie zum Dialog mit den Kindern bereit.
2. Bitten Sie die Kinder auf Stühlen oder auf dem Boden einen Kreis zu bilden. Im Kreis halten alle Blickkontakt miteinander.
   Am besten schaffen Sie irgendwo in einer Ecke des Raumes genug Platz, um jederzeit leicht einen Sitzkreis bilden zu können.
3. Sagen Sie: „Ich bin für euch verantwortlich, und deshalb möchte ich mit euch neue Wege für eine friedliche Zukunft suchen. Wir hören oft davon, dass Menschen sich gegenseitig verletzen oder sich nicht genug umeinander kümmern. Ich habe einmal versucht, mir eine Welt vorzustellen, in der alle Erzieher den Kindern beibringen, miteinander klarzukommen und andere Menschen zu akzeptieren. Wie würde die Welt dann aussehen? Frieden fängt bei jedem Einzelnen an, und die Art und Weise, wie wir handeln, hat Auswirkungen auf unsere Umgebung." Lassen Sie die Kinder sich zu diesen Gedanken äußern.
4. Zeigen Sie den Kindern, dass Sie gerne alle genauer kennen lernen möchten und für sie da sind, wenn sie Probleme haben. Äußern Sie sich etwa so: „Ich möchte, dass wir ein tolles Jahr/Schuljahr zusammen verbringen. Wenn wir zusammenarbeiten und uns umeinander kümmern, werden wir das schaffen."

5. Sprechen Sie darüber, dass alle partnerschaftlich zusammenarbeiten und aufeinander Rücksicht nehmen müssen. Diskutieren Sie über den Begriff „Rücksicht nehmen". Betonen Sie, wie wichtig es ist, dass jeder Einzelne Verantwortung für eine friedliche Atmosphäre in der Klasse/Gruppe übernimmt. Sprechen Sie über die Frage: „Was versteht ihr unter Verantwortung?"
6. Fragen Sie: „Wie soll es in diesem Jahr/Schuljahr in unserer Klasse/Gruppe sein? Wie möchtet ihr von den anderen behandelt werden und wie möchtet ihr die anderen behandeln?" Sie können einen Anfang machen, indem Sie Wünsche aufzählen, die Sie selbst an die Klasse/Gruppe haben. (Beispiel: „Ich möchte, dass alle Kinder Rücksicht aufeinander nehmen.")
7. Nachdem die Kinder über die Atmosphäre gesprochen haben, die sie sich für ihre Klasse/Gruppe wünschen, können Sie diese Atmosphäre als „friedliches Umfeld" bezeichnen. Schreiben Sie auf ein Plakat den Satzanfang: „Zu einem friedlichen Umfeld gehört ..."
8. Bitten Sie die Kinder auf dieses Plakat zu schreiben, was für ein friedliches Umfeld wichtig ist. Die Liste kann etwa so beginnen: „Zu einem friedlichen Umfeld gehört, dass wir Rücksicht aufeinander nehmen; dass wir leise sprechen; dass wir aufmerksam zuhören, wenn jemand spricht; dass wir uns nicht gegenseitig beleidigen." Diese Liste können Sie im Laufe des Jahres/Schuljahres ergänzen.
9. Nachdem Sie die Liste gemeinsam fertig gestellt haben, fragen Sie die Kinder, wann ein Umfeld nicht friedlich ist. Fragen Sie, was jeder Einzelne tun muss, damit die Klasse/Gruppe so ist, wie sie es sich wünschen. Diskutieren Sie.
10. Fragen Sie die Kinder, ob sie einverstanden sind, alles Nötige für ein friedliches Umfeld zu tun und die Ideen auf der Liste zu verwirklichen. Sagen Sie, dass die Liste als Leitfaden für das ganze Jahr/Schuljahr dienen soll, und dass sie jederzeit Ergänzungen hinzufügen können.
11. Fragen Sie, ob jemand es problematisch findet, sich an die Regeln von der Liste zu halten. Diskutieren Sie darüber. Betonen Sie, dass viel verändert werden kann, wenn alle zusammenarbeiten.
12. Bitten Sie die Klasse eine Vereinbarung zu unterschreiben, die besagt: „Wir erklären uns bereit die Regeln einzuhalten, die wir zusammen aufgestellt haben, damit es in unserer Klasse/Gruppe friedlich zugeht." Hängen Sie diesen Text neben die Liste „Zu einem friedlichen Umfeld gehört ...".
13. Besprechen Sie den Brief an die Eltern (Formulierungsvorschlag s. S. 62) mit der Klasse/Gruppe. Bitten Sie die Kinder mit ihrer Familie über die Regeln auf der Liste zu sprechen.
14. Schicken Sie Kopien der Liste zusammen mit dem Brief an die Eltern.
15. Lesen Sie zum Abschluss der Übung den Text „Freunde" (s. S. 63) vor.

Brief von den Kindern an die Eltern

Liebe Eltern,

wir haben mit der ganzen Klasse/Gruppe gemeinsam eine Reihe von Regeln aufgestellt (vgl. Anlage zu diesem Brief), an die wir uns alle in diesem Jahr/ Schuljahr halten wollen. Unser Ziel ist es, ein friedliches Umfeld zu schaffen. Es wäre schön, wenn ihr uns dabei unterstützen würdet. Könnt ihr diese Regeln bitte mit mir besprechen und das Blatt aufbewahren?

Während des Jahres/Schuljahres werden wir noch weitere Aktivitäten wie diese durchführen. Sie gehören zum Programm „Frieden schaffen“. In diesem Programm lernen wir, dass Frieden mit jedem Einzelnen anfängt, und dass es wichtig für uns ist, Verantwortung für unser Handeln zu übernehmen.

Wenn ihr Fragen zu diesem Programm oder zu den Regeln für ein friedliches Umfeld habt, spricht unser Erzieher/Lehrer gerne mit euch darüber.

Vielen Dank!

____

(Name des Kindes)

Freunde *von Jonathan Sprout*

Bist du schon einmal weit weg in eine andere Stadt
gereist?
Hast du dich dort fremd gefühlt?
Das ist nur eine Sache der Einstellung:
Du kannst dich überall zu Hause fühlen.
Überall, wohin du kommst, gibt es Kinder, die sich um
dich kümmern.
Es gibt keine Städte, in denen nur böse Menschen leben.
In jeder Stadt gibt es gute Menschen.
Und genau wie du und ich
Wollen sie, dass wir Freunde werden.
Weit weg, in Ländern auf der ganzen Welt,
gibt es Millionen von Leuten, die wir nie sehen werden.
Aber sie strecken ihre Hände aus und öffnen ihre Herzen.
Sie möchten meine und deine Freunde sein.
Es gibt kein Land, in dem nur schlechte Menschen leben.
In jedem Land gibt es gute Menschen.
Und genau wie du und ich
wollen sie, dass wir Freunde werden.
Überall wohin du siehst,
möchten Menschen etwas geben.
Ganz egal, was die Leute sagen,
wir sollten alle
als Freunde leben!
Egal, wo wir leben,
ganz gleich, welche Sprache wir sprechen,
an welchen Gott wir glauben,
wie wir uns kleiden
oder welchen Lebensstil wir führen,
gleich, welche Hautfarbe wir haben.

2

Übung

Konflikte lösen – „Die schnelle Methode“ (I)

Alter: für Kinder zwischen 6 und 8+

Ziele:

- ✗ Einführung in die Grundlagen der Konfliktlösung.
- ✗ Die Kinder lernen die Vorteile friedlicher Konfliktlösung kennen.

Material:

- ❖ Zwei Puppen
- ❖ Tafel
- ❖ Das Plakat: „Die win-win-Methode“ – Die schnelle Methode (s. S. 66)

So geht es:

1. Lassen Sie die Kinder auf dem Boden einen Kreis bilden und stellen Sie dann die beiden Puppen vor. Erzählen Sie den Kindern, dass die Puppen sich um ein Spielzeug streiten, das sie haben möchten. Spielen Sie den Streit mit den Puppen nach: Sie raufen, beschimpfen sich, schreien usw.
2. Tun Sie so, als sprächen Sie mit den Puppen: Bitten Sie die Puppen das Problem zu nennen. Lassen Sie nicht zu, dass sie sich gegenseitig unterbrechen. Sagen Sie ihnen, dass jeder zu Wort kommt.
3. Die Puppen lernen die Sichtweise des anderen zu verstehen. Bringen Sie ihnen bei, wie man „Ich“-Botschaften verwendet.
4. Bitten Sie dann die Kinder, im Brainstorming nach Lösungen für den Konflikt der zwei Puppen zu suchen. Schreiben Sie alle Vorschläge an die Tafel.
5. Wenden Sie sich dann wieder den Puppen zu und lassen Sie sie eine Lösung „wählen“, die beide Seiten zufrieden stellt. Die Puppen „bedanken sich“ bei den Kindern für ihre Hilfe.
6. Lassen Sie die Puppen die Kinder fragen, warum es besser ist Konflikte friedlich auszutragen als zu kämpfen. Diskutieren Sie.
7. Lassen Sie die Puppen die Kinder fragen, welche Konflikte sie schon erlebt haben. Diskutieren Sie über die Lösungen aus dem Brainstorming. Entscheiden Sie sich für die praktikabelste. Besprechen Sie bei dieser Gelegenheit auch die „Ich“-Botschaften.
8. Fragen Sie die Kinder, ob sie bereit sind, ihre Probleme ebenfalls auf eine solche Weise zu lösen, um so das erwünschte friedliche Umfeld zu schaffen.
9. Besprechen Sie mit der Klasse/Gruppe das o.g. Plakat (Die win-win-Methode – Die schnelle Methode).

Konflikte lösen – „Die schnelle Methode“ (II)

Alter: für Kinder zwischen 8 und 10+

Ziele:
- ✘ Einführung in die Grundlagen der Konfliktlösung.
- ✘ Die Kinder lernen die Vorteile friedlicher Konfliktlösung kennen.

Material:
- ❖ Ein Kollege
- ❖ Eine „Konfliktliste“
- ❖ Ein großer Bogen weißes Papier
- ❖ Filzstifte
- ❖ Das Plakat: „Die win-win-Methode“ – Die schnelle Methode (s. S. 66)

So geht es:

1. Als Einführung zur Übung simulieren Sie gemeinsam mit einem Kollegen einen Streit um ein Buch, das nicht zurückgegeben wurde. Lassen Sie die andere Person hinausstürmen.
2. Die Kinder werden darauf reagieren. Bitten Sie sie um Vorschläge, wie der Konflikt friedlich beigelegt werden kann. Lassen Sie die Kinder so viele Ideen wie möglich entwickeln und schreiben Sie sie an die Tafel oder auf ein Plakat.
3. Klären Sie die Kinder darüber auf, dass der Konflikt, den sie soeben mit angesehen haben, nur gestellt war. Sagen Sie: „Wenn wir dieses Jahr in unserer Klasse/Gruppe Probleme miteinander bekommen, wollen wir versuchen sie zu lösen, und nicht zu Feinden werden.“
4. Sagen Sie: „Ich werde euch jetzt eine schnelle Methode beibringen, mit der ihr Konflikte friedlich austragen könnt. Später werdet ihr im Programm ‚Frieden schaffen‘ noch mehr darüber lernen, wie ihr Probleme austragen könnt.“ (Besprechen Sie mit den Kindern die Schautafel. Heben Sie die „Ich“-Botschaften hervor, und geben Sie Beispiele dafür.)
5. Lassen Sie die Kinder von Konflikten erzählen, die sie schon erlebt haben, und bitten Sie sie, im Rollenspiel die „schnelle Methode“ vorzuführen.
6. Sagen Sie: „Wenn ihr in einen Konflikt geratet, den ihr nicht selber lösen könnt und ich zu beschäftigt bin um euch zu helfen, dann könnt ihr sie auf eine ‚Konfliktliste‘ schreiben. (Zeigen Sie, wo diese Liste hängen wird.) Tragt das Datum ein, die Namen der beteiligten Personen und beschreibt kurz das Problem. Vergesst nicht eure Unterschrift. Ich werden dann im Laufe der Woche auf die Probleme eingehen, die ihr auf der Liste beschrieben habt. Wir werden uns gegenseitig in der Gruppe dabei helfen sie auszutragen.“
7. Stellen Sie den Kindern die Fragen: „Wie wäre es in unserer Klasse/ Gruppe, wenn alle bereit wären über ihre Probleme zu sprechen und sie auszutragen?“ „Wie sähe die Welt aus, wenn auch die Regierenden so handeln würden?“

Die win-win-Methode

– Die schnelle Methode

1. Beruhigen

2. „Ich“-Botschaften verwenden

3. Lösungen durch Brainstorming

4. Bestätigen, Verzeihen, Danken

Ich bin ein besonderer und einzigartiger Mensch

Alter: für Kinder zwischen 6 und 10+

Ziele:

- ✗ Die Kinder fertigen „Ich-Mobiles“ an, die folgende Elemente enthalten:

  1. Ich
  2. Mein bester Freund
  3. Meine Familie
  4. Mein Lieblings-Essen
  5. Meine Lieblings-Farbe

> **Beachten Sie:**
> Die Überschriften zu den einzelnen Elementen können Sie vorbereiten oder von den Kindern selbst anfertigen lassen, nachdem sie den Tonkarton für das Mobile erhalten haben.

- ✗ Die Kinder lernen, die Regeln für das Gruppengespräch anzuwenden.
- ✗ Ihr Selbstwertgefühl wird durch Bewusstmachung und gegenseitigen Austausch gestärkt.
- ✗ Die Kinder verstehen, dass der Satz „Frieden beginnt mit mir“ auch bedeutet positiv über sich selbst zu denken.

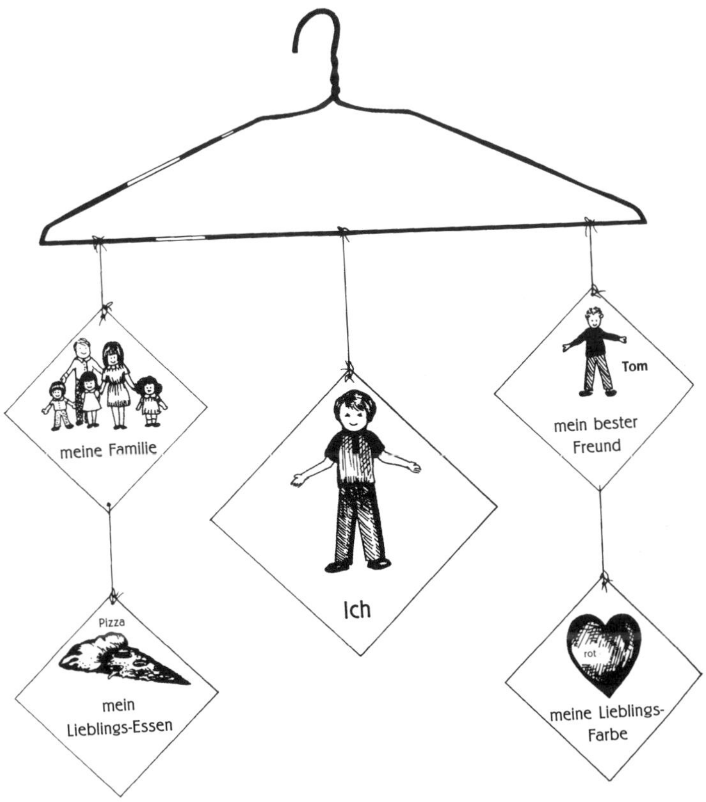

Material:

- ❖ Das Gedicht: „Ich bin einzigartig“ (s. S. 70). Wenn Sie möchten, können Sie es für jedes Kind kopieren.
- ❖ Für jedes Kind 5 ca. 10x10 cm große Quadrate aus Tonkarton für die einzelnen Elemente des „Ich-Mobiles“
- ❖ Kleiderbügel
- ❖ Scheren, Locher, Bunt- oder Filzstifte
- ❖ Das Plakat: „Regeln für das Gruppengespräch“ (s. S. 70)

So geht es:

1. Bitten Sie die Kinder, sich im Schneidersitz in einen Kreis auf den Boden zu setzen.
2. Lesen Sie den Text „Ich bin einzigartig" vor. Erklären Sie den Kindern, was sie nicht verstehen und diskutieren Sie. Wiederholen Sie, dass wir alle etwas Besonderes und einzigartig sind. Kündigen Sie ihnen an, dass Sie gemeinsam ein Projekt durchführen werden, bei dem ihre Besonderheit im Mittelpunkt steht. Dazu sollen die Kinder zuerst einmal ganz ruhig werden. Bitten Sie sie ganz still zu sitzen. Sagen Sie: „Ich werde euch jetzt zeigen, wie man ganz tief und ruhig atmet. Stellt euch vor, euer Bauch wäre ein Ballon. Atmet zuerst kräftig aus. Atmet leise durch die Nase ein und lasst die Luft bis ganz unten in euren Bauch strömen. Lasst die Luft fließen, aber pumpt euren Bauch nicht auf! Lasst jetzt die Luft leise wieder durch die Nase heraus. Dabei wird euer Bauch wieder flach." Wiederholen Sie diesen Vorgang drei- oder viermal. Wenn alle ganz still sind, sagen Sie: „Lauscht auf die Stille. Fühlt die Ruhe, die wir geschaffen haben."
3. Sagen Sie: „Eine solche Stille werden wir in diesem Schuljahr noch oft schaffen. In dieser Stille könnt ihr euch wohlfühlen. Sie hilft euch auch beim Denken und Lernen." Beachten Sie: Diese Technik ist unschätzbar. Sie eignet sich als Einstimmung auf den Tag oder auf die einzelnen Übungen. Sie können sie aber auch zwischendurch anwenden, wenn die Klasse/Gruppe unruhig ist. Unterbrechen Sie dann, was Sie gerade tun, arbeiten Sie einige Minuten mit dieser Übung, und setzen Sie das vorherige Thema in einer entspannteren Atmosphäre fort. Meist wird gerade diese Entspannungsübung angewandt, damit Kinder sich beruhigen, wenn sie in einer Konfliktsituation sind.
4. Fragen Sie: „Was ist das ganz Besondere an euch? Ist es etwas, das ihr gut könnt, wie z.B. Fahrrad fahren (passen Sie die Beispiele dem Alter der Kinder an), oder ist es eure Haarfarbe oder eine besondere Charaktereigenschaft, seid ihr z.B. besonders hilfsbereit oder großzügig? Denkt darüber nach. Alle dürfen sich der Reihe nach äußern und den anderen erzählen, was das ganz Besondere an ihm ist."
5. Verweisen Sie auf die „Regeln für das Gruppengespräch". Sagen Sie: „Wenn wir gleich alle etwas sagen dürfen, wollen wir uns an diese Regeln halten. Sie helfen uns, vor den anderen zu sprechen und uns gegenseitig zuzuhören." Diskutieren Sie die einzelnen Regeln und klären Sie, ob alle Kinder sie verstanden haben.
6. Leiten Sie die Gruppendiskussion mit dem Satz ein: „Das ganz Besondere an mir ist ...". Ermutigen Sie die Kinder Stellung zu nehmen. Die anderen können den Kindern helfen, die schüchtern sind, oder denen die Sache peinlich ist. Die helfenden Kinder können z.B. sagen: „Ich finde, Stephanie ist jemand Besonderes, weil sie immer nett zu anderen ist." Kinder, denen es unangenehm ist etwas zu sagen, können das Wort weitergeben. Wenn sie sich später noch äußern möchten, geben sie ein Handzeichen.
7. Gehen Sie den Kreis einmal durch. Fordern Sie die Kinder einzeln auf, den Satz „Das ganz Besondere an mir ist ..." fortzusetzen.
8. Teilen Sie das Material für die Mobiles aus. Lesen und beschreiben Sie die Überschriften zu den einzelnen Elementen. Schreiben Sie diese Überschriften an die Tafel, damit die Kinder sie abschreiben können. Lassen Sie die Kinder zu den Überschriften Bilder malen.
9. Ermutigen Sie die Kinder, sich leise mit dem Nachbarn darüber zu unterhalten, was sie gerade malen. Sie können diese Aktion auf ihren jeweiligen Plätzen, im Kreis oder in Kleingruppen durchführen.
10. Hängen Sie die fertigen Mobiles in der Klasse/im Gruppenraum oder auf dem Flur auf. Sprechen Sie mit den Kindern über die Mobiles und betonen Sie noch einmal das Besondere und Einzigartige an jedem Kind. Sagen Sie: „Durch unsere Besonderheit können wir alle etwas zur Welt um uns herum beitragen." Besprechen Sie, was das Wort „beitragen" bedeutet.

11. Spielen Sie abschließend ein Spiel, bei dem die Kinder sich entsprechend ihrer Lieblings-Dinge zu Gruppen zusammenschließen. So können z.B. alle, deren Lieblings-Essen Pizza ist, in eine Ecke gehen, und sich gegenseitig mit ihren Besonderheiten vorstellen. Oder eine Hälfte der Gruppe zieht Zettel, auf denen ein Name der übrigen Kinder steht. Auf diese Weise findet jeder einen Partner, mit dem er die Mobiles lesen und besprechen kann. Sie vergleichen die Dinge, die sie am liebsten mögen.

Beachten Sie:
Jüngere Kinder haben am Anfang des Jahres/Schuljahres oft noch Schwierigkeiten ihre Lieblings-Dinge genau zu zeichnen. Sie können diese Aktion dann auf einen späteren Zeitpunkt verschieben, wenn ihre Feinmotorik besser ausgeprägt ist. Als Alternative bieten sich großflächige Bilder zum Thema „Meine Familie und ich" an. Die Kinder können dann über Lieblings-Dinge reden und sie auf eine Liste schreiben oder eine große Collage mit Lieblings-Dingen, die sie aus Zeitschriften ausschneiden, zusammenstellen. Ältere Kinder können dieses Projekt dagegen sehr gut zu Beginn des Jahres durchführen.

Ich bin einzigartig

von Naomi Drew

Ich bin ein Individuum.
Ich besitze Würde und Wert.
Ich bin einzigartig.
Ich verdiene Respekt und respektiere andere.
Ich bin Teil der Menschenfamilie.
Ich kann der Welt etwas Besonderes bieten.
Ich verpflichte mich zum Einsatz für eine friedliche Welt.
Ich trage etwas zur Veränderung bei, und du tust das Gleiche.
Ich schaffe, was ich mir vorgenommen habe,
und du tust das Gleiche.
Ich selbst bin der Schlüssel zum Frieden.

Plakat zu Übung 4

Regeln für das Gruppengespräch

- Behandelt einander mit Respekt.
- Hört zu, wenn ein anderer spricht.
- Konzentriert euch auf den Sprecher, nicht auf eure eigenen Gedanken.
- Wartet ab, bis ihr an der Reihe seid.
- Sagt oder tut nichts, das einen anderen verletzen könnte.
- Unterbrecht niemanden.

5
Übung

Frieden definieren

Alter: für Kinder zwischen 6 und 10+

Ziele:

✘ Die Kinder entdecken, was Frieden für sie persönlich bedeutet.

✘ Sie lernen folgende Definition von Frieden: „Frieden heißt: Wir achten auf uns selbst, helfen einander und kümmern uns um unsere Erde."

✘ Sie lernen, dass Frieden für jeden persönlich wichtig ist, aber auch Verantwortung und Verpflichtung gegenüber anderen Menschen und der Umwelt bedeutet.

Material:

❖ Die „Regeln für das Gruppengespräch" (s. Übung 4, Seite 70)

❖ Ein Plakat mit der Überschrift: „Gefühle, die ich mit Frieden verbinde"

❖ Ein weiteres Plakat mit der Überschrift: „Frieden heißt: Wir achten auf uns selbst, helfen einander und kümmern uns um unsere Erde." (s. S. 73)

❖ Bilder oder Fotos aus Zeitschriften, die Folgendes zeigen:

a) Menschen, die sich selbst etwas Gutes tun (emotionales und körperliches Wohlbefinden)

b) Menschen, die einander helfen (Liebe, Unterstützung)

c) Menschen, die sich um die Erde kümmern (Umwelt)

d) Was passiert, wenn Menschen sich nicht um andere oder die Erde kümmern?

Die Kinder können diese Fotos oder Bilder von zu Hause mitbringen.

❖ Zeichenpapier und Buntstifte für jüngere Kinder

❖ Schreibpapier und Stifte für die älteren Kinder

So geht es:

1. Die Kinder setzen sich in einen Kreis. Gemeinsam werden die Regeln für das Gruppengespräch besprochen.
2. Sagen Sie: „Um eine ruhige und friedliche Atmosphäre in der Klasse/Gruppe zu schaffen, müssen wir zuerst ganz still werden. Dazu atmen wir tief ein und aus. Entspannt euren Körper. Lasst ein warmes, ruhiges und friedliches Gefühl von den Zehenspitzen bis in den Kopf durch euch hindurchströmen. Hört auf euren eigenen Atem. Lauscht der absoluten Stille und Ruhe in diesem Raum. Denkt jetzt einen Moment darüber nach, was Frieden für euch bedeutet." Geben Sie den Kindern einen Moment Zeit in Ruhe nachzudenken.
3. Fragen Sie: „Welche Gefühle verbindet ihr mit Frieden?" Schreiben Sie die Antworten der Kinder auf ein Plakat mit der Überschrift „Gefühle, die ich mit Frieden verbinde". Akzeptieren Sie alle Antworten, aber versuchen Sie die Kinder von Stereotypen wegzuführen. In dieser Übung haben die Kinder die Möglichkeit über ihre eigenen Überzeugungen und Gedanken zum Thema Frieden nachzudenken und diese zu konkretisieren.

4. Fragen Sie: „Wie stellt ihr euch Frieden konkret vor? Wie geht es in diesem Raum zu, wenn Frieden herrscht? Wie ist es bei euch zu Hause und wie verhalten sich die Menschen dort, wenn sie friedlich sind? Was passiert in eurer Straße oder Nachbarschaft, wenn alle friedlich sind? Was meint ihr, wie es auf unserer Erde aussähe, wenn es friedlich auf ihr zugehen würde?" Diskutieren Sie. Entlocken Sie den Kindern möglichst viele Beiträge und erkennen Sie alle Antworten an. Achten Sie weiter darauf, dass die Kinder nicht in stereotype Vorstellungen verfallen und animieren Sie sie dazu, immer wieder die eigenen Erfahrungen zum Frieden einzubeziehen.
5. Sagen Sie: „Dies ist eine Definition von Frieden: ‚Frieden heißt: Wir achten auf uns selbst, helfen einander und kümmern uns um unsere Erde.'" Zeigen Sie auf das Plakat mit diesem Satz. Hängen Sie das Plakat im Raum auf.
6. Bitten Sie ein Kind die Definition laut vorzulesen. Diskutieren Sie, was die Definition aussagen will.
7. Zeigen Sie Fotos von Menschen, die auf sich selbst achten, sich um andere oder um die Umwelt kümmern. Lassen Sie die Kinder beschreiben, was sie auf den Bildern sehen. Fragen Sie: „Warum ist es wichtig auch auf uns selbst zu achten, wenn wir Frieden wollen?" Betonen Sie: Frieden beginnt mit jedem Einzelnen. Weisen Sie darauf hin, dass es auch für die Kinder wichtig ist auf sich selbst zu achten. Auch ihre körperlichen und seelischen Bedürfnisse sowie ihr Schutzbedürfnis sind wichtig. Fragen Sie: „Wie fühlt ihr euch, wenn eure Bedürfnisse nicht erfüllt werden?" Führen Sie die Kinder zu der Erkenntnis, dass sie keinen inneren Frieden empfinden können, wenn ihre eigenen Bedürfnisse nicht erfüllt werden.
8. Zeigen Sie auch Fotos, die illustrieren, was geschehen kann, wenn man nicht auf sich selbst, aufeinander und auf die Erde achtet. Lassen Sie die Kinder beschreiben und diskutieren. Ermuntern Sie sie zur Mitarbeit.
9. Bitten Sie die Kinder zu zeichnen oder aufzuschreiben, wie sie sich einmal um sich selbst, um jemand anderen oder um die Umwelt gekümmert haben. Sie dürfen anschließend über ihre Bilder und Geschichten sprechen. Geben Sie ihnen Zeit zur Diskussion, und danken Sie allen für ihre Beiträge.
10. In kleinen Gruppen schreibt oder malt jedes Kind seine eigene Definition oder Vorstellung vom Frieden. Erklären Sie, dass sie auch durch die Art ihrer Zusammenarbeit Frieden stiften können. Fragen Sie, woran man ein friedliches Verhalten bei der Zusammenarbeit erkennt und wie es sich bemerkbar macht. In einer Diskussion tauschen die Kinder ihre Ideen aus.
11. Bitten Sie sie, ihre Definitionen oder Bilder über das, was sie unter Frieden verstehen, vorzulesen oder zu zeigen. Sprechen Sie darüber. Hängen Sie die Bilder auf und betrachten Sie sie besonders dann, wenn Sie eine „Extra-Portion Frieden" benötigen.

Frieden heißt: Wir achten auf uns selbst, helfen einander und kümmern uns um unsere Erde

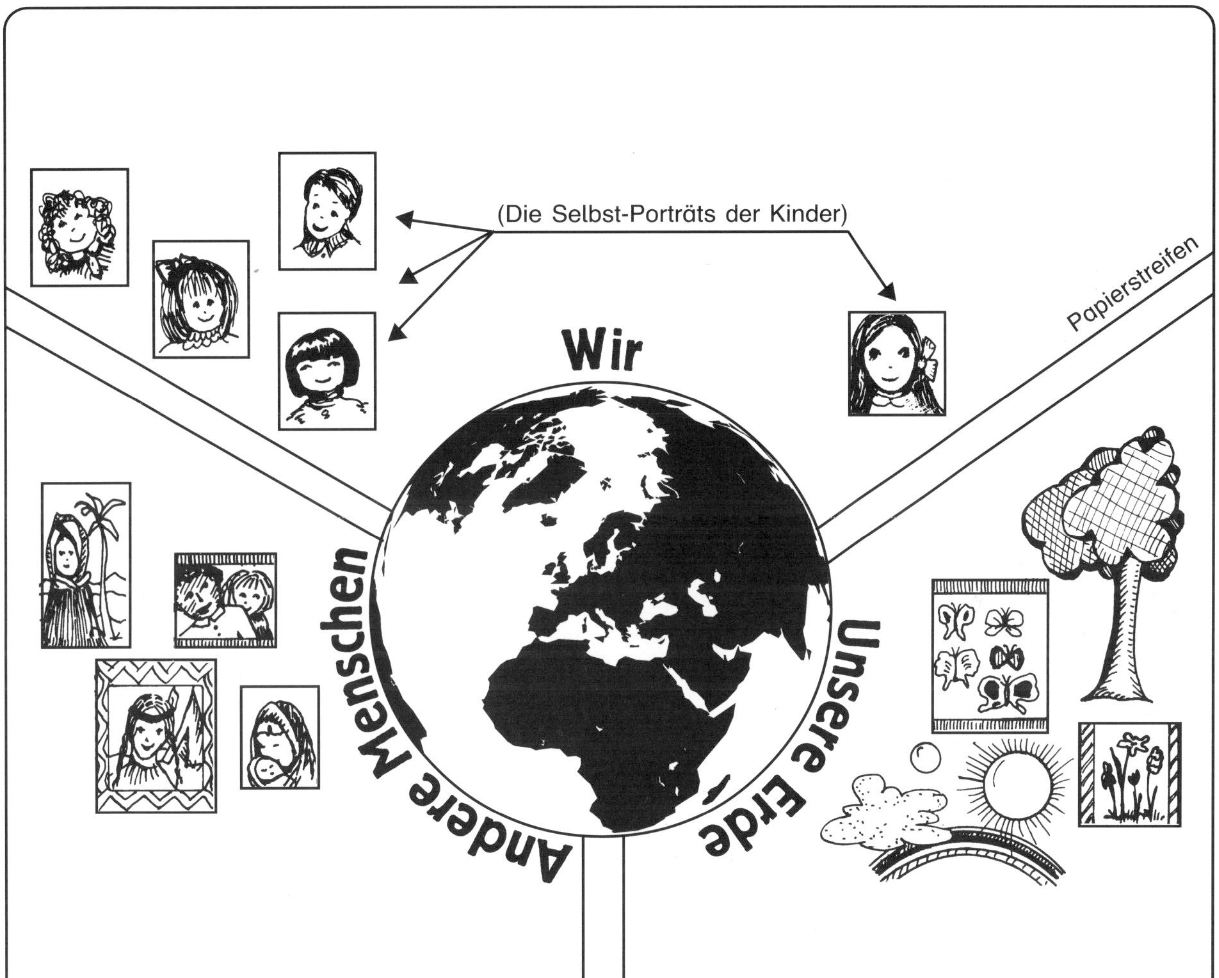

Fotos aus Zeitschriften und selbst angefertigte Zeichnungen verschiedener Menschen. Sie spiegeln Unterschiede in ethnischer Herkunft, Geschlecht, Alter o.Ä. wider.

Dinge aus der Natur: Bäume, Blumen usw., die aus Tonpapier ausgeschnitten oder aus Illustrierten zusammengestellt sind.

6

Übung

Die Bestätigung

Alter: für Kinder zwischen 6 und 10+

Ziele:

✗ Die Kinder lernen, dass Frieden mit jedem Einzelnen anfängt, und dass sie eine Atmosphäre der Akzeptanz schaffen, indem sie andere bestätigen. Dies ist eine wichtige Voraussetzung, um Frieden schaffen zu können.

✗ Sie üben, zu Hause und in der Schule andere zu bestätigen.

Material:

- ❖ Papier und Stifte für Kinder, die schon schreiben können
- ❖ Buntstifte und Malpapier für jüngere Kinder
- ❖ Das Gedicht: „Mensch sein heißt etwas Besonderes sein" (s. S. 76)
- ❖ Das Plakat: „Die Bestätigung" (s. S. 76)

So geht es:

1. Bitten Sie die Kinder sich in einen Kreis zu setzen und lesen Sie das Gedicht „Mensch sein heißt etwas Besonderes sein" vor.
2. Sagen Sie: „Jeder von euch ist etwas ganz Besonderes. Ich bin froh darüber, dass ich euer Lehrer/Gruppenleiter bin. Ich mag euch alle gerne." Machen Sie eine Pause und sehen Sie die Kinder an. Fragen Sie sie, wie sie sich bei solchen Worten fühlen. Sagen Sie, dass man es eine Bestätigung nennt, wenn man so zu jemandem spricht. Erklären Sie: „Wenn wir jemanden bestätigen, sagen wir ihm ganz ehrlich und aufrichtig etwas Gutes über ihn selbst."
3. Stellen Sie die Frage zur Diskussion: „Wie fühlt ihr euch, wenn euch andere bestätigen?" Diskutieren Sie. Wundern Sie sich nicht, wenn einige Kinder äußern, dass es ihnen unangenehm und peinlich ist, bestätigt zu werden. Das ist ganz normal.
4. Verweisen Sie auf das Plakat „Die Bestätigung". Lesen Sie es vor und erinnern Sie daran, dass Frieden mit jedem Einzelnen anfängt. Durch die Bestätigung zeigen wir, dass wir einander akzeptieren. Das ist wichtig, um Frieden schaffen zu können. Sagen Sie: „Wenn wir uns von anderen Menschen angenommen fühlen, ist es einfacher einen Streit fair auszutragen. Dem Wesen nach sind wir uns alle ähnlich, das vergessen wir nur manchmal. Die Bestätigung hilft uns eine besondere Verbundenheit herzustellen. Heute sprechen wir darüber, wie wir jederzeit einander bestätigen können."
5. Kündigen Sie an: „Wir werden uns jetzt gegenseitig in Zweiergruppen bestätigen. Hier ist es besonders wichtig, wenn euer Partner jemand ist, den ihr noch nicht besonders gut kennen gelernt habt oder noch nicht kennen lernen wolltet. Denkt daran, dass wir oft keinen Frieden schließen können, weil wir Menschen, die anders sind als wir selbst, nicht akzeptieren. Ein gutes Beispiel dafür ist, dass Mädchen und Jungen sich manchmal gegenseitig nicht akzeptieren. Wer von euch Jungen hat schon einmal negativ von jemandem gedacht, bloß weil dieser ‚jemand' zufällig ein Mädchen war?" „Wer von euch Mädchen hat schon einmal schlecht über je-

manden gedacht, weil derjenige ein Junge war?" Bitten Sie um Handzeichen.

6. Sagen Sie: „Frieden fängt mit jedem Einzelnen an. Wenn wir überzeugte Friedensstifter sein wollen, müssen wir uns mehr auf Gemeinsamkeiten als auf Unterschiede konzentrieren. Wir müssen uns auf unsere Verpflichtung zum Frieden besinnen, selbst wenn wir Hürden zu überwinden haben." Erklären Sie die Bedeutung von Hürden.
7. Sagen Sie: „Ihr werdet jetzt Gelegenheit erhalten eine solche Hürde zu überwinden, jemanden zu bestätigen – selbst wenn dieser ‚jemand' normalerweise nicht zu eurem Freundeskreis gehört."
8. Sagen Sie: „Dreht euch zur Seite und seht euren Partner an. Zeigt eurem Partner eure Anerkennung durch ein Kopfnicken. Denkt daran, jeder grimmige Gesichtsausdruck oder Kommentar kann euren Partner kränken. Seid freundlich."
9. Sagen Sie: „Wir atmen jetzt tief ein und aus und werden ganz ruhig und entspannt. Lasst alle negativen Gedanken von euch abfließen. Wenn sie zurückkommen, lasst ihr sie einfach vorbeiziehen. Seht euren Partner, dem ihr gegenübersitzt, an.
Er hat wie ihr Augen, eine Nase, einen Mund und Haare. Denkt auch daran, dass dieses Kind einen Verstand und ein Herz hat, genau wie ihr selbst. Macht euch klar, dass euer Gegenüber dasselbe Bedürfnis nach Liebe und Anerkennung hat wie ihr."
10. „Denkt jetzt an etwas Positives über euren Partner. Ist es sein Lächeln oder sind es die Augen, ist es sein Verhalten anderen gegenüber? Bestätigt euren Partner, indem ihr die positive Eigenschaft nennt, die euch eingefallen ist."
Geben Sie den Kindern Zeit sich gegenseitig zu bestätigen, und machen Sie ihnen Mut. Helfen Sie denjenigen, die noch unsicher sind.
11. Versammeln Sie die Kinder im Kreis und diskutieren Sie die Frage: „Wie habt ihr euch bei dieser Übung gefühlt?".
Es kann sein, dass sich gerade ältere Kinder unbehaglich gefühlt haben. Lassen Sie zu, dass auch solche Gefühle geäußert werden. Ermutigen Sie die Teilnehmer zur Ehrlichkeit und Offenheit. Bedanken Sie sich am Ende bei allen.
12. Nun sagen Sie selbst der Reihe nach jedem Kind im Kreis etwas Positives. Achten Sie dabei sorgsam darauf, welche Hürden Sie selbst zu überwinden haben. Wenn Sie möchten, können Sie dem Kind, das Sie ansprechen, die Hand auf die Schulter legen oder ihm die Hand schütteln. Ich selbst habe die Kinder bei der Durchführung der Übung an beide Hände gefasst.
13. Bitten Sie die Kinder auch zu Hause jemanden zu bestätigen.
14. Die Kinder dürfen abschließend ein „Bestätigungs-Bild" von ihren Partnern malen. Auf diesem Bild sollten die positiven Eigenschaften des jeweiligen Partners zu erkennen sein. Ältere Kinder können einen bestätigenden Satz unter das Bild schreiben. Beispiel: „Bernd ist nett. Er leiht mir immer seinen Radiergummi."

Beachten Sie:
Je nachdem, wie alt die Kinder sind, können sie sich zusätzlich zur verbalen Bestätigung auch die Hände schütteln oder umarmen. In meiner Klasse ist die gegenseitige Umarmung zum allgemeinen Usus geworden. So machten auch zwei meiner „harten Jungs" eine schöne Erfahrung, als sie einen Konflikt austrugen. Einer der beiden bat mich in ihrem Konflikt zu vermitteln. Ich schickte ihn zu dem Kind zurück, mit dem er sich gestritten hatte, damit sie den Streit gemeinsam austragen und sich dann gegenseitig bestätigen sollten. Nach einer Weile beobachtete ich, wie die beiden Jungen miteinander sprachen, sich die Hände schüttelten und schließlich umarmten.

Gedicht zu Übung 6

Mensch sein heißt etwas Besonderes sein

von Naomi Drew

„Ich schau' in den Spiegel und wen sehe ich?
Mich selbst. Ich sehe mir ähnlich.
Ich seh' meine Augen, ich seh' mein Gesicht
und weiß, dass auf der ganzen Welt
niemand genau ist wie ich. Ich bin einzigartig.
Mein Körper ist etwas Besonderes und ebenso mein Geist.
Jeder Mensch auf der Erde hat etwas Besonderes zu geben.
Wir alle können etwas bewegen, jeden Tag in unserem Leben.
Ich mag mich selbst und ich mag andere.
Die Welt ist ein besonderer Ort,
weil es dort mich gibt und dich."

Plakat zu Übung 6

Die Bestätigung

→ Achte darauf, was an anderen Besonderes ist.

→ Sage dem Anderen ganz ehrlich,
welche guten Eigenschaften
oder Besonderheiten dir an ihm aufgefallen sind.

→ Schaue dein Gegenüber direkt an,
wenn du ihn ansprichst.

→ Sei dir darüber bewusst, dass der andere
genauso ein einzigartiger Mensch ist
wie du es bist.

Konfliktlösung definieren

Alter: für Kinder zwischen 6 und 10+

Ziele:

- ✗ Die Kinder lernen eine Definition von Konflikt kennen.
- ✗ Sie beschreiben und analysieren einen Konflikt, den sie in der Klasse/Gruppe oder außerhalb der Schule/Einrichtung erlebt haben.
- ✗ Sie denken über eine Lösung für diesen Konflikt nach.

Material:

- ❖ Leere Arbeitsblätter
- ❖ Eine Tabelle mit zwei Spalten und den jeweiligen Überschriften: „Sätze, die einen Konflikt verstärken"/„Sätze, die einen Konflikt lösen", in die Sie die Vorschläge der Kinder eintragen

So geht es:

1. Bitten Sie die Kinder, im Gesprächskreis zusammenzukommen und beginnen Sie eine Diskussion mit der Frage: „Was ist ein Konflikt?"
2. Erklären Sie: „Ein Konflikt ist ein Streit, eine Meinungsverschiedenheit oder ein Problem. Meist sind daran mehrere Personen beteiligt. In Konfliktsituationen werden die Menschen oft wütend. Konfliktlösung bedeutet, dass das Problem gelöst wird, ohne dass jemand verliert und ohne dass körperliche Gewalt angewendet werden muss. Wenn wir einen Konflikt erfolgreich lösen, haben alle Beteiligten das Gefühl, dass ihre Bedürfnisse erfüllt worden sind."
3. Bitten Sie die Kinder, über einen ganz bestimmten Konflikt nachzudenken, den sie nicht lösen konnten.
4. Die Kinder können sich kurz über ihre Konflikte austauschen. Bitten Sie alle Kinder aus dem Kreis um ein Statement. Beispiel: „Mein Freund und ich haben uns darüber gestritten, was wir in der Pause spielen wollen." Achten Sie darauf, dass die Kinder nicht zu persönlich werden und keine Namen nennen. Ermutigen Sie alle ein Beispiel zu nennen, und betonen Sie, dass Streit ganz natürlich ist und zum Miteinander dazugehört. Sagen Sie: „Wir alle geraten von Zeit zu Zeit in Konflikte. Wut ist ein natürliches Gefühl. Es gibt aber positive und negative Methoden unsere Wut zu äußern." Erklären Sie, was ‚nicht funktionieren' hier bedeutet: Wir tun etwas, das die Dinge nur noch schlimmer macht, oder das nicht zur Lösung des Konflikts beiträgt. Lassen Sie die Kinder über Methoden nachdenken, die ‚funktionieren'. Wenn sie ihren Konflikt beschreiben, dann sollen sie mitbedenken, wie der Streit abgelaufen ist und ob er überhaupt gelöst worden ist. Lösungen, die funktionieren, stellen beide Seiten zufrieden. Solche Lösungen nennen wir win-win-Lösungen.
5. Erklären Sie: „Wenn ein Konflikt gelöst werden soll, muss sich mindestens eine Person für eine funktionierende Lösung einsetzen." Bitten Sie die Kinder eine Situation zu schildern, in der sie gemeinsam mit jemand anderem eine Lösung erarbeitet haben,

mit der schließlich beide zufrieden waren. Diskutieren Sie.

6. Nennen Sie selbst auch ein persönliches Beispiel.
7. Fragen Sie: „Habt ihr schon einmal einen Konflikt gelöst, obwohl euer Streitpartner sich nicht für eine Lösung eingesetzt hat? Glaubt ihr, es ist möglich einen Konflikt auch dann zu lösen, wenn nur ihr alleine euch für eine Lösung einsetzt?" Nennen Sie als Beispiel einen Konflikt, den Sie gelöst haben, obwohl die andere Person sich nicht dafür eingesetzt hat.
8. „Wir entspannen uns und denken an einen Konflikt, in dem wir einmal gesteckt haben. Atmet tief ein, entspannt euch und fühlt die Wärme, die in euch hineinströmt. Atmet weiter tief ein und aus. Fühlt ihr die Ruhe in unserer Klasse/Gruppe? Denkt jetzt an einen Konflikt, der noch nicht lange zurückliegt. Was habt ihr gesagt? Wie waren eure Gefühle, als ihr wütend wart? Denkt an das, was der andere gesagt hat. Überlegt jetzt, wie ihr den Konflikt besser hättet lösen können. Was könntet ihr selbst oder der andere sagen, um das Problem zu lösen? Denkt auch an eure Körperhaltung und -bewegungen, euren Gesichtsausdruck und an den Raum, in dem ihr euch befunden habt. Stellt euch vor, wie ihr gemeinsam den Konflikt austragt. Stellt euch das Gesicht des anderen vor. Denkt jetzt an euer eigenes. Versucht euch in die Gefühle des anderen hineinzuversetzen. Mit welchen Worten führt ihr die Lösung herbei? Stellt euch vor, wie glücklich und zufrieden ihr zum Schluss seid."
9. Lassen Sie die Kinder über die Konflikte und die Lösungen, die sie dazu gefunden haben, diskutieren.
10. Bitten Sie alle an ihre Plätze zurückzugehen. Verteilen Sie leere Arbeitsblätter. Auf die eine Hälfte schreiben die Kinder die Überschrift „Mein Konflikt" und auf die andere Hälfte „Meine Lösung". Lassen Sie sie die Konflikte und Lösungen malen oder beschreiben.
11. Nachdem die Kinder mit Zeichnen oder Schreiben fertig sind, bitten Sie sie mündlich zu erklären, was sie gemalt oder aufgeschrieben haben. Die Kinder wiederholen, was sie in der Konfliktsituation und bei der Lösung des Konflikts gesagt haben.
12. Jedes Mal, wenn ein Kind ein Beispiel nennt, fragen Sie: „Was hast du gesagt, als du wütend warst? Was hast du gesagt, als du das Problem gelöst hast?" Halten Sie Schlüsselsätze in der Tabelle fest, die Sie vorbereitet haben: „Sätze, die einen Konflikt verstärken – Sätze, die einen Konflikt lösen." Beispiel:

Sätze, die einen Konflikt verstärken:
„Gib mir sofort mein Buch zurück!"

Sätze, die einen Konflikt lösen:
„Lass uns das Buch gemeinsam benutzen, bis du dein eigenes gefunden hast."

13. Helfen Sie den Kindern, den Unterschied zwischen Sätzen, die Konflikte schüren und solchen, die sie entschärfen, zu verstehen. Machen Sie ihnen klar, dass Konfliktsätze Wut und ein Urteil ausdrücken. Dadurch wird ein Gespräch immer schwieriger. Konfliktsätze beginnen oft mit dem Wort „du". Sätze zur Konfliktlösung beinhalten dagegen oft einen Kompromiss und versöhnliche Worte. Wenn Menschen Sätze zur Konfliktlösung gebrauchen, stellen sie oft Fragen oder suchen nach Lösungen.
14. Erklären Sie den Kindern, dass es schwierig ist Konflikte zu lösen, wenn man wütend ist. Manchmal benötigen wir erst etwas Zeit, um uns zu beruhigen. Sagen Sie: „Wir werden in einer anderen Übung noch Regeln lernen, mit deren Hilfe wir Konflikte so lösen können, dass alle Beteiligten gewinnen. Wir werden dann auch über weitere Konflikte reden, die wir schon erlebt haben, und über Methoden sie zu lösen."
15. Die Kinder können auch ihre Blätter mit nach Hause nehmen und sie der Familie zeigen. „Erzählt, was ihr heute über Konflikte und deren Lösung herausgefunden habt."

8

Übung

Was uns daran hindert Konflikte zu lösen

Alter: für Kinder zwischen 6 und 10+

Ziele:

✘ Die Kinder wiederholen, was Konflikt und Konfliktlösung bedeuten.
✘ Sie überlegen, wie sie bisher mit Konflikten umgegangen sind.
✘ Sie verstehen, welche Gefühle und Gedanken die Fähigkeit, Konflikte friedlich zu lösen, beeinträchtigen.
✘ Sie erkennen, dass sie sich immer frei entscheiden können, auf welche Weise sie einen Konflikt lösen wollen.

Material:

❖ Die Geschichte: „Ein mieser Morgen für Michael" (s. S. 80)
❖ Tafel und Kreide
❖ Die Tabelle: „Sätze, die einen Konflikt verstärken – Sätze, die einen Konflikt lösen" aus Übung 7

So geht es:

1. Die Kinder bilden einen Kreis.
2. Kündigen Sie an, dass sie eine kurze Geschichte hören werden, die von einem Jungen namens Michael handelt, der an der Bushaltestelle in einen Streit gerät. Sagen Sie: „Wenn ihr gleich die Geschichte hört, dann denkt darüber nach, was Michaels Konflikt verursacht hat und wie er sich dabei fühlt."
3. Lesen Sie die Geschichte „Ein mieser Morgen für Michael" vor.
4. Stellen Sie folgende Fragen zur Diskussion: „Was war die Ursache für den Streit?" Ermuntern Sie die Kinder sich frei zu äußern. „Wie hättet ihr euch an Michaels Stelle verhalten, als der Ball ihn am Kopf traf?" Diskutieren Sie.
   Fragen Sie: „Was stand der Lösung des Problems im Weg?"
5. Fragen Sie: „Seid ihr auch manchmal so wütend, dass ihr ein Problem überhaupt nicht lösen wollt?" Diskutieren Sie und fragen Sie nach Beispielen. Sie können auch ein persönliches Beispiel nennen.
6. Fragen Sie: „Was hätte Michael sonst noch tun können, außer den Ball zu Thomas zurückzuschmeißen?" Sprechen Sie darüber und schreiben Sie die Antworten der Kinder unter der Überschrift „Andere Möglichkeiten" an die Tafel. Einige Beispiele:
   - Brüllen, den anderen aber nicht verletzen. Weggehen, bis man sich beruhigt hat und dem anderen dann sagen, wie man sich fühlt.
   - Den Ball ganz fest in eine andere Richtung schmeißen, wo er niemandem wehtun kann.
   - Das Lustige an der Sache sehen. Die Kinder sollten die Antworten selbst finden. Weisen Sie sie jedoch darauf hin, dass es verschiedene Möglichkeiten gibt. Spornen Sie sie an, möglichst viele solcher Möglichkeiten zu finden.
7. Sagen Sie: „Überlegt, wann ihr einmal wütend wart und keine Lösung finden wolltet. Wendet euch an euren Nachbarn und erzählt

ihm davon. Wechselt euch ab." Lassen Sie den Kindern ein paar Minuten Zeit für den Erfahrungsaustausch.

8. Fragen Sie die Kinder, ob jemand von ihnen der Klasse gerne über einen Konflikt erzählen möchte, den er gar nicht erst lösen wollte. Dabei ist es wichtig, dass die Kinder nichts zu Persönliches mitteilen und keine Namen nennen. Jedes Mal, nachdem ein Kind etwas erzählt hat, fragen Sie: „Was stand der Lösung des Problems im Weg?"
9. Fragen Sie: „Welche anderen Möglichkeiten, die euch damals nicht eingefallen sind, hättet ihr gehabt?" Lassen Sie die Kinder mit ihren Partnern darüber diskutieren. Danach tauschen sie sich in der ganzen Gruppe darüber aus.
10. Ermutigen Sie die Kinder folgendermaßen: „Selbst wenn ihr normalerweise mehrere Möglichkeiten habt mit einem Konflikt umzugehen, sind euch diese Möglichkeiten nicht immer bewusst, weil ihr wütend seid. Das geht jedem so. Wir müssen nur daran denken, immer wenn wir in einem Konflikt stecken, rechtzeitig einzuhalten und zu überlegen, wie wir anders damit umgehen können, damit das Problem am Ende nicht noch größer wird." Diskutieren Sie.
11. Kündigen Sie an: „In der nächsten Übung werdet ihr etwas über „Ich"-Botschaften lernen. Sie helfen euch Konflikte friedlich auszutragen.

Geschichte zu Übung 8

Ein mieser Morgen für Michael

„Es war Montagmorgen. Michael hatte keine Lust aufzustehen und zur Schule zu gehen. In seinem Bett war es so schön warm und kuschelig. Draußen war es kalt. Er öffnete langsam die Augen und bemerkte seinen Hund Snoopy, der auf dem Boden lag und seine brandneuen Turnschuhe anknabberte. ‚Snoopy! Raus hier!' schrie er wütend. Snoopy flitzte weg und versteckte sich in einer Ecke. Michael stand auf, zog sich langsam an, putzte sich die Zähne und ging nach unten, doppelt wütend, weil einer seiner neuen Turnschuhe kaputt war, und außerdem, weil er zur Schule musste. ‚Warum kann nicht noch Sonntag sein?' dachte er. Michael frühstückte, nahm seine Schultasche und ging zur Bushaltestelle. Die Kinder kickten mit einem Ball. Als er sich herunterbeugte, um die Schultasche abzusetzen, kam der Ball herübergeschossen und traf ihn am Kopf. ‚Au', brüllte er. ‚Wer war das?' Es war Thomas gewesen, der schuldbewusst rief: ‚Ich, aber das war wirklich keine Absicht.' Die anderen Kinder lachten. Da explodierte Michael. ‚Ach, du warst das, du Blödmann! Mal sehen, ob dir das gefällt!' Er hob den Ball auf und pfefferte ihn zu Thomas zurück. Er traf ihn in den Magen. ‚He, das ist unfair,' schrie Thomas auf. ‚Ich hab' dich nur aus Versehen mit dem Ball getroffen, aber du hast es absichtlich getan. Du bist gemein.' Darauf knallte Thomas den Ball gegen Michaels Bein. Schon war ein heftiger Kampf im Gange."

9

Übung

„Ich“-Botschaften verwenden

Alter: für Kinder zwischen 6 und 10+

Ziele:

- ✗ Die Kinder stellen im Rollenspiel Probleme dar, die zu Konflikten führen.
- ✗ Sie lernen in Konfliktsituationen „Ich“-Botschaften zu verwenden.

Material:

- ❖ Ein Plakat mit der Überschrift: „Ich“-Botschaften – „Du“-Botschaften

„Ich“-Botschaften:

Ich bin wütend.

Ich bin traurig, weil du mir mein Spielzeug weggenommen hast.

Ich bin sauer, weil du mich beschimpft hast.

„Du“-Botschaften:

Du gehst mir auf die Nerven.

Du bist gemein.

Du bringst mich zur Weißglut.

Sie können die Kinder auch selbst „Ich“-Botschaften und „Du“-Botschaften aufzählen lassen und diese dann auf ein Plakat schreiben. Diese Botschaften sind nur als Beispiel gedacht.

So geht es:

1. Lassen Sie die Kinder einen Kreis bilden. Sie atmen mehrmals tief ein und aus, bis sie sich ruhig und entspannt fühlen. Bitten Sie sie auf die Stille im Raum zu lauschen.
2. Kündigen Sie an, dass Sie heute darüber sprechen, was man tun kann, um einen Streit friedlich beizulegen.
3. Sagen Sie: „Als wir die win-win-Methode kurz eingeführt haben, haben wir auch über „Ich“-Botschaften gesprochen. Heute werden wir mehr darüber erfahren. Es gibt zwei Methoden, mit denen wir unsere Gefühle zum Ausdruck bringen können. Wir können entweder mit dem Wort ‚du‘ oder mit dem Wort ‚ich‘ beginnen.“
4. Erklären Sie: „Ihr könnt vermeiden den anderen zu beschuldigen, indem ihr mit dem Wort ‚ich‘ beginnt. ‚Ich‘-Botschaften zeigen, dass man für seine Gefühle selbst verantwortlich ist. Wenn ihr mit dem Wort ‚du‘ anfangt, drängt ihr den anderen in eine Verteidigungshaltung. Denkt daran, dass jeder für seine Gefühle selbst verantwortlich ist.“ Diskutieren Sie.

5. Bitten Sie die Kinder, sich das Plakat mit den „Ich"-Botschaften und den „Du"-Botschaften anzusehen. Ein Kind liest sie laut vor. Erklären Sie, dass „Du"-Botschaften den anderen in eine Verteidigungshaltung drängen und er dann weniger bereit ist Konflikte zu lösen.
6. Schildern Sie nacheinander die folgenden Konfliktsituationen, auf die die Kinder dann sowohl mit einer „Ich"-Botschaft als auch mit einer „Du"-Botschaft reagieren sollen:
   a) Janina drängelt sich vor Sara. Sara könnte mit der „Du"-Botschaft reagieren: „Du drängelst dich immer vor." Lassen Sie danach ein anderes Kind die „Du"-Botschaft Saras in eine „Ich"-Botschaft verwandeln: „Ich finde es nicht gut, dass du dich vordrängelst. Ich habe doch schon länger hier gestanden."
   b) Monika verschüttet aus Versehen in der Frühstückspause Anthonys Milch.
   c) Julian bekommt eine Eins in der Mathe-Arbeit. Joshua, der eine Vier bekommen hat, nennt Julian einen Streber.
7. Die Kinder stellen folgende Situationen im Rollenspiel dar – zuerst so, wie sie normalerweise damit umgehen würden; dann, indem sie „Ich"-Botschaften verwenden:
   a) Auf dem Boden liegt ein Stift. Zwei Kinder wollen ihn gleichzeitig aufheben. Sie streiten sich darüber, wem der Stift gehört.
   b) Tom und Mark gehen auf den Schulhof. Freddy fragt, ob er mitgehen darf. Tom und Mark beachten Freddy nicht. Freddy fühlt sich verletzt.
   c) Maria und Anne arbeiten zusammen an einem Projekt. Anne hat das Material vergessen, das sie mitbringen sollte. Jetzt werden sie mit dem Projekt vielleicht nicht rechtzeitig fertig.
   d) Armins Freund hat ihn heute Morgen auf dem Schulhof angebrüllt. Traurig und wütend geht Armin in die Klasse. Als sein Freund David ihn mit „hallo" begrüßt, sagt Armin, er solle verschwinden.
8. Lassen Sie die Kinder weitere Situationen erfinden, an denen sie üben können „Ich"-Botschaften zu verwenden. Geben Sie ihnen genug Zeit dazu.
9. Fragen Sie: „Glaubt ihr, diese Methode könnte auch funktionieren, wenn verschiedene Länder nicht miteinander klarkommen?"
   „Wie könnten die Vertreter verschiedener Staaten miteinander reden, wenn sie ihre Streitigkeiten austragen wollen?"
10. Fragen Sie: „Glaubt ihr eine solche besondere Anstrengung würde sich für Staaten lohnen? Warum?"

Beachten Sie:
Es ist knifflig „Ich"-Botschaften zu benutzen. Sie werden einige Male mit den Kindern üben müssen, bis sie den Dreh heraushaben.

Die win-win-Methode

Alter: für Kinder zwischen 6 und 10+

Ziele:

- ✗ Die Kinder wiederholen die Definitionen von Konflikt und Konfliktlösung.
- ✗ Sie lernen, dass Konflikte zum Miteinander dazugehören, dass man aber selbst entscheiden kann, wie man damit umgehen möchte.
- ✗ Die Kinder lernen die vollständigen win-win-Regeln kennen, mit deren Hilfe sich Konflikte friedlich lösen lassen.

Material:

- ❖ Kopien der Anleitung zur win-win-Methode, auch als Plakat (s. S. 85)
- ❖ Kopien der Kurz-Version der win-win-Methode, auch als Plakat (s. S. 86)
- ❖ Kopien der Regeln für die Anwendung der win-win-Methode, auch als Plakat (s. S. 87)

So geht es:

1. Beginnen Sie: „Wir haben bereits über Konflikte gesprochen, die wir mit anderen Menschen erlebt haben. Ist es in Ordnung Konflikte zu haben? Haben alle Menschen von Zeit zu Zeit Konflikte? Ist es möglich Konflikte zu lösen, ohne einander durch Worte oder Taten zu verletzen? Wenn sich am Ende eines Konfliktes alle Beteiligten gut fühlen, dann kann man sagen: ‚Beide Seiten haben gewonnen – win-win.'"
2. Sagen Sie: „Heute werden wir einige Regeln kennen lernen, die uns dabei helfen Konflikte so zu lösen, dass beide Parteien sich gut dabei fühlen und niemand verliert."
3. Zeigen Sie die Plakate mit der Anleitung zur win-win-Methode und der Kurzanleitung zur win-win-Methode. Bitten Sie einige Kinder abwechselnd die verschiedenen Schritte der Anleitung vorzulesen. Erinnern Sie die Kinder daran, dass dies die ausführliche Fassung der „schnellen Methode" ist, die sie schon in Übung 2 und 3 gelernt haben.
4. Besprechen Sie jeden Schritt. Fragen Sie die Kinder, was die einzelnen Punkte für sie bedeuten. Erkundigen Sie sich auch, ob sie die „schnelle Methode" schon einmal ausprobiert haben und ob sie funktioniert hat. Diskutieren Sie.
5. Sprechen Sie über das Wort „Verpflichtung". Erinnern Sie die Kinder daran, dass eine Verpflichtung ein Versprechen ist, das jemand sich selbst oder einem anderen gibt, und das er auf jeden Fall einhalten muss. Sagen Sie: „Manchmal halten wir ein Versprechen nicht, weil wir überfordert sind. Verpflichtung heißt aber, dass ihr euer Versprechen halten müsst, egal was es kostet." Halten Sie fest: „Wenn zumindest einer der Streitpartner sich dazu verpflichtet ein Problem zu lösen, dann kann die win-win-Methode mit Erfolg angewandt werden."

Tipp:
So können Sie die win-win-Methode wirklich effektiv vermitteln und stärken: Bitten Sie die älteren Kinder, den jüngeren bei der Einführung und den Übungen zur win-win-Methode zu helfen. Das gefällt beiden Gruppen und alle profitieren davon, wenn diese wichtigen Fähigkeiten immer wieder geübt werden.

6. Diskutieren Sie mit den Kindern: „Wenn ihr euch mit jemandem streitet – wenn ihr beide wütend seid und der andere euch beschimpft – seid ihr dann nicht mehr verpflichtet eine Lösung zu suchen? Was ist, wenn der andere sich nicht verpflichtet, den Streit friedlich beizulegen? Seid ihr dann auch nicht dazu verpflichtet?"
7. Fragen Sie weiter: „Bei wem fängt Frieden an? Warum ist es wichtig eure Verpflichtung einzuhalten?" Betonen Sie, dass es Zeiten gibt, in denen es schwer fällt Friedensstifter zu sein. Manchmal ist man auch einsam, wenn man als Einziger bereit ist einen Konflikt auszuarbeiten. Fragen Sie: „Lohnt es sich, Frieden in der Welt zu schaffen, auch wenn man Schwierigkeiten entgegentreten muss oder wenn ein Problem besonders hart zu lösen ist?" Heben Sie hervor, dass Frieden mit der Verpflichtung Einzelner beginnt. Nennen Sie Menschen – z.B. Martin Luther King, Mutter Theresa und Gandhi – die sich zum Frieden verpflichtet haben und für ihre Überzeugungen eingetreten sind, obwohl sie nur wenig Unterstützung bekamen.
8. Diskutieren Sie die Frage: „Was glaubt ihr, wie die verschiedenen Nationen auf der Erde miteinander klarkommen würden, wenn sie dazu verpflichtet wären ihre Angelegenheiten friedlich zu regeln?"
   Wichtiger Hinweis: Der nächste Schritt sollte das ganze Jahr/Schuljahr über mindestens einmal pro Woche wiederholt werden.
9. Kündigen Sie Folgendes an: „Wir werden jetzt einige Konfliktsituationen darstellen. Denkt daran, dass wir selbst bestimmen, wie wir mit einem Konflikt umgehen. Wir können uns für positives oder negatives Handeln entscheiden. Wenn wir uns für das Negative entscheiden, hat dies jedoch oft negative Folgen."

   a) Besprechen Sie die Regeln für die Anwendung der win-win-Methode. Sorgen Sie dafür, dass alle sie verstehen und verteilen Sie die Kopien mit der Anleitung zur win-win-Methode.

   b) Fragen Sie die Kinder, ob jemand wirklich gerade in einem Konflikt steckt, den er gerne gemeinsam mit anderen vorspielen möchte. Suchen Sie einen davon für die szenische Darstellung aus.

   c) Lassen Sie die Kinder diesen speziellen Konflikt beschreiben. Verwenden Sie nicht die Namen der Personen, die tatsächlich daran beteiligt sind. Die Kinder können z.B. sagen „mein Freund" oder „jemand, den ich kenne".

   d) Suchen Sie Darsteller für die verschiedenen Rollen aus. Lassen Sie die Kinder, um deren Konflikt es sich handelt, kurz und leise mit den Darstellern die Rollen besprechen.

   e) Bitten Sie die Darsteller, den Konflikt zunächst so vorzuspielen, wie er tatsächlich stattgefunden hat, einschließlich seinem wirklichen Ausgang.

   f) Sprechen Sie dann über die Gefühle der Beteiligten. Diskutieren Sie, warum kein zufrieden stellendes Ergebnis erzielt wurde.

   g) Lassen Sie den Konflikt dann noch einmal darstellen. Diesmal wenden die Kinder im Rollenspiel die win-win-Methode an. Begleiten Sie die Kinder und übernehmen Sie die Rolle eines Trainers, der von einem Schritt zum nächsten führt. Die Kinder brauchen die einzelnen Schritte nicht auswendig zu lernen. Statt dessen werden sie durch wiederholtes Rollenspiel, durch Betreuung und Bestärkung schließlich die Regeln verinnerlichen.

   h) Sprechen Sie über das win-win-Rollenspiel. Wie haben sich die Darsteller gefühlt? Fragen Sie: „Welche Vorteile hat es, die win-win-Methode anzuwenden?'"

   i) Hausaufgabe: „Erzählt in eurer Familie von der win-win-Methode „Hängt das Merkblatt mit der Anleitung an einer sichtbaren Stelle zu Haus auf. Fragt eure Geschwister und Eltern, ob sie versuchen möchten, diese in einem Konfliktfall zu benutzen."

Die win-win-Methode

– Anleitung –

1. Nehmt euch Zeit, euch zu beruhigen, wenn es nötig ist. Überlegt, wie ihr Wut auch anders ausdrücken könnt.

2. Schildert eure Gefühle und das Problem aus der eigenen Sicht. Verwendet dazu „Ich“-Botschaften. Keine Beschuldigungen, keine Beschimpfungen, keine Unterbrechungen.

3. Beschreibt das Problem aus der Sicht des anderen. (Bei Bedarf oder auf Wunsch.)

4. Gesteht euch ein, für welchen Anteil am Konflikt ihr verantwortlich seid. (Bei Bedarf oder auf Wunsch.)

5. Sucht im Brainstorming gemeinsam nach Lösungen und entscheidet euch für eine Lösung, die beide Parteien zufrieden stellt – eine win-win-Lösung.

6. Bestätigt, verzeiht oder bedankt euch.

Kurz-Version

Die win-win-Methode

1. Beruhigen

2. „Ich"-Botschaften verwenden

3. Wiederholen aus der Sicht des anderen

4. Den eigenen Anteil eingestehen

5. Lösungen durch Brainstorming

6. Bestätigen, Verzeihen, Danken

Regeln

für die Anwendung der win-win-Methode

1. Behandelt euch gegenseitig mit Respekt.

2. Hört dem anderen zu.

3. Seid ehrlich.

4. Keine Beschuldigungen, Beleidigungen oder Unterbrechungen.

5. Arbeitet auf eine Lösung hin, mit der alle Beteiligten leben können.

11

Übung

Wie kann ich anders mit meiner Wut umgehen?

Alter: für Kinder zwischen 6 und 10+

Ziele:

- ✗ Die Kinder erzählen, wie sie reagieren, wenn sie wütend sind.
- ✗ Sie denken über Entscheidungen nach, die sie in einem solchen Fall oft treffen.
- ✗ Sie erfahren, was „Konsequenzen“ sind.
- ✗ Sie überlegen, wie sie anders mit ihrer Wut umgehen können.

Material:

- ❖ Tafel und Kreide
- ❖ Das Arbeitsblatt mit dem Titel: „Wie kann ich anders mit meiner Wut umgehen?“ (s. S. 90)
- ❖ Ein großes Blatt Papier für das Brainstorming
- ❖ Filzstifte

So geht es:

1. Die Kinder bilden einen Kreis. Erzählen Sie ihnen von einer Situation, in der Sie selbst einmal wirklich wütend waren. Beschreiben Sie Ihre körperlichen Gefühle (Herzrasen usw.) und welche Auswirkung sie auf Sie hatten. Erzählen Sie auch davon, wie Sie mit Ihrer Wut umgegangen sind. Sie brauchen nicht unbedingt ein positives Beispiel herauszugreifen, das zeigt, wie gut Sie mit Ihrer Wut umgegangen sind. Es kann sogar besser sein, den Kindern von einer Begebenheit zu erzählen, bei der die Wut Sie teuer zu stehen kam. Machen Sie den Kindern deutlich, dass Wut eine Herausforderung für uns alle bedeutet und dass wir lernen können, wie wir mit diesem natürlichen Gefühl besser fertig werden können. Sprechen Sie mit den Kindern über Ihr Erlebnis.
2. Bitten Sie die Kinder den anderen von Erlebnissen zu erzählen, bei denen sie selbst einmal wütend waren. Nachdem ein Kind seinen Fall geschildert hat, tragen Sie seine Reaktion in eine Liste unter folgenden Kategorien ein:
   - Meine Gefühle
   - So habe ich reagiert
   - Das ist dabei herausgekommen
   - Was hätte ich anders machen können?
3. Erinnern Sie die Gruppe daran, dass immer die Möglichkeit besteht sich für ein bestimmtes Konfliktverhalten zu entscheiden. Manchmal hat unsere Entscheidung negative Folgen. Diskutieren Sie ausführlich darüber, und lassen Sie die Kinder verschiedene Beispiele für negative Folgen nennen (den Verlust eines Freundes, Strafen usw.).

4. Kündigen Sie den Kindern an, dass sie mit einem Partner über Situationen sprechen werden, in denen sie sich sehr geärgert haben. Sie werden dann ihre Reaktionen auf Arbeitsblätter schreiben, auf denen die gleichen Kategorien genannt sind, die schon an der Tafel stehen.
5. Teilen Sie die Arbeitsblätter aus und besprechen Sie sie kurz.
6. Bitten Sie die Kinder, sich an den Nachbarn zu wenden und mit ihm über eine Situation zu sprechen, in der sie einmal sehr wütend waren. Danach werden die Arbeitsblätter ausgefüllt.
7. Nach etwa fünf Minuten setzen sie sich alle wieder in den Kreis zusammen. Bitten Sie mehrere Teilnehmer einige Situationsbeispiele zu schildern. Machen Sie die Gruppe auf Ähnlichkeiten zwischen den genannten Reaktionen und Folgen aufmerksam.
8. Schreiben Sie einige der Folgen an die Tafel (z.B. Schlagen oder Beleidigen), die aus einer negativen Entscheidung heraus entstanden sind. Sprechen Sie über „Konsequenzen". Erklären Sie diesen Begriff, wenn er noch unbekannt ist. Betonen Sie, dass jedes Handeln Konsequenzen hat.
9. Jetzt ist Zeit für ein Brainstorming. Bitten Sie die Kinder über die Wutgefühle nachzudenken, über die sie sich eben mit ihrem Partner unterhalten haben. Bitten Sie sie dann im Brainstorming Antworten auf folgende Frage zu suchen:
„Wie hättet ihr anders mit eurer Wut umgehen können?"
10. Versuchen Sie eine Liste mit möglichst vielen Ideen zusammenzustellen. Leiten Sie die Kinder vor allem zu Techniken des Beruhigens an, die in einem wirklichen Konflikt hilfreich sind. Hängen Sie die Liste für alle sichtbar im Raum auf, sodass die Kinder sich darauf beziehen können, wenn sie nach Techniken des Beruhigens suchen. Wie können sie sich beruhigen und negative Konsequenzen vermeiden?

Wie kann ich anders mit meiner Wut umgehen?

1. So fühlte ich mich körperlich, als ich einmal sehr wütend war: (Zähle alle Gefühle auf und beschreibe sie.)

2. So habe ich in der Situation reagiert:

3. Mein Verhalten hatte folgende Konsequenzen:

4. Was hätte ich anders machen können?

12

Übung

Aktives Zuhören

Alter: für Kinder zwischen 6 und 10+

Ziele:

- ✗ Die Kinder wenden die Technik des aktiven Zuhörens an um Probleme zu lösen.
- ✗ Sie gewinnen ein tieferes Verständnis darüber, was Zuhören bedeutet. Beachten Sie: Diese Übung bereitet die Kinder auf Schritt 3 der win-win-Methode vor: „Beschreibt das Problem aus der Sicht des anderen."

Material:

- ❖ Papier, Stifte, Buntstifte
- ❖ Die Anleitung zur win-win-Methode
- ❖ Das Plakat: „Aktives Zuhören" (s. S. 93)

Aktives Zuhören

Aktives Zuhören bedeutet, dass du dem anderen aufmerksam zuhörst und mit deinen eigenen Worten wiederholst, was er gesagt hat. Menschen, denen du so zuhörst, fühlen sich bestätigt und hören auch besser zu, wenn du mit Sprechen an der Reihe bist.

So geht es:

1. Bitten Sie die Kinder sich im Kreis zusammenzusetzen. Sagen Sie: „Wir wollen mit ein paar tiefen Atemzügen beginnen und uns entspannen. Das hilft uns ruhig zu werden und besser zuzuhören, denn heute lernen wir eine besondere Art des Zuhörens kennen, das so genannte ‚aktive Zuhören'."
2. Sagen Sie: „Aktives Zuhören gehört zur win-win-Methode." Besprechen Sie noch einmal kurz die Regeln und lenken Sie die Aufmerksamkeit der Kinder auf Schritt 3: „Beschreibt das Problem aus der Sicht des anderen." Sagen Sie: „Wir lernen heute, wie wir dies mit einer neuen Art des Zuhörens tun können. Wir nennen aktives Zuhören auch ‚aktives Reflektieren'."
3. Fragen Sie: „Wie fühlt ihr euch, wenn euch jemand zuhört?" Sprechen Sie darüber.
4. Zeigen Sie das Plakat: „Aktives Zuhören". Einige Kinder lesen es der Gruppe laut vor.
5. Sagen Sie, dass Sie jetzt das aktive Zuhören üben. Jeder von uns erhält die Gelegenheit zuzuhören und angehört zu werden. Aktives Zuhören kann man lernen wie Fahrrad fahren. Zuerst sind wir noch nicht daran gewöhnt. Es kann dann noch ein bisschen schwierig sein. Je öfter ihr es aber versucht, desto vertrauter werdet ihr damit. Schließlich wird es euch selbstverständlich." Suchen Sie einen

Freiwilligen aus, der Ihnen hilft aktives Zuhören vorzuführen. Dabei ist hilfreich mit den Worten zu beginnen: „Ich habe verstanden, dass du gesagt hast ...“, wenn Sie das Gehörte wiedergeben. Lassen Sie die Kinder auch so anfangen.

6. Bitten Sie den Freiwilligen zu erzählen, was er nach der Schule am liebsten tut. Wiederholen Sie in Ihren Worten, was das Kind geantwortet hat. Erzählen Sie dann, was Sie selbst am liebsten nach der Schule tun, und lassen Sie es ihn wiederholen. Suchen Sie ein oder zwei weitere Freiwillige aus, um diesen Vorgang zu wiederholen, bevor Sie mit dem nächsten Punkt weitermachen.
7. Übung A: „Wir werden zwei verschiedene Übungen zum aktiven Zuhören durchführen. Wendet euch an euren Nachbarn. Einer von euch ist Kind 1, der andere Kind 2. Kind 1 erzählt jetzt Kind 2, was es am liebsten tut. Wenn ich sage ‚stopp‘, gibt Kind 2 das Gehörte wieder.“ Lassen Sie die Kinder dann die Rollen tauschen: Kind 2 erzählt und Kind 1 gibt wieder.
8. Diskutieren Sie die Frage: „Wie war es für euch, als euch jemand ganz aufmerksam zugehört hat?“ Was war euch lieber: zuhören oder angehört werden? Wie kann aktives Zuhören uns helfen Konflikte zu lösen? Was meint ihr?“
9. Übung B: Sagen Sie: „Jetzt werde ich eine Frage stellen, über die ihr bitte alle nachdenkt. Der Reihe nach gibt dann jedes Kind eine Antwort. Vorher müsst ihr aber wiederholen, was das Kind vor euch gesagt hat.“
   Beispiel: Fragen Sie: „Sollten Kinder Hausaufgaben aufbekommen? Warum oder warum nicht?“ Zuerst antwortet der Erzieher auf die Frage: „Ja, Kinder sollen Hausaufgaben aufbekommen, weil sie dadurch besser lernen.“ Annika ist die Nächste im Kreis. Sie dreht sich zum Erzieher, sieht ihn an und sagt: „Ich habe verstanden, dass Sie gesagt haben, Kinder sollen Hausaufgaben aufbekommen, weil sie ihnen beim Lernen helfen.“ Darauf sagt der Erzieher: „Ja“, weil Annika die Äußerung richtig wiedergegeben hat. Wäre dies nicht der Fall gewesen, hätte er gesagt: „Nein“, und Annika hätte es noch einmal versucht. Jetzt darf Annika ihre Antwort formulieren. Sie sagt: „Nein, Kinder sollten keine Hausaufgaben aufbekommen, weil sie langweilig sind.“ Jan sitzt neben Annika und muss wiedergeben, was sie gesagt hat, bevor er seine eigene Antwort gibt. Machen Sie so in der Runde weiter, bis alle Kinder einmal wiedergeben durften, was der Vorredner gesagt hat, und eine eigene Antwort gegeben haben.
10. Nachdem alle Kinder gesprochen haben, diskutieren Sie den Ablauf mit der Gruppe. Fragen Sie: „War es schwierig oder leicht wiederzugeben, was der andere gesagt hat?“
11. Sagen Sie: „Wenn wir aktives Zuhören kennen, fällt uns Schritt 3 der win-win-Methode leichter. Hier kann man wiedergeben, wie sich der Partner fühlt.“
12. Ergänzende Übung: Die Kinder antworten schriftlich auf folgende Fragen: „Was ist es für ein Gefühl, wenn mir jemand wirklich zuhört?“ „Warum ist es wichtig anderen zuzuhören?“ Jüngere Kinder können auch ein Bild malen, das ausdrückt, wie sie sich fühlen, wenn man ihnen zuhört.

Beachten Sie:
Wiederholen Sie die Übung zum aktiven Zuhören so oft wie möglich. Arbeiten Sie dabei mit unterschiedlichen Fragen. Die Kinder beantworten sie und geben die Antworten der anderen wieder. Sie können auch das Spiel „Warum bist du mir böse?“ (s. S. 52, Punkt 7) als Zusatzübung durchführen.

Aktives Zuhören

Aktives Zuhören bedeutet,
dass du dem anderen
aufmerksam zuhörst und
mit deinen eigenen Worten
wiederholst, was er gesagt hat.
Menschen, denen du so zuhörst,
fühlen sich bestätigt und hören
auch besser zu, wenn du mit
Sprechen an der Reihe bist.

13
Übung

Im Rollenspiel Konflikte lösen

Alter: für Kinder zwischen 7 und 10+

Ziele:

✗ Die Kinder arbeiten in kooperativen Gruppen, um sich gegenseitig bei der Konfliktlösung zu helfen.
✗ Sie üben die win-win-Methode und die Regeln für die Anwendung der win-win-Methode.

Material:

❖ Anleitung zur Mediation im Team (s. S. 43/44)
❖ Folien von den Szenen für die Rollenspiele (s. S. 47–51)
❖ Overhead-Projektor
❖ Plakat mit der Anleitung zur win-win-Methode (s. S. 85)
❖ Plakat mit den Regeln für die Anwendung der win-win-Methode (s. S. 87)
❖ Papier und Stifte für jede Gruppe
❖ Notizblock für den Lehrer/Gruppenleiter und Klemmbrett
❖ Bei Bedarf: Checkliste für Beobachtungen und Protokolle (s. S. 46)

So geht es:

1. Die Kinder bilden einen Kreis. Kündigen Sie ein Spiel an, bei dem sie sich abwechselnd gegenseitig bei der Lösung von Konflikten helfen werden. Sagen Sie auch, dass einige Kinder Mediatoren sein dürfen. Erklären Sie diesen Begriff.
2. Verweisen Sie die Kinder auf die Plakate mit der Anleitung zur win-win-Methode und die Kurzanleitung zur win-win-Methode. Besprechen Sie die beiden Plakate und achten Sie darauf, dass die Kinder jeden Schritt verstehen.
3. Zeigen Sie ihnen dann die Regeln für die Anwendung der win-win-Methode und besprechen Sie die einzelnen Punkte.
4. Lassen Sie die Kinder Vierergruppen bilden. Stützen Sie sich auf die Anleitung zur Mediation im Team (s. S. 43/44) und gehen Sie dieser Erklärung entsprechend vor. Führen Sie pro Tag ein Rollenspiel durch, und sorgen Sie dafür, dass die Kinder den Ablauf völlig verstehen.
5. Wiederholen Sie diese Übung fünf Wochen lang mindestens einmal wöchentlich. Nutzen Sie dazu die Vorschläge für das Rollenspiel, die im Kapitel „Rollenspiele für das Mediatoren-Team" aufgeführt sind. Sie können sich auch eigene Szenen ausdenken, die auf Konflikten basieren, die in Ihrer Schule/Einrichtung aufgetaucht sind.

Tipp:
Je öfter Sie mit den Kindern diesen Prozess üben, desto besser. Sie werden feststellen, dass das Training von Konfliktlösungen im Rollenspiel die Kinder auch zur Lösung realer Konflikte befähigt und sie immer mehr Routine gewinnen.

14

Übung

Kreatives Brainstorming

Alter: für Kinder zwischen 6 und 10+

Ziele:

- ✗ Die Kinder üben das Brainstorming.
- ✗ Sie lernen Brainstorming als kreativen Prozess mit unbegrenzten Anwendungsmöglichkeiten kennen.
- ✗ Sie werden in die Lage versetzt, das Brainstorming später im Zusammenhang mit der win-win-Methode anzuwenden.

Material:

- ❖ Schreibpapier (ein großes Blatt für jede Gruppe von vier oder fünf Kindern)
- ❖ Filzstifte für jede Gruppe
- ❖ Das Plakat: „Regeln für das Brainstorming" (s. S. 96)

So geht es:

1. Beginnen Sie mit: „Wir haben über Konflikte und Konfliktlösungen gesprochen. Könnt ihr noch einmal wiederholen, was ein Konflikt ist?" Diskutieren Sie mit den Kindern über folgende Fragen: „Was bedeutet Konfliktlösung? Gehören Konflikte zum Leben dazu? Können wir selbst entscheiden, auf welche Weise wir mit unseren Konflikten umgehen möchten? Glaubt ihr, dass es möglich ist, Streit auch dann beizulegen, wenn der andere nicht dazu bereit ist?"

> **Beachten Sie:** Jüngere Kinder brauchen in jeder Gruppe einen Helfer, der die Ideen aufschreibt.

2. Sagen Sie: „Zum Beilegen von Streitigkeiten gehört es, nach Lösungsvorschlägen zu suchen, die alle Beteiligten zufrieden stellen. Eine Möglichkeit dies zu tun ist das Brainstorming." Fragen Sie, ob jemand schon einmal ein Brainstorming mitgemacht hat. Wenn ja, bitten Sie das betreffende Kind zu erklären, wie es geht. Wenn nicht, weisen Sie die Klasse darauf hin, dass Brainstorming ein kreativer Denkprozess ist, in dem Menschen so viele Ideen wie möglich zu einem bestimmten Thema sammeln.
3. Sagen Sie: „Heute werden wir gemeinsam eine Brainstorming-Übung durchführen. Ziel ist, möglichst viele Verwendungsmöglichkeiten für einen Bleistift zu finden. Auf diesem Plakat stehen die Regeln für das Brainstorming." Halten Sie das Plakat hoch und besprechen Sie die Regeln.
4. Zeigen Sie einen Bleistift: „Ich möchte, dass ihr darüber nachdenkt, wozu ihr diesen Bleistift benutzen könnt. Eure Antworten dürfen verrückt sein, ausgefallen, realistisch, unrealistisch, vernünftig, unsinnig, nützlich oder nutzlos. Wichtig ist nur, dass ihr eure Gedanken nicht einschränkt. Alles, was euch einfällt, ist in Ordnung."
5. Sagen Sie: „Dazu bilden wir Gruppen von vier oder fünf Kindern. Wählt einen Gruppenleiter, der alle Antworten auf ein Blatt Papier

schreibt. Ich teile die Blätter aus." Verteilen Sie das Papier und die Stifte. „Denkt daran, ihr dürft euch nicht über die Ideen der anderen lustig machen. Alles wird akzeptiert. Ihr müsst schnell denken. Ich gebe euch nur fünf Minuten Zeit. Versucht möglichst viele Ideen zu sammeln. Habt ihr noch Fragen?"

Beachten Sie:
Jüngere Kinder können diese Übung gemeinsam mit der ganzen Klasse/Gruppe durchführen. Der Erzieher schreibt dann ihre Ideen auf.

6. Stoppen Sie die Zeit. Geben Sie den Kindern genau fünf Minuten. Am Schluss lesen die Gruppenleiter die kompletten Listen vor.
7. Diskutieren Sie über den Ablauf. Achten Sie darauf, ob die Kinder mit ihren Ideen konventionelle Bahnen verlassen. Erkennen Sie dies an, und lassen Sie sie wissen, dass im Brainstorming der Schlüssel zu vielen verschiedenen Problemen und Herausforderungen liegt. Sagen Sie: „Es gibt unzählige Möglichkeiten, die erst durch das Brainstorming ans Licht kommen."
8. Diskutieren Sie über die Frage: „In welchen Situationen kann uns das Brainstorming weiterhelfen?" Eine Antwort lautet: „Brainstorming hilft uns Lösungen für Konflikte zu finden, für die wir nur sehr wenige oder gar keine zu finden glauben."
9. Diskutieren Sie: „Wie können Politiker und andere einflussreiche Personen der Welt diese Methode nutzen?"

Plakat zu Übung 14

Regeln für das Brainstorming

1. Sage irgendetwas, das dir zum Thema in den Sinn kommt.
2. Beurteile weder deine eigenen Ideen noch die Ideen der anderen.
3. Schränke deine Ideen nicht ein, indem du versuchst ihnen einen Sinn zu geben. Fordere deinen Verstand zu absoluter Kreativität auf.
4. Deine Gedanken dürfen schnell sein. Lass ihnen freien Lauf.
5. Mache dir klar, dass die Menschen nur einen kleinen Teil ihres Gehirns nutzen. Das Brainstorming hilft dir auch solche Bereiche zu erschließen, die du normalerweise nicht benutzt. Überrasche dich selbst mit neuen Ideen.
6. Warte ab, wie viele kreative Ideen und Lösungen dir einfallen. Beschränke deine Gedanken in keiner Weise.

15

Übung

Konfliktlösungen durch Brainstorming

Alter: für Kinder zwischen 6 und 10+

Ziele:

- ✗ Die Kinder denken sich verschiedene Konfliktsituationen aus und beschreiben sie.
- ✗ Sie entwickeln mit Hilfe der Brainstorming-Technik mögliche Lösungen für Konfliktsituationen.
- ✗ Sie wenden die win-win-Methode an.

Material:

- ❖ Die Plakat mit den Regeln für das Brainstorming (s. Übung 14, Seite 96)
- ❖ Blätter, um die im Brainstorming genannten Vorschläge aufzuschreiben
- ❖ Die Plakate: Anleitung für die win-win-Methode, Kurz-Version für die win-win-Methode, Regeln für die Anwendung der win-win-Methode (s. S. 85–87)

So geht es:

1. Die Kinder bilden einen Kreis. Beginnen Sie folgendermaßen: „Heute reden wir über persönliche Konflikte und wenden dafür ein Brainstorming an, um so viele Lösungen wie möglich zu finden."
2. Stellen Sie die Frage: „Wer hat einen Konflikt erlebt, über den er gern mit der Gruppe sprechen möchte? Nennt bitte keine Namen und erwähnt keine zu persönlichen Dinge."
3. Lassen Sie einige Kinder ihre Konflikte beschreiben, suchen Sie einen Konflikt aus und stellen Sie ihn in den Mittelpunkt.
4. Bitten Sie die Kinder diesen Konflikt im Rollenspiel zunächst so nachzustellen, wie er geschildert wurde.
5. Lassen Sie dann den gleichen Konflikt noch einmal darstellen. Diesmal sollen die Kinder die win-win-Methode anwenden. Unterbrechen Sie das Rollenspiel, wenn es Zeit ist, im Brainstorming nach Lösungen zu suchen.
6. Fordern Sie die ganze Klasse/Gruppe auf, möglichst viele Lösungen zu suchen. Sammeln Sie sie auf einer Liste.
7. Nachdem alle ihre Ideen genannt haben, bitten Sie die Kinder verschiedene Lösungen auszusuchen, die Sie auf der Liste einkreisen. Fordern Sie sie auf mit diesen Lösungen kreativ umzugehen, indem die Kinder sie entweder kombinieren oder Vorschläge zur Veränderung machen. Lassen Sie die Klasse über eine Lösung abstimmen. Schreiben Sie sie an die Tafel.
8. Erinnern Sie die Kinder daran, dass Konfliktlösung kreative Anstrengung bedeutet. Sagen Sie: um Probleme zu lösen, brauchen wir Zeit, Kreativität und die Bereitschaft, Ideen zu suchen, auf die wir normalerweise nicht kommen."

Tipp:
Dieser Prozess kann in verkürzter Form mehrmals pro Woche wiederholt werden. Sie werden staunen, wie sehr die Kinder sich engagieren werden. Stellen Sie die Anleitung zur win-win-Methode und die Regeln für das Brainstorming auch dem Kollegium vor.

16

Übung

Wir achten auf unsere Erde

Alter: für Kinder zwischen 6 und 10+

Ziele:

✗ Die Kinder säubern den Schulhof, Spielplatz oder ein ähnliches Gelände. Sie pflanzen Blumenzwiebeln und zeigen damit aktiv, dass Frieden auch bedeutet auf die Erde zu achten.

✗ Sie begreifen, dass wir alle für die Umwelt verantwortlich sind. Alle Menschen, die Verantwortung übernehmen, leisten einen wichtigen Beitrag zur Veränderung, auch wenn es nur in einem kleinen Bereich ist.

Material:

❖ Das Plakat: „Frieden heißt: Wir achten auf uns selbst, helfen einander und kümmern uns um unsere Erde" (s. S. 73)

❖ Ein großes Plakat mit der Überschrift: „So können wir uns um unsere Erde kümmern", das im Verlauf der Stunde beschriftet wird

❖ Müllsäcke, eine Blumenzwiebel für jedes Kind, Löffel oder kleine Gartenschaufeln. Wenn zur Einrichtung kein Garten gehört, können Sie Blumentöpfe oder -kästen verwenden.

❖ Bei Bedarf ein Bild von der Blume, die gepflanzt wird

So geht es:

1. Bitten Sie die Kinder sich in einen Kreis zu setzen. Sagen Sie: „Nachdem wir schon gelernt haben uns gegenseitig zu bestätigen, lernen wir heute, wie wir die Erde bestätigen und uns auf ganz besondere Weise um sie kümmern können."
   Zeigen Sie auf das Plakat: „Frieden heißt: ...".
2. Diskutieren Sie: „Was bedeutet es, sich um die Erde zu kümmern?"
3. Fragen Sie: „Wie können wir uns um die Erde kümmern? Fällt euch dazu etwas ein?" Schreiben Sie die Antworten der Kinder auf das Plakat „So können wir uns um unsere Erde kümmern".
4. Fragen Sie die Kinder, wie sie sich um das Schulgelände (oder ein anderes Gelände, das die Kinder nutzen) kümmern können.
5. Diskutieren Sie die Fragen: „Wie sähe es in unserer Nachbarschaft aus, wenn alle aufeinander achten würden? Wie sähe es auf der Welt aus, wenn alle Menschen füreinander sorgen würden?"
6. Kündigen Sie eine Blumen-Pflanz-Aktion an: „Heute kümmern wir uns um unser Schulgelände (Spielplatz, Garten, Hof o.Ä.), indem wir es sauber machen und Blumenzwiebeln pflanzen." Zeigen Sie den Kindern die Blumenzwiebeln und Geräte. Zeigen Sie auch Bilder von den Blumen, die aus den Zwiebeln wachsen werden. Gehen Sie dann gemeinsam nach draußen.
7. Verteilen Sie die Blumenzwiebeln und Müllsäcke an alle. Die Kinder arbeiten in Gruppen.
8. Fragen Sie die Kinder, wie es ihnen gefallen hat, sich um die Erde zu kümmern und warum es wichtig ist dies zu tun. Zeigen Sie ihnen Ihre Anerkennung dafür.

17

Übung

Wir kümmern uns um Menschen in unserer Gemeinde oder Stadt

Alter: für Kinder zwischen 6 und 10+

Ziele:

- ✘ Die Kinder treffen sich mit einem Vertreter aus einem Altenheim in Ihrer Gemeinde und unterhalten sich mit ihm.
- ✘ Sie finden heraus, wie sie den Senioren in der Gemeinde helfen können.
- ✘ Die Kinder stellen einen Aktionsplan auf, den sie gemeinsam mit den Senioren durchführen.

Beachten Sie:
Organisieren Sie den Besuch eines Vertreters aus einem Altenheim, der die Kinder über seine Arbeit informiert, bevor Sie mit dieser Übung beginnen.

Material:

- ❖ Informationsmaterial und Broschüren aus einem Altenheim und, wenn möglich, Fotos von Menschen, die dort leben.
- ❖ Ein Aktionsplan (der später aufgestellt wird) mit dem Titel: „Unser Altenheim-Projekt“ (Sie können auch den Namen des jeweiligen Heims eintragen).

So geht es:

1. Bitten Sie die Kinder in einen Kreis und stellen Sie ihnen den Vertreter aus dem Altenheim vor.
2. Die Kinder stellen sich der Reihe nach selbst vor.
3. Bitten Sie den Vertreter, den Kindern etwas über das Altenheim und über die Menschen zu erzählen, die zur Zeit dort wohnen. Verteilen Sie dann die Broschüren.
4. Erlauben Sie den Kindern Fragen zu stellen. Vielleicht möchten sie auch gern etwas über ihre eigenen Großeltern oder andere ältere Menschen aus ihrem Bekanntenkreis erzählen.
5. Bitten Sie den Vertreter, den Kindern Möglichkeiten zu nennen, wie sie den Menschen in dem Heim helfen können. Lassen Sie auch die Kinder selbst Vorschläge machen.
6. Fragen Sie: „Wie können die Senioren uns helfen?“ Sprechen Sie darüber, und lassen Sie die Kinder Vorschläge machen. Machen Sie den Kindern klar, dass ältere Menschen andere durch ihre Kenntnisse und Erfahrungen bereichern können. Erzählen Sie den Kindern, dass es Kulturen gibt, in denen ältere Menschen besonders verehrt werden.
7. Suchen Sie gemeinsam ein Projekt aus, das die Kinder mit den Senioren durchführen können. Dieses Projekt kann für beide Seiten von Vorteil sein. So können die Kinder z.B. einen Senior in die Klasse einladen, der den Kindern hilft, die zusätzliche Unterstützung benötigen. Zugleich können die Kinder Briefe an „Brieffreun-

de" aus dem Altenheim schicken und ihnen über ihre Schule, ihre Familien und das Programm „Frieden schaffen" erzählen. Mit dem Einverständnis der Eltern können Sie mit den Kindern auch Gegenbesuche im Altenheim machen. Kinder und alte Menschen können sich dann gegenseitig vorlesen. Oder die Kinder backen vorher gemeinsam einen Kuchen, den sie ins Altenheim mitnehmen. Es gibt eine Menge Möglichkeiten. Überlassen Sie den Kindern die Entscheidung und stellen Sie den Aktionsplan „Unser Projekt für das Altenheim" auf.

8. Schreiben Sie zu diesem Projekt einen Elternbrief (oder lassen Sie die Kinder dies tun).

9. Fragen Sie die Kinder, was dieses Projekt mit der Definition von Frieden zu tun hat: „Frieden heißt: Wir achten auf selbst, helfen einander und kümmern uns um unsere Erde."

18

Übung

Wir helfen Menschen, die hungern

Hinweis:
Diese Übung eignet sich z.B. für den Erntedank-Tag oder für die Weihnachtszeit.

Alter:

für Kinder zwischen 6 und 10+

Ziele:

- ✗ Die Kinder erfahren, dass viele Menschen auf der Welt hungern müssen, und dass sie diesen Menschen helfen können.
- ✗ Sie lernen, dass Menschen in einer friedlichen Welt nicht nur für sich selbst, sondern auch für andere sorgen.
- ✗ Sie organisieren eine Lebensmittelsammlung (nur nicht-verderbliche Lebensmittel) für Familien, die in Gebieten leben, in denen Mangel herrscht. Das kann auf der ganzen Welt sein, aber auch in der eigenen Stadt.

Material:

- ❖ Ein aktueller Zeitungsartikel über das Thema Hunger, den Sie der Klasse/Gruppe vorlesen.
- ❖ Die Beispielvorlage: „Frieden heißt: Wir achten auf uns selbst, helfen einander und kümmern uns um unsere Erde" (s. S. 73)
- ❖ Briefvorlage zum Elternbrief (s. S. 103)

So geht es:

1. Lassen Sie die Kinder einen Kreis bilden. Sagen Sie: „Stellt euch vor, ihr steht morgens auf und habt nichts zu essen. Ihr geht hungrig zur Schule, wollt eurem Lehrer aber nichts davon erzählen. Ihr versucht zu lernen, könnt euch aber nicht konzentrieren. Ihr seid müde und möchtet am liebsten euren Kopf auf den Tisch legen. Die Mittagszeit ist da, ihr bekommt aber immer noch nichts zu essen. Euer Magen fängt an weh zu tun. Ihr könnt nur noch ans Essen denken, aber es gibt nichts zu essen."
2. Geben Sie den Kindern drei Minuten Zeit sich das vorzustellen. Sprechen Sie über die Frage: „Wie habt ihr euch gefühlt, als ihr euch das vorgestellt habt?"
3. Sagen Sie den Kindern, dass viele Menschen auf der Welt Hunger leiden, und dass die Mehrzahl von ihnen Kinder sind.
   Nähere Informationen bekommen Sie u.a. unter folgenden Adressen:

Bischöfliches Hilfswerk MISEREOR e.V.
Mozartstraße 9
52064 Aachen
Telefon: 02 41/44 20
Fax: 02 41/44 21 88
www.misereor.de

Welthaus Bielefeld
August-Bebel-Str. 62
33602 Bielefeld
Telefon: 05 21/6 37 89
Fax: 05 21/6 28 02
www.welthaus.de

Brot für die Welt
Stafflenbergstr. 76
70184 Stuttgart
Telefon: 07 11/21 59-4 32
Fax: 07 11/21 59-3 68/-5 15
www.brot-fuer-die-welt.de

4. Erklären Sie den Kindern, dass es keinen Hunger zu geben brauchte und dass auch sie etwas gegen den Hunger in der Welt tun können.
5. Sprechen Sie mit den Kindern über ein Hilfsprojekt, und überlegen Sie, wie sie sich mit der Klasse/Gruppe daran beteiligen können.
6. Lesen Sie einen Zeitungsbericht zum Thema Hunger vor, und besprechen Sie ihn mit den Kindern.
7. Bitten Sie die Kinder konservierte oder getrocknete Lebensmittel zu sammeln. An einem festgelegten Tag bringen sie die gesammelten Lebensmittel mit in die Schule. Organisieren Sie die Verteilung mit Hilfe einer Kirchengemeinde oder eines Wohlfahrtsverbands.
8. Zeigen Sie das Plakat „Frieden heißt: Wir achten auf uns selbst, helfen einander und kümmern uns um unsere Erde." Fragen Sie die Kinder, was ihr Engagement für ein Ende des Hungers mit dem Satz auf dem Plakat zu tun hat.
9. Verteilen Sie die Elternbriefe und besprechen Sie diese mit den Kindern.
10. Prüfen Sie, ob die Kinder oder ihre Eltern das Projekt noch erweitern möchten. Vielleicht erklären sich Eltern bereit die Planung eines Essens für Obdachlose zu übernehmen.
    Welche Ideen haben die Kinder? Vielleicht möchten Sie noch andere Klassen/Gruppen oder die ganze Schule/Einrichtung mit einbeziehen? Alle Vorschläge sind willkommen.

Wir helfen Menschen, die hungern

Brief von den Kindern an die Eltern

Liebe Eltern,

wir arbeiten in unserer Klasse/Gruppe gerade an dem Projekt „Frieden schaffen“. Dabei wollen wir uns auch um Menschen kümmern, denen es nicht so gut geht wie uns und die hungern müssen. Deshalb möchten wir gerne haltbare Lebensmittel sammeln, die an Familien in

____

(Name des Gebietes, in das die Lebensmittel transportiert werden sollen)

weitergeleitet werden.
Es wäre schön, wenn ihr Folgendes ____________________

____

____

(Aufzählung einiger Lebensmittel)

spenden könntet. Viele Menschen werden sich über eure Hilfe freuen.

Habt ihr vielleicht noch andere Ideen? Wenn ihr uns helfen möchtet, das Projekt zu erweitern, lasst es uns bitte wissen.

Vielen Dank und liebe Grüße
euer/eure

____

(Name des Kindes)

19

Übung

Die Grundbedürfnisse des Menschen

Alter: für Kinder zwischen 6 und 10+

Ziele:

- ✗ Die Kinder entdecken, dass alle Menschen die gleichen Grundbedürfnisse haben und dem Wesen nach gleich sind.
- ✗ Sie lernen bestimmte Grundbedürfnisse kennen, die uns allen gemeinsam sind: Nahrung, Kleidung, Schutz und Liebe.
- ✗ Sie begreifen, dass die Grundbedürfnisse des Menschen nicht von ihrem Aussehen, ihrem Verhalten oder ihrer Lebensweise abhängen.

Material:

- ❖ Ein Plakat mit der Überschrift: „Die Grundbedürfnisse der Menschen"
- ❖ Filzstifte
- ❖ Zeitschriften mit Fotos von Menschen aus verschiedenen Kulturen (z.B. „Geo")
- ❖ Ein Globus
- ❖ Ein Plakat mit der Überschrift: „Darin sind alle Menschen gleich"

So geht es:

1. Bitten Sie die Kinder sich in einen Kreis zu setzen. Lassen Sie sie Bestätigung erfahren, indem Sie sagen, dass sie alle etwas ganz Besonderes und einzigartig sind. Sagen Sie, dass jeder Mensch auf der Erde besondere Eigenschaften besitzt, dass wir aber auch mit den anderen Menschen etwas gemeinsam haben – unsere Grundbedürfnisse. Hängen Sie vorne in der Klasse eine Schautafel mit der Überschrift „Die Grundbedürfnisse des Menschen" auf. Bitten Sie die Kinder sich diese Schautafel anzuschauen.
2. Fragen Sie, welche Dinge oder Bedingungen wir zum Überleben brauchen. (Definieren Sie „Überleben"). Arbeiten Sie in einer Diskussion den Unterschied zwischen Bedürfnissen und Wünschen heraus. Betonen Sie, dass Bedürfnisse Dinge oder Bedingungen sind, die wir zum Leben brauchen. Von Wünschen jedoch hängt unser Überleben nicht ab.
3. Lassen Sie die Kinder Bedürfnisse nennen, und schreiben Sie sie auf das Plakat mit der Überschrift „Die Grundbedürfnisse des Menschen". Die Grundbedürfnisse sind: Nahrung, Kleidung, Schutz und Liebe. Es können auch Dinge aufgeführt werden, die mit den vier genannten Grundbedürfnissen in Zusammenhang stehen, wie Medizin, Geld usw. Es muss jedoch klar zwischen dem unterschieden werden, was Menschen wirklich brauchen und dem, was sie sich wünschen.
4. Zeigen Sie Fotos von Menschen aus anderen Kulturen. Fragen Sie: „Glaubt ihr, diese Menschen haben die gleichen Bedürfnisse wie wir?" Diskutieren Sie. Helfen Sie den Kindern den Schluss zu ziehen, dass alle Menschen – ganz gleich wie sie aussehen, leben, handeln oder sprechen – die gleichen Grundbedürfnisse haben.

Sie können auf dem Globus die Länder suchen, aus denen die Menschen auf den Fotos kommen.

5. Lenken Sie noch einmal die Aufmerksamkeit auf die Fotos. Fragen Sie: „Wie unterscheiden diese Menschen sich von euch? Inwiefern gleichen sie euch? Haben Menschen, die anders aussehen als wir, auch andere Grundbedürfnisse?"
6. Betrachten Sie Abbildungen von verschiedenen Gegenden und von Menschen in ihrer traditionellen Kleidung, mit ihren Familien, in ihren Wohnungen und beim Essen. Fragen Sie: „Welche Grundbedürfnisse sind auf diesen Bildern abgedeckt?"
7. Fragen Sie: „Auf welche Weise sind uns die Menschen ähnlich, die aus anderen Kulturen kommen und anders aussehen als wir?" Schreiben Sie die Ähnlichkeiten auf ein Plakat mit der Überschrift „Darin sind alle Menschen gleich".
8. Fragen Sie: „Wenn jemand anders aussieht als wir – heißt das, dass er sich auch im Wesen unterscheidet?" Diskutieren Sie.
9. Erklären Sie den Kindern, dass Konflikte oft auf äußerlich wahrnehmbaren Unterschieden beruhen (Aussehen, Hautfarbe, Geschlecht, Behinderungen usw.). Diskutieren Sie darüber.

Schutz und Liebe als ein Grundbedürfnis

10. Stellen Sie fest: „Manchmal fassen wir Unterschiede als Bedrohung auf." Erklären Sie, dass wir manchmal Menschen deshalb misstrauen, weil sie anders aussehen und sich anders benehmen als wir. Sagen Sie: „Man hat schon Kriege wegen solcher Unterschiede geführt. Das Wichtigste, an das wir immer denken müssen, ist die Tatsache, dass die Grundbedürfnisse aller Menschen die gleichen sind, egal wie unterschiedlich sie sonst auch zu sein scheinen. Wir sind alle miteinander verbunden." Erklären Sie, was es heißt zu einer ‚Menschenfamilie' zu gehören. Es ist wichtig sich um andere Menschen zu kümmern, nicht nur um diejenigen, die so sind wie wir. Wir leben zusammen auf einer Erde. Als Bewohner des gleichen Planeten werden wir immer miteinander verbunden sein. In einer friedlichen Welt müssen wir uns gegenseitig akzeptieren und wissen, dass wir uns im Wesen gleichen, und dass wir die gleichen Dinge benötigen. Dabei dürfen wir aber auch nicht vergessen, dass jeder Mensch etwas Besonderes ist."
11. Diskutieren Sie über die Fragen: „Findet ihr es manchmal schwierig Menschen zu akzeptieren, die anders zu sein scheinen als ihr? Seid ihr schon einmal von jemandem nicht akzeptiert worden, weil ihr ihm fremd wart?"
12. Fragen Sie: „Wie müsst ihr andere behandeln, besonders diejenigen, die euch fremd sind, wenn es stimmt, dass Frieden mit euch selbst beginnt?" Diskutieren Sie. Beenden Sie die Übung, indem Sie die Kinder bestätigen. Machen Sie ihnen klar, dass sie in der Lage sind Unterschiede zu akzeptieren, auch wenn es manchmal schwer fällt.

20
Übung

Wir sind eine Gemeinschaft

Alter: für Kinder zwischen 6 und 10+

Ziele:

- ✗ Die Kinder verstehen und zeigen, dass die Grundbedürfnisse aller Menschen gleich sind (Nahrung, Kleidung, Schutz, Liebe).
- ✗ Sie lernen, dass Menschen Wege finden können ihre Konflikte zu lösen, wenn sie sich dazu verpflichten.
- ✗ Sie erfahren, dass sie Unterschiede anders wahrnehmen können, wenn sie daran denken, dass alle Menschen auf der Welt sich dem Wesen nach gleich sind.

Material:

- ❖ Ein Globus
- ❖ Die Kopie eines Artikels aus einer Zeitschrift oder Illustrierten, in dem eine fremde Kultur oder Lebensweise geschildert wird.
- ❖ Ein Klumpen Ton, Kordel oder Wolle
- ❖ Stöcke oder ein langes Seil als „Grenze"
- ❖ Ein Foto aus einem Krisen- oder Kriegsgebiet

So geht es:

1. Bitten Sie die Kinder sich auf den Boden in einen Kreis zu setzen. In die Mitte des Kreises stellen Sie den Globus.
2. Wiederholen Sie noch einmal den Gedanken, dass alle Menschen auf der Erde Nahrung, Kleidung, Schutz und Liebe brauchen. Zeigen Sie den Kindern ein Bild von Menschen in einem Land, in dem ein deutlich anderer Lebensstil gepflegt wird als im eigenen.
3. Bitten Sie die Kinder sich das Bild sorgfältig anzusehen und zu beschreiben, inwiefern sich Lebensweise, Kleidung oder das Äußere dieser Menschen von uns unterscheiden. Sie können dazu passende Auszüge aus dem Zeitungsartikel, den Sie ausgesucht haben, vorlesen. So können die Kinder z.B. herausfinden, dass die abgebildeten Häuser deshalb anders sind als unsere, weil auch das Klima und die Umwelt sich unterscheiden. Dass die Menschen anderen Tätigkeiten nachgehen, weil andere Möglichkeiten zur Verfügung stehen. Formulieren Sie Ihre Fragen so, dass die Kinder beginnen können Hypothesen aufzustellen, Schlüsse zu ziehen und kreativ und kritisch denken. Versuchen Sie sie so weit zu bringen, dass sie sich auf eigene Erfahrungen, auf früher Gelerntes und auf neue Informationen stützen können.
4. Lenken Sie die Aufmerksamkeit der Kinder auf die Ähnlichkeiten zwischen den abgebildeten Menschen und den Menschen im eigenen Kulturkreis. Stellen Sie die Grundbedürfnisse aller Menschen, die trotz der unterschiedlichen Kulturkreise bestehen, in den Mittelpunkt.
5. Lassen Sie die Kinder wiederholen, dass alle Menschen die gleichen Grundbedürfnisse haben – Nahrung, Kleidung, Schutz und Liebe.
6. Kleben Sie einen kleinen Klumpen Ton auf das Land auf dem Globus, das auf den Bildern zu sehen ist. Markieren Sie Europa mit

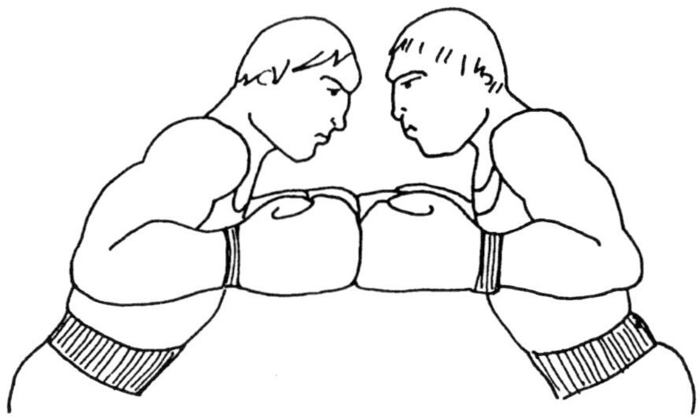

einem weiteren kleinen Klumpen und verbinden Sie beide mit einem Stück Kordel oder Wolle. Betonen Sie den Gedanken, dass alle Menschen eine Gemeinschaft bilden und erklären Sie, was das heißt. Fragen Sie die Kinder, was sie sich unter einer Gemeinschaft vorstellen.

7. Bitten Sie die Kinder den Globus anzuschauen und erzählen Sie: „Astronauten können vom Weltraum aus die ganze Erde sehen. Sie erkennen auch, dass es keine Grenzen zwischen den Staaten gibt. Wenn Menschen die Erde aus dieser Perspektive sehen, erinnern sie sich daran, dass wir uns alle die Erde teilen. Wir sind alle miteinander verbunden. Die verschiedenen Menschen aus unterschiedlichen Ländern gehören zu einer Menschenfamilie."
8. Zeigen Sie Bilder von Kriegsschauplätzen, um darüber zu sprechen, wie Menschen aus verschiedenen Ländern um Grenzen kämpfen. Fragen Sie die Kinder, was passieren kann, wenn die Menschen eines Landes die Grenzen zu einem verfeindeten Land überschreiten. Diskutieren Sie.
9. Lassen Sie die Kinder eine solche Situation im Rollenspiel darstellen. Trennen Sie den Raum durch Stöcke oder ein Seil in zwei Hälften. Bestimmen Sie Kinder, die die Regierenden von Ländern spielen, die sich um Grenzen streiten. Bitten Sie die Klasse darüber nachzudenken, wie der Streit beigelegt werden kann. Diskutieren Sie. Lassen Sie die Kinder die Szene wiederholen. Diesmal sollen sie aber die win-win-Methode anwenden.

   Betonen Sie, dass Menschen manchmal vergessen, dass sie im Grunde gleich sind, besonders wenn es Meinungsverschiedenheiten gibt. Dennoch bleibt die Tatsache bestehen, dass alle Menschen im Wesen gleich sind, und dass wir die Fähigkeit besitzen Unterschiede auszuhalten. Sagen Sie: „Manchmal erscheint uns das unmöglich. Wir verlieren den Mut und glauben, die Dinge nicht friedlich regeln zu können. Manchmal wollen wir etwas auch gar nicht friedlich regeln, besonders, wenn wir wütend sind. Das geht Regierungen genauso wie uns. Das sind ganz normale Gefühle. Denkt einfach daran, dass wir immer selbst entscheiden können, wie wir mit einem Problem umgehen."
10. Fragen Sie: „Was passiert, wenn ihr jemanden schlagt?" Wahrscheinlich werden die Kinder antworten: „Der andere schlägt zurück." Fragen Sie: „Und was tut ihr dann?" Helfen Sie den Kindern zu erkennen, dass körperliche Gewalt meistens in einen Kampf ausartet und die Situation eskaliert. Definieren Sie das Wort „eskalieren". Erklären Sie den Kindern, dass das gleiche zwischen Staaten passiert: „Was entsteht daraus, wenn ein Land ein anderes ‚verletzt', und das andere Land dem ersten das Gleiche antut? – Wie können wir so etwas verhindern?" Denken Sie daran, eine Verbindung zwischen individuellen und globalen Angelegenheiten herzustellen. Betonen Sie nochmals, dass wir unser Handeln immer selbst bestimmen können, und dass Gewalt meist zu noch mehr Gewalt führt.

21

Übung

Was ist ein Friedensstifter?

Alter: für Kinder zwischen 6 und 10+

Ziele:

✗ Die Kinder erfahren, welche Eigenschaften einen Friedensstifter auszeichnen.

✗ Sie überlegen, in welchen Situationen sie selbst Frieden gestiftet haben.

✗ Sie lernen, dass es nicht immer einfach ist Frieden zu stiften, und dass es wichtig ist nicht aufzugeben, wenn man den Mut verliert.

Material:

❖ Ein großes Plakat mit Informationen über den Friedensstifter (s. S. 109)

So geht es:

1. Bilden Sie mit den Kindern einen Kreis. Zeigen Sie ihnen das Plakat „Ein Friedensstifter ..." und lassen Sie die Kinder die Eigenschaften lesen.
2. Lassen Sie die Kinder darüber nachdenken, wann sie schon einmal eine der aufgeführten Eigenschaften bewiesen haben. Diskutieren Sie darüber.
3. Sagen Sie: „Denkt an eine Situation, in der ihr eine oder mehrere der Eigenschaften bewiesen habt, die ein Friedensstifter besitzen sollte." Lesen Sie noch einmal die Liste vor. „Erinnert euch daran, wie ihr einmal Frieden gestiftet habt. Welche Personen waren noch dabei? Was habt ihr gemacht? Was habt ihr gesagt? Wie habt ihr euch gefühlt? Versucht euch dieses Gefühl ins Gedächtnis zu rufen."
4. Fragen Sie die Kinder, warum es manchmal schwierig ist, Friedensstifter zu sein.
5. Fragen Sie: „Könnt ihr euch auch Situationen vorstellen, in denen ihr keinen Frieden schaffen wollt?" Diskutieren Sie und erzählen Sie den Kindern von einer Situation, in der Sie selbst keinen Frieden schaffen wollten.
6. Betonen Sie, dass wir alle manchmal nicht klarkommen. Das ist völlig normal. Manchmal sind wir so wütend, dass wir uns nicht vertragen wollen. Sagen Sie: „Wir müssen immer daran denken, dass wir selbst die Entscheidung in der Hand haben, und dass Dinge sich normalerweise besser lösen lassen, wenn wir uns entscheiden friedlich zu sein. Das heißt nicht, dass wir anderen erlauben sollen gemein oder verletzend zu uns zu sein. Es bedeutet nur, dass wir versuchen sollen zu verstehen, warum der andere so handelt. Wir sollten uns auch selbst fragen, was wir tun können, um nicht verletzend zu werden."
7. Zeigen Sie den Kindern Ihre Bestätigung, indem Sie ihnen für ihre Ehrlichkeit und Bereitschaft danken, mit der sie über diese Fragen nachgedacht haben.

Ein Friedensstifter ...

- kümmert sich um andere und akzeptiert sie
- achtet auf sich selbst und akzeptiert sich selbst
- ist geduldig
- hilft anderen und bestätigt sie
- ist kreativ und sucht nach Lösungen, auch wenn es keine zu geben scheint
- kann seine Meinung auch einmal ändern (ist flexibel)
- trifft positive Entscheidungen
- kennt aus Erfahrung viele verschiedene Gefühle, auch Wut, versucht aber dennoch Konflikte friedlich zu lösen
- fühlt sich verpflichtet zu versuchen, Dinge ins Reine zu bringen, selbst wenn ihn einmal der Mut verlässt
- kann verzeihen

22

Übung

Etwas, das ich gut kann

Alter: für Kinder zwischen 6 und 10+

Ziele:

- ✗ Die Kinder lernen sich in eine friedliche Stimmung zu versetzen.
- ✗ Sie entdecken, wo ihre Stärken liegen.
- ✗ Sie zeichnen oder schreiben über etwas, das sie gut können und diskutieren darüber. Damit stärken sie ihr Selbstwertgefühl.

Material:

- ❖ Eine Puppe oder ein Schild mit der Überschrift: „Ich kann gut ..."
- ❖ Zeichenpapier und liniertes Schreibpapier, Stifte

So geht es:

1. Bitten Sie die Kinder, sich im Schneidersitz in einen Kreis zu setzen.
2. Sagen Sie: „Bevor wir mit der Übung beginnen, wollen wir uns entspannen. Wir werden uns selbst und die ganze Klasse/Gruppe in eine friedliche, ruhige Stimmung versetzen. Erst atmen wir ein paar Mal tief ein und aus. Atmet ganz langsam und fühlt, wie euer Körper dabei ruhig wird." Weisen Sie die Kinder darauf hin, dass sie sich so auch alleine jederzeit entspannen können.
3. Bitten Sie dann die Kinder ein Bild zu malen, das sie selbst bei einer Tätigkeit darstellt, die sie gut beherrschen. Schlagen Sie verschiedene Dinge vor wie Sport, Tanzen, Singen, Basteln, Kochen, Lesen, anderen Menschen helfen, sich Lösungen ausdenken. Sie können die Jüngeren auf einfache Dinge hinweisen, wie z.B. sich alleine anziehen, das Bett machen, die Schuhriemen zubinden usw.
4. Sagen Sie: „Seht euch jetzt in Gedanken dabei zu, wie ihr etwas tut, das ihr gut könnt. Die meisten von uns können verschiedene Dinge gut. Sucht jetzt aber nur eines davon aus. Wie seht ihr aus, wenn ihr etwas tut, das ihr gut könnt? Wie fühlt ihr euch dabei? Was halten andere von euch, wenn ihr diese Dinge tut?" Geben Sie den Kindern Zeit still darüber nachzudenken.
5. Bitten Sie die Kinder nach ein paar Minuten den anderen zu erzählen, was ihnen eingefallen ist. Beginnen Sie, indem Sie den Kindern von etwas erzählen, das Sie selbst gut können.
6. Jüngere Kinder haben Spaß, wenn Sie bei dieser Übung eine Puppe einsetzen. So könnte die Puppe z.B. sagen: „Ich kann gut meinem Freund helfen seine Schuhe zuzubinden." Geben Sie die Puppe im Kreis weiter. Für ältere Kinder eignet sich ein Schild mit der Überschrift „Ich kann gut ...", das sie hochhalten, wenn sie an der Reihe sind.
7. Nachdem alle an der Reihe waren, gehen die Kinder auf ihre Plätze zurück und malen und/oder schreiben, wie sie etwas tun, das sie gut können (siehe Beispielvorlage S. 111). Für die jüngeren Kinder kann der Lehrer oben auf jedes Blatt schreiben: „... (Name) kann gut ... (Tätigkeit)".
8. Zum Abschluss sprechen die Kinder in kleinen Gruppen über ihre Bilder und/oder Geschichten.

Zeichnungen der Kinder
Namen der Kinder
Etwas, das ich gut kann

23
Übung

Ein Friedens-Tagebuch führen

Alter: für Kinder zwischen 6 und 10+

Ziele:

✘ Die Kinder lernen ein Friedens-Tagebuch zu führen.
✘ Sie verstehen den Zweck ihres Friedens-Tagebuches.
✘ Sie malen oder schreiben auf, wie sie sich eine friedliche Klasse/Gruppe vorstellen.

Material:

❖ Friedens-Tagebücher – mit linierten Blättern für ältere Kinder, mit unlinierten für die jüngeren, die die Kinder von zu Hause mitbringen
❖ Ein Friedens-Tagebuch für den Lehrer/Gruppenleiter (Es ist wichtig, dass Sie ein eigenes Friedens-Tagebuch führen.)
❖ Eine Kiste zur Aufbewahrung der Tagebücher (z.B. ein großer, bunt bemalter Pappkarton)

So geht es:

1. Stellen Sie vor der Übung fest, ob alle Kinder die Notizbücher oder Hefte mitgebracht haben, die ihnen von jetzt an als Friedens-Tagebücher dienen sollen. Die Friedens-Tagebücher sollen dabei Folgendes bezwecken:
   - Im Friedens-Tagebuch kann jeder seine Gedanken und Gefühle über bestimmte Themen eintragen.
   - Die Kinder formulieren Gedanken, die ihnen zum Thema Friedenschaffen gekommen sind.
   - Die Aufzeichnungen helfen ihnen Lösungen für Probleme zu finden.
2. Zeigen Sie den Kindern Ihr eigenes Friedens-Tagebuch. Erklären Sie, dass Sie auch selbst ein Friedensbuch führen werden, aus dem Sie von Zeit zu Zeit den Kindern vorlesen möchten. Sagen Sie, dass der Prozess des Friedenschaffens für alle neu ist, und dass sie alle gemeinsam etwas darüber und auch über sich selbst lernen werden.
3. Fragen Sie die Kinder, ob sie vorher schon einmal Tagebuch geführt haben. Diskutieren Sie über den Sinn des Tagebuchführens. Erklären Sie, dass Menschen eine bessere Beziehung zu anderen aufbauen können, wenn sie etwas über sich selbst wissen. Sagen Sie: „Zu einer friedlichen Welt gehört auch, dass wir gut mit uns selbst und mit anderen klarkommen. Das Tagebuchführen hilft uns dabei."
4. Sagen Sie: „Das Wichtigste bei dieser Art des Schreibens ist, dass ihr eure Gedanken frei ausdrückt, ohne sie zu bewerten. Alles, was ihr schreibt, ist in Ordnung. Auf Rechtschreibung, Sauberkeit und Grammatik kommt es nicht an. Das Einzige, was zählt, ist zu schreiben, was ihr denkt. Manche Kinder sind vielleicht noch unsicher, weil sie nicht wissen, was sie schreiben sollen, oder weil sie glauben ihre Ideen seien nicht gut genug. Lassen Sie sie ruhig ihre Sorgen zum Ausdruck bringen, und versichern Sie ihnen, dass

es keine richtige oder falsche Art gibt sich in einem Tagebuch selbst auszudrücken. Sagen Sie: „Unser Kopf steckt voller Einfälle, Gedanken und Gefühle. Im Tagebuch können wir alles, was uns im Kopf herumgeht, zu Papier bringen.“

5. Zeigen Sie der Klasse die Tagebuch-Kiste. Sagen Sie den Kindern, dass sie ihre Tagebücher nach jedem Eintrag in diese Kiste legen können. Es bietet sich an, die Kiste in einen Schrank zu stellen, den sie abschließen können. Bei Bedarf bekommen sie sie daraus zurück. Sagen Sie: „Wenn ihr eure Ideen, Gedanken oder Gefühle ausdrükken möchtet, könnt ihr sie in die Tagebücher schreiben. Legt sie dann wieder in die Kiste zurück, damit ich sie lesen kann. Wenn ihr aber nicht möchtet, dass ich etwas lese, markiert ihr die entsprechende Seite mit einem Klebezettel. Ich werde diese Seite dann auf keinen Fall lesen.“ Besprechen Sie mit den Kindern, ob sie möchten, dass andere Kinder in ihren Friedenstagebüchern lesen dürfen oder nicht.
6. „Wir werden jetzt unseren ersten Tagebucheintrag schreiben. Das Thema heißt: ‚So stelle ich mir eine friedliche Klasse/Gruppe vor‘.“
7. Sagen Sie: „Atmet einige Male tief und langsam ein und aus. Stellt euch vor unsere Klasse/unser Gruppenraum wäre ganz leer. Ein neuer Tag beginnt. Die Sonne scheint und ihr fühlt euch wohl. Füllt jetzt in eurer Fantasie den Raum mit Kindern. Lasst sie einander so behandeln, dass alle sich akzeptieren und sich wohl fühlen.. Stellt euch vor, dass alle Kinder so miteinander umgehen. Was wäre das für ein Gefuhl? Was lernt ihr in einer solchen Klasse/Gruppe? Was möchtet ihr am liebsten lernen? Was ist es für ein Gefühl in eine solche Gruppe zu kommen?“ Lassen Sie die Kinder einen Moment still nachdenken.
8. Bitten Sie die Kinder jetzt, alles aufzuschreiben, was sie sich gerade vorgestellt haben. Jüngere Kinder können auch malen. „Beschreibt, was ihr gesehen und wie ihr euch gefühlt habt. Was haben die anderen Kinder gemacht?“
9. Geben Sie den Kindern für diese Arbeit fünf bis zehn Minuten Zeit. Auch die älteren Kinder dürfen in ihre Tagebücher malen.
10. Fragen Sie, ob jemand gerne den anderen seinen Tagebucheintrag vorlesen oder zeigen möchte. Machen Sie den Kindern klar, dass sie niemals ihre Einträge vorlesen oder zeigen müssen, wenn sie nicht möchten. Erinnern Sie alle noch einmal daran, dass niemand etwas Beleidigendes oder Negatives über die Tagebucheinträge eines anderen sagen darf. Betonen Sie: „Frieden fängt mit jedem Einzelnen von uns an. Dabei ist sehr wichtig, dass wir andere und das, was sie zu sagen haben, akzeptieren.“
11. Sprechen Sie gemeinsam über die Tagebucheinträge. Lassen Sie die Kinder die Bücher in die Kiste zurücklegen, nachdem sie mit ihren Einträgen fertig sind. Bei Bedarf geben Sie sie mit Ihren Kommentaren versehen zurück.

24
Übung

Friedens-Tagebücher: Sich als einzigartiges Individuum begreifen

Alter: für Kinder zwischen 6 und 10+

Ziele:

✗ Die Kinder machen sich mit dem Führen eines Friedens-Tagebuches vertraut.

✗ Sie erinnern sich an eine Situation, in der sie festgestellt haben, dass sie etwas Besonderes sind. Dadurch stärken sie ihr Selbstwertgefühl.

Material:

❖ Das Friedens-Tagebuch des Erziehers

❖ Friedens-Tagebücher der Kinder, Bleistifte, Stifte, Bunt- oder Wachsmalstifte

❖ Tagebuch-Kiste

So geht es:

1. Die Kinder setzen sich in einen Kreis. „In der letzten Stunde habt ihr erste Erfahrungen mit dem Tagebuchschreiben gemacht. Möchte jemand von euch, der letztes Mal seinen Eintrag nicht vorgelesen hat, dies jetzt tun?" Jüngere Kinder können ihre Zeichnungen beschreiben oder den anderen zeigen.
2. Erinnern Sie die Kinder noch einmal daran, dass sie die Einträge der anderen nicht beurteilen oder kritisieren dürfen. Geben Sie ihnen Zeit für eine kurze Diskussion.
3. Sagen Sie: „Heute werden wir uns beim Tagebuchschreiben auf etwas anderes konzentrieren. Erinnert euch: Im Tagebuch werden normalerweise Gefühle, Gedanken oder Reaktionen beschrieben. Die besten Tagebücher sind die, in denen der Schreiber seine Gedanken frei zum Ausdruck bringt. Lasst beim Schreiben euren Gefühlen freien Lauf und beschreibt sie so genau wie möglich. Denkt auch daran, dass Rechtschreibung, Grammatik und Sauberkeit nicht so wichtig sind. Hauptsache, ihr drückt eure Gedanken aus."
4. Sagen Sie: „Jeder von uns ist ein besonderes und einzigartiges Individuum. Ihr seid wichtige Mitglieder der Weltgemeinschaft, in der wir leben. Jeder von euch hat die Fähigkeit, zur Veränderung der Welt beizutragen. Eure Gedanken sind sehr wichtig. Respektiert sie, denn sie sind Teil eurer Persönlichkeit. Wir wollen uns jetzt an eine Situation erinnern, in der wir gespürt haben, dass wir etwas Besonderes und wichtig sind."
5. „Zuerst entspannen wir uns. Lasst euren Körper ganz ruhig werden. Atmet tief ein und aus und lauscht auf die Stille im Raum. Atmet noch einmal durch die Nase ein und durch den Mund aus. Stellt euch jetzt den Duft einer Blume vor. Atmet drei Mal tief ein und wieder aus. Lasst jetzt ganz locker und stellt euch vor, dass

der ganze Raum vom Duft eurer Blume erfüllt ist."

6. Sagen Sie: „Denkt jetzt bitte an eine Situation, in der ihr gespürt habt, dass ihr etwas ganz Besonderes oder wichtig seid, z.B. als ihr jemandem geholfen habt oder euch eine Verantwortung übertragen wurde; als ihr etwas Neues gelernt habt oder euch durch irgendetwas anderes wichtig gefühlt habt. Versetzt euch in eine dieser Situationen hinein. Wie habt ihr euch dabei gefühlt und wie saht ihr aus? Stellt euch euren Gesichtsausdruck oder eure Körperhaltung vor. Erinnert euch daran, was ihr über euch selbst dachtet, als ihr euch als etwas Besonderes gefühlt habt. Haltet dieses Gefühl jetzt noch einmal fest." Geben Sie den Kindern ein oder zwei Minuten Zeit zum Nachdenken und fragen Sie dann: „Wie fühlt ihr euch?"
7. Fragen Sie: „Wer möchte gerne die Situation schildern, an die er sich gerade erinnert hat, eine Situation, in der er das Gefühl hatte, etwas Besonderes und wichtig zu sein?" Sie können selbst mit einem Beispiel beginnen.
8. Wenn jemand Schwierigkeiten hatte, sich an eine solche Situation zu erinnern, bieten Sie diesem Kind ein Vier-Augen-Gespräch zu einem späteren Zeitpunkt an. Helfen Sie diesem Kind ein wenig und versuchen Sie eine positive Erinnerung zu wecken.
9. Sagen Sie: „Wir schreiben jetzt in unsere Tagebücher, woran wir uns gerade erinnert haben. (Jüngere Kinder können auch malen). Schreibt (malt) über eure Gefühle, die Situation, eure Reaktion. Fehler spielen dabei keine Rolle." Wenn Kinder darunter sind, die sich an keine solche Situation erinnern können, ist jetzt Gelegenheit mit ihnen unter vier Augen zu sprechen.
10. Geben Sie den Kindern etwa zehn Minuten Zeit zu schreiben oder zeichnen. Wer schneller mit dem Schreiben fertig ist, kann noch ein passendes Bild dazu malen oder einen weiteren Eintrag zu einem frei gewählten Thema machen.
11. Bitten Sie die Kinder ihre Tagebücher am Ende der Stunde in die Kiste zu legen. Am nächsten Tag können die Tagebucheinträge besprochen werden.

25
Übung

Der Friedensstifter der Woche

Alter: für Kinder zwischen 6 und 10+

Ziele:

✘ Die Kinder, die sich besonders friedfertig verhalten oder die win-win-Methode angewendet haben, erhalten dafür eine Anerkennung.
✘ Die Kinder messen das eigene Verhalten und das Verhalten der anderen am Maßstab der Friedfertigkeit.

Material:

❖ Ein Plakat: „Der Friedensstifter der Woche" (s. Beispielvorlage Seite 119)
❖ Die Urkunde: „Der Friedensstifter der Woche" (s. S. 118)
❖ Zur Erinnerung das Plakat: „Anleitung zur win-win-Methode" aus Übung 10 (s. S. 85)
❖ Zur Erinnerung das Plakat: „Ein Friedensstifter ..." aus Übung 21 (s. S. 109)
❖ Eine Kiste oder ein Karton mit der Überschrift: „Friedensstifter der Woche" für die Nominierung der Friedensstifter
❖ Notizzettel

So geht es:

1. Bitten Sie die Kinder sich zusammen in einen Kreis zu setzen.
2. Sagen Sie: „Atmet bitte ein paar Mal tief ein und aus und sucht in Gedanken einen ruhigen Ort auf. Stellt euch vor, dass ihr euch in diesem Augenblick dort befindet. Denkt darüber nach, wie ihr in dieser Woche mit anderen umgegangen seid. Denkt an eure Schulfreunde, an eure Familie, an eure Nachbarn oder auch an Leute, die ihr nur flüchtig kennt. Denkt an eine Situation in der vergangenen Woche, in der ihr Frieden gestiftet habt. Habt ihr die win-win-Methode angewandt, um ein Problem zu lösen? Habt ihr jemanden bestätigt oder einem anderen geholfen? Schaut in Gedanken der anderen Person ins Gesicht, um zu erkennen, wie sie sich fühlt. Achtet dann auf eure eigenen Gefühle. Denkt einen Moment darüber nach. Gleich könnt ihr den anderen von euren Gedanken erzählen."
3. Lassen Sie die Kinder im Kreis nacheinander den Satz: „Ich habe Frieden gestiftet, als ich ..." fortsetzen.
4. Bestätigen Sie die Kinder, nachdem sie sich ausgetauscht haben. Beispiel: „Ich danke euch allen dafür, dass ihr die Worte ‚Frieden beginnt mit mir' ernst genommen habt. Um Friedensstifter zu sein, muss man sich anstrengen und sich fürsorglich verhalten. Ich weiß, dass ihr alle durch eure Bemühungen etwas zur Veränderung eurer Umwelt beitragen werdet."
5. Sagen Sie: „Um zu zeigen, wie wichtig eure Bemühungen als Friedensstifter sind, werden wir ein spezielles Programm mit dem Namen 'Friedensstifter der Woche' starten. Jede Woche werden wir zwei Kinder zu Friedensstiftern der Woche wählen. Einen von bei-

den dürfen die Mitschüler/Gruppenmitglieder bestimmen, den anderen der Lehrer/Erzieher. Beide erhalten diese Urkunde." (Zeigen Sie ein Muster der Urkunde, s. S. 118).

6. Stellen Sie in der Diskussion mit der Gruppe Kriterien für die Wahl eines Kindes zum Friedensstifter auf. Suchen Sie im Brainstorming gemeinsam nach Maximen, nach denen ein Friedensstifter handeln sollte. Stützen Sie sich dabei auf das Plakat mit der Anleitung zur win-win-Methode und „Ein Friedensstifter…".
7. Lassen Sie die Kinder einen Zettel mit ihrem Namen, dem Datum und dem Namen eines Kindes, das sie für einen Friedensstifter halten, schreiben. „Beschreibt genau, wie dieses Kind Frieden gestiftet hat." Schreiben Sie Beispiele an die Tafel: „Tim war ein Friedensstifter, als er mir bei meinem Problem geholfen hat." Sagen Sie: „Legt die Zettel mit euren Vorschlägen in die ‚Friedensstifter-der-Woche'-Kiste. Wir werden diese Zettel mit den Namen der Kandidaten für die Wahl des ‚Friedensstifters der Woche' brauchen."
8. Ein Vorschlag zur Durchführung der Wahl: Schreiben Sie die Namen der Kandidaten an die Tafel, und bitten Sie einige Kinder Plädoyers für die Kandidaten abzugeben. Stimmen Sie dann in geheimer Wahl ab.
9. Der Lehrer/Gruppenleiter kann aufgrund der Beobachtungen, die er im Laufe der Woche gemacht hat, einen zweiten Friedensstifter der Woche wählen.
10. Nachdem die beiden Friedensstifter der Woche feststehen, werden sie mit einer Urkunde ausgezeichnet.
11. Ergänzung: Erinnern Sie die Kinder daran, jeden Tag darauf zu achten, ob sie selbst und die anderen als Friedensstifter handeln und schon zu überlegen, wen sie nominieren wollen. Verleihen Sie die Urkunden immer am gleichen Wochentag (wöchentlich oder jede zweite Woche), sodass die Kinder sich darauf freuen können. Bitten Sie die Preisträger ein Foto von sich mitzubringen. Damit zeigen Sie ihnen zusätzliche Anerkennung. Dieses Foto heften Sie an das Plakat „Friedensstifter der Woche". Sie können auch eine Liste mit den Namen aller bisherigen Preisträger an dieses Plakat heften.

Beachten Sie:
Manche Erzieher lassen jede oder jede zweite Woche mehrere Friedensstifter wählen. Kinder, die nicht so leicht eine solche Auszeichnung erhalten, brauchen zusätzliche Unterstützung. Helfen Sie ihnen herauszufinden, was sie tun können, um auch einmal zum Friedensstifter gewählt zu werden. Ich achte darauf, dass jedes Kind einmal diese Auszeichnung erhalten hat, bevor ein Kind sie zweimal bekommt.

Urkunde

Friedensstifter der Woche

(Name des Preisträgers)

ist zum Friedensstifter der Woche gewählt worden.

Wir alle können etwas zur Veränderung der Welt beitragen.

Wir zeichnen ______________________________
(Name des Preisträgers)

aus, weil er/sie Verantwortung gezeigt hat,

indem er/sie positiv auf andere eingewirkt hat!!!

______________________ ______________________________

(Datum) *(Unterschrift)*

Der Friedensstifter der Woche

Ein Friedensstifter

- kümmert sich um andere und akzeptiert sie
- achtet auf sich selbst und akzeptiert sich selbst
- ist geduldig
- hilft anderen und bestätigt sie
- ist kreativ und sucht nach Lösungen, auch wenn es keine zu geben scheint
- kann seine Meinung auch einmal ändern (ist flexibel)
- trifft positive Entscheidungen
- kennt aus Erfahrung viele verschiedene Gefühle, auch Wut, versucht aber dennoch Konflikte friedlich zu lösen
- fühlt sich verpflichtet zu versuchen, Dinge ins Reine zu bringen, selbst wenn ihn einmal der Mut verlässt
- kann verzeihen

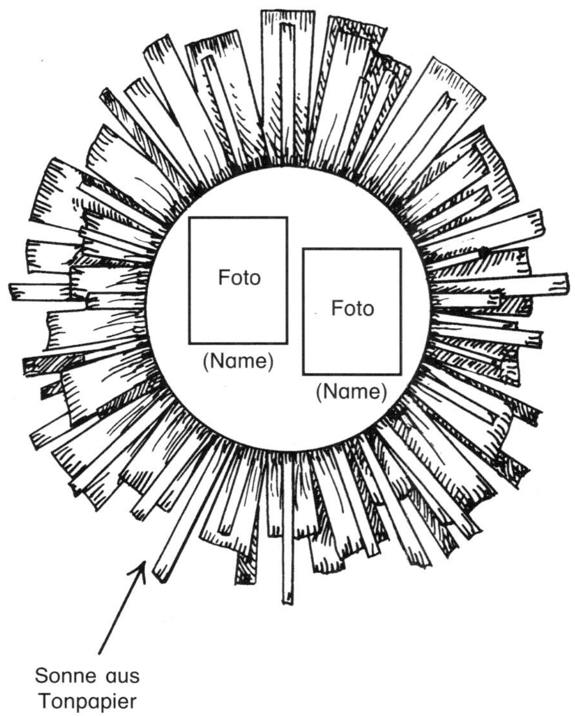

Die bisherigen Preisträger

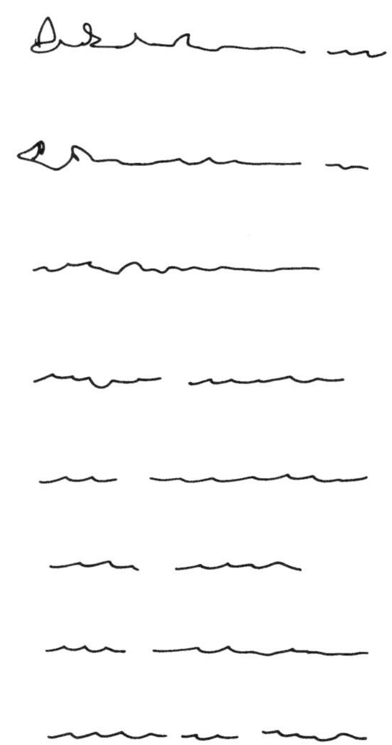

← Rahmen aus Tortenspitze →

26

Übung

Berühmte und weniger berühmte Friedensstifter

Alter: für Kinder zwischen 6 und 10+

Ziele:

✘ Die Kinder wiederholen, welche Eigenschaften einen Friedensstifter auszeichnen.

✘ Sie sprechen über Menschen aus ihrem Bekanntenkreis, die dem Bild eines Friedensstifters entsprechen.

Material:

❖ Eine Geschichte oder ein Artikel über berühmte Friedensstifter (Martin Luther King, Gandhi, Mutter Theresa usw.)

❖ Das Plakat: „Ein Friedensstifter ..." aus Übung 21 (s. S. 109)

❖ Friedens-Tagebücher, Stifte, Buntstifte

So geht es:

1. Bitten Sie die Kinder sich in einen Kreis zusammenzusetzen. Lesen Sie eine Geschichte oder einen Artikel über einen berühmten Friedensstifter vor.
2. Verweisen Sie auf das Plakat „Ein Friedensstifter ...". Sprechen Sie dann mit den Kindern über die Eigenschaften des Friedensstifters, über den Sie etwas vorgelesen haben.
3. Diskutieren Sie über die Fragen: „Was bewundert ihr an diesem Menschen am meisten? Was wäre anders auf der Welt, wenn mehr Menschen so wären wie ...?"
4. Sagen Sie: „Bitte denkt jetzt einen Augenblick über jemanden nach, den ihr persönlich kennt und ihr für einen Friedensstifter haltet. Es sollten ganz normale Freunde oder Bekannte sein. Alle berühmten Friedensstifter haben einmal klein angefangen, so wie wir."
5. Nun tauschen sich die Kinder mit einem jeweiligen Partner über die Friedensstifter, die ihnen eingefallen sind, aus.
6. Nach etwa vier Minuten beenden Sie die Partnergespräche und beginnen ein gemeinsames Gruppengespräch. Bitten Sie die Kinder, die Freunde zu nennen, die ihnen eingefallen sind und zu beschreiben, was gerade sie zu Friedensstiftern macht.
7. Diskutieren Sie folgende Fragen und Aussagen: „Glaubt ihr, dass es auch für solche Menschen manchmal schwierig ist Frieden zu stiften? Glaubt ihr, dass sie auch schon einmal wütend werden und sich nicht friedlich verhalten. Wer Friedensstifter werden will, muss sich vor allem zum Frieden verpflichten. Wenn ihr euch zu etwas verpflichtet, heißt das aber nicht, dass ihr niemals Fehler macht. Es bedeutet nur, dass ihr selbst dann nicht aufgebt, wenn ihr einen Fehler gemacht habt." Nennen Sie ein persönliches Beispiel.
8. Bitten Sie die Kinder in ihre Friedens-Tagebücher etwas über einen ganz „normalen Friedensstifter" aus dem Bekanntenkreis zu schreiben.
9. Lassen Sie die Kinder ihre Geschichten und Bilder austauschen und darüber sprechen.

Zusammenfassende Fragen zu den Übungen aus Stufe I:

„Frieden beginnt mit mir“

1. Was bedeutet Frieden für dich?
2. Wodurch zeichnet sich ein Friedensstifter aus?
3. Welche dieser Eigenschaften hast du selbst schon einmal bewiesen?
4. Wozu braucht man die win-win-Methode?
5. Nenne die einzelnen Schritte der win-win-Methode. Erkläre sie in deinen Worten.
6. Wie hast du selbst schon einmal die win-win-Methode angewandt?
7. Was ist eine „Ich“-Botschaft? Nenne zwei Beispiele.
8. Wie kannst du jemanden bestätigen? Nenne ein Beispiel.
9. Was sind die Grundbedürfnisse des Menschen?
10. Wie würde sich das Leben auf unserer Erde verändern, wenn sich alle friedfertig verhalten würden?

Beachten Sie:
Diese Seite können Sie auf zwei verschiedene Arten nutzen:
1. Lesen Sie jüngeren Kindern die Fragen zum Zweck der Wiederholung laut vor. So können Sie überprüfen, wie weit sie den Inhalt aufgenommen haben.
2. Bei älteren Kindern können Sie die Fragen für einen informellen Test nutzen, mit dem Sie überprüfen, wie genau die Kinder die Konzepte verstanden haben.

Stufe II:

Wir schaffen Frieden in unserer Umgebung

27 Übung

Frieden beginnt mit mir

Alter: für Kinder zwischen 6 und 10+

Ziele:

- ✗ Die Kinder beschäftigen sich intensiver mit der Aussage, dass Frieden mit jedem Einzelnen anfängt.
- ✗ Sie erkennen, dass jeder Mensch Frieden individuell anders erleben kann.
- ✗ Sie lernen verstehen, dass der Wunsch nach einem friedlichen Zuhause, einer friedlichen Schule, Gemeinschaft oder Welt sich nur dann erfüllt, wenn jeder Einzelne Verantwortung für den Umgang mit anderen übernimmt.

Material:

- ❖ Zeichenpapier (für das Bild „Wenn ich friedlich bin, sehe ich so aus")
- ❖ Bunt- oder Filzstifte
- ❖ Friedens-Tagebücher
- ❖ Das Plakat: „Wir achten auf unseren Körper, indem wir ..." (s. S. 126)
- ❖ Das Plakat: „Wir achten auf unseren Verstand und unsere Gefühle, indem wir ..." (s. S. 126)

So geht es:

1. Bitten Sie die Kinder in einen Kreis und beginnen Sie mit ein paar tiefen Atemzügen.
2. Fragen Sie nach einigen Minuten, ob diese Übung den Kindern hilft sich ruhig und friedlich zu fühlen. Erklären Sie, dass dies Gefühle sind, die man überall mit hinnehmen kann.
3. Lassen Sie die Kinder miteinander darüber sprechen, was es für ein Gefühl ist, innerlich ganz ruhig zu sein. Bitten Sie sie das Gefühl der Ruhe und des Friedens genau zu beschreiben. (Beispiel: „Mein Körper fühlt sich warm und ruhig an", oder „Ich fühle mich rundum glücklich.")
4. Sagen Sie: „Denkt an Situationen, in denen ihr euch so gefühlt habt. Könnt ihr eine solche Situation beschreiben?" Die Kinder tauschen ihre Erinnerungen aus.
5. Erklären Sie: „Es gibt verschiedene Gründe, die dazu führen, dass wir uns friedlich fühlen. Wie ihr geschildert habt, sind es manchmal erfreuliche Umstände oder Ereignisse, die dieses Gefühl in uns hervorrufen. Manchmal fühlen wir uns auch so, wenn wir mit bestimmten Menschen zusammen sind. Wo fängt aber das Gefühl des Friedens an?" Machen Sie den Kindern verständlich, dass eine friedliche Stimmung von innen kommt.
6. Erklären Sie, dass Wohlbefinden ein Zustand ist, in dem Körper und Geist sich gesund und gut versorgt fühlen. Fragen Sie: „Auf welche Art können wir für unseren Körper sorgen?" Verweisen Sie auf das Plakat „Wir achten auf unseren Körper, indem wir ...". Die Kinder können aus den eigenen Erfahrungen heraus weitere Beispiele hinzufügen.

7. Fragen Sie: „Wenn unser Verstand stark und gesund ist, sprechen wir von mentaler Gesundheit. Wie können wir unseren Verstand fördern?“ Verweisen Sie auch auf die Unterpunkte auf dem Plakat: „Wir achten auf unseren Verstand und unsere Gefühle, indem wir ...“.
   Fragen Sie: „Was tut ihr, um euch zu entspannen?“ Lassen Sie die Kinder die Liste ergänzen.
8. Diskutieren Sie die Fragen: „Wenn ihr das Gefühl habt innerlich friedlich zu sein, wie verhaltet ihr euch dann zu anderen? Wie verhaltet ihr euch anderen gegenüber, wenn ihr gestresst, angespannt oder ängstlich seid? Denkt an eine Situation, in der euer Körper nicht zur Ruhe kam, weil ihr z.B. verletzt, hungrig oder sehr müde wart. Habt ihr euch da zu den Menschen um euch herum anders verhalten als sonst?“
9. Sagen Sie: „Es gibt drei wichtige Dinge über den Frieden in uns, die wir uns merken wollen:
   a) Wir alle sind selbst für unser Wohlbefinden verantwortlich. Wir müssen sehr gut auf unseren Körper, unsere Gefühle und unseren Verstand achten.
   b) Wenn wir uns nicht um uns selbst kümmern – wenn wir z.B. zu lange aufbleiben oder nicht ordentlich essen – fühlen wir uns oft unruhig. Wir können uns dann auch nicht friedlich verhalten.
   c) Wir können uns immer für eine bestimmte Verhaltensweise entscheiden. Auch wenn wir einmal nicht friedlich aufgelegt sind, finden wir immer irgendwo noch einen friedlichen Gedanken. Wenn wir bewusst nach einem solchen Gedanken suchen, können wir auch wieder die Dinge tun, die für unsere Gesundheit und unser Wohlbefinden nötig sind.

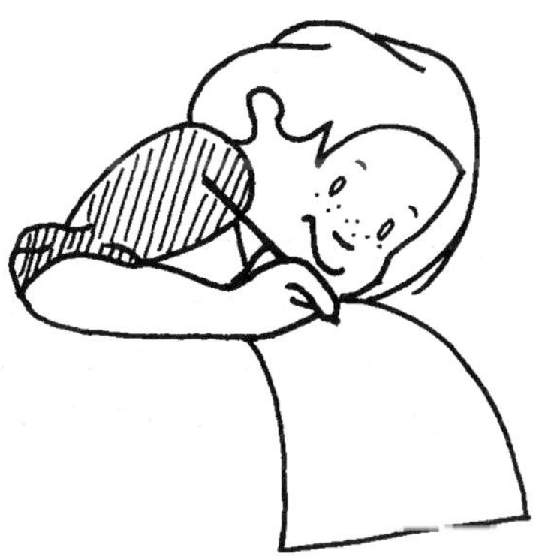

10. Sagen Sie: „Erinnert ihr euch daran, wie friedlich ihr euch gefühlt habt, nachdem ihr tief ein- und ausgeatmet habt? Denkt an eine Situation, in der ihr euch ähnlich gefühlt habt. Versucht dieses Gefühl noch einmal wachzurufen. Sucht nach dem Platz im Gedächtnis, an dem ihr dieses Gefühl aufbewahrt habt.“
11. Betonen Sie, dass jeder in der Lage ist, einen friedlichen Ort in sich selbst zu finden. „Wenn ihr das jeden Tag übt, wird es immer leichter. Diese Übung hilft euch, wenn ihr einmal wütend, nervös oder ängstlich seid.“
12. Fragen Sie: „Bei wem müssen wir anfangen, wenn wir uns Frieden zu Hause, in der Schule, in der Gemeinschaft und in der Welt wünschen? Erinnert euch: Wenn wir auf uns selbst achten, fällt es uns leichter friedlich zu sein. Außerdem können wir uns immer bewusst entscheiden, wie wir uns anderen gegenüber verhalten wollen. Alle Menschen besitzen die Fähigkeit sich für friedliches Handeln zu entscheiden. Wenn wir einen Fehler machen, gibt es immer noch die Chance es beim nächsten Mal besser zu machen. Wir alle machen Fehler, und manchmal enttäuschen wir uns selbst und andere. Das heißt aber nicht, dass irgendetwas nicht mit uns stimmt. Ihr seid trotzdem ganz besondere Menschen, auch wenn ihr einmal etwas falsch gemacht habt.“
13. Verteilen Sie Zeichenpapier. Lassen Sie die Kinder Bilder mit dem Titel „Wenn ich mich friedlich fühle, sehe ich so aus“ malen. Auf den Bildern sollten auch die Menschen oder Tätigkeiten zu sehen sein, die mit diesem Gefühl des Friedens verbunden sind.
14. Die Kinder können sich gegenseitig ihre Bilder zeigen und darüber sprechen.
15. Ältere Kinder können einen Tagebuch-Eintrag schreiben, der sich auf das Bild bezieht. Jüngere können das Tagebuch weiterführen, indem sie zusätzlich in ihr Tagebuch ein Bild über eine friedliche Situation zeichnen.

Wir achten auf unseren Körper, indem wir ...

- → ihn schützen,
- → dafür sorgen, dass wir genug Pausen und Schlaf bekommen,
- → uns gesund ernähren,
- → uns selbst gut pflegen, waschen und Zähne putzen,
- → uns regelmäßig vom Arzt untersuchen lassen.

Plakat zu Übung 27

Wir achten auf unseren Verstand und unsere Gefühle, indem wir ...

- → lernen und zur Schule gehen,
- → uns Pausen und Entspannung gönnen,
- → mit jemandem sprechen, wenn wir ein Problem haben (Eltern, Freunde),
- → auf unsere innere Stimme hören.

28 Übung

Gewissenskonflikte lösen I

Alter: für Kinder zwischen 6 und 10+

Ziele:
- ✘ Die Kinder beschäftigen sich mit Gewissenskonflikten.
- ✘ Sie lernen die Bedeutung des Begriffs „Moral“ kennen.
- ✘ Sie denken darüber nach, wie sie sich in bestimmten Situationen verhalten würden.

Material:
- ❖ Friedens-Tagebücher

So geht es:

1. Die Kinder setzen sich in einen Kreis. Sprechen Sie kurz über die Frage: „Habt ihr schon einmal in einer Situation gesteckt, in der ihr entscheiden musstet, was richtig und was falsch ist?“
2. Erzählen Sie von einer Situation, in der Sie selbst in einem Gewissenskonflikt gesteckt haben.
3. Besprechen Sie mit den Kindern den folgenden Fall, den ich selbst einmal erlebt habe: Als meine Söhne 11 und 8 Jahre alt waren, machten wir einen gemeinsamen Stadtbummel. In einer Boutique probierte ich ein Abendkleid zusammen mit einer 250 DM teuren Halskette an. Ich entschied mich jedoch es nicht zu kaufen und wir machten uns auf den Heimweg. Eine halbe Stunde später merkte ich, dass ich immer noch die Kette trug. „Ich habe jetzt keine Zeit umzukehren,“ sagte ich. „Ich gebe die Kette morgen zurück.“ Michael antwortete daraufhin: „Du musst sofort umkehren und die Kette zurückgeben. Es wäre nicht richtig damit zu warten.“ „Mama,“ sagte Tim, „wolltest du die Kette etwa behalten?“ „Ach weißt du, Tim. Eine winzige Sekunde ist mir der Gedanke durch den Kopf geschossen. Aber ich wusste, dass es nicht richtig wäre.“ „Warum nicht?“ fragte er. „Sie hätten dich sowieso nicht geschnappt, und du hättest niemandem damit geschadet.“ „Es wäre aber trotzdem nicht richtig gewesen,“ antwortete ich. „Außerdem, was für ein Vorbild wäre ich damit für euch beiden? Wir wollen uns beeilen und zum Laden zurückfahren, bevor er schließt.“
4. Die Kinder nehmen zu dieser Geschichte Stellung. Fragen Sie, wer von ihnen findet, ich hätte die Kette behalten sollen. Warum? Fragen Sie auch, welche Folgen ein solches Verhalten gehabt hätte.
5. Führen Sie den Begriff „Moral“ als Richtschnur für richtiges und falsches Verhalten ein. Fragen Sie: „Wie wäre die Welt, wenn es keine Moral gäbe, die uns leiten würde?“
6. Lassen Sie die Klasse über folgende Szene nachdenken und ihre Gedanken dazu in ihre Tagebücher eintragen: Peter und Ugur spielen Fußball. Peter schießt, und der Ball kracht in die Scheibe eines Nachbarhauses. Dort ist aber niemand zu Hause. Was sollen die Jungen tun?
7. Wenn die Kinder mögen, können sie etwas zum Thema „Moral“ in ihre Friedens-Tagebücher schreiben.

29
Übung

Gewissenskonflikte lösen II

Alter: für Kinder zwischen 7 und 10+

Ziele:

✘ Die Kinder lernen die Bedeutung von „Integrität“ kennen.
✘ Sie denken über Situationen nach, in denen sie zwischen richtig und falsch unterscheiden müssen.
✘ Sie arbeiten in Teams und lösen gemeinsam einen Gewissenskonflikt.

Material:

❖ Friedens-Tagebücher
❖ Overhead-Projektor
❖ Szenenbeschreibungen: „Wie soll Karen sich verhalten?“ „Was soll Johannes tun?“ (s.S. 130) auf Folien kopieren
❖ Für alle Gruppen Papier und Stifte
❖ Notizpapier und Klemmbrett für den Lehrer/Erzieher

So geht es:

1. Die Kinder bilden einen Kreis. Sprechen Sie mit ihnen über die Begriffe „Moral“ und „Konsequenzen“. Führen Sie den Begriff „Integrität“ ein (integer sein = anständig, rechtschaffen, unbestechlich sein). Fragen Sie die Kinder, ob ihnen einer dieser Begriffe persönlich wichtig ist.
2. Fragen Sie, was den Kindern seit der letzten Stunde zum Thema Moral oder moralisches Verhalten eingefallen ist. Fragen Sie, ob jemand seinen Tagebucheintrag aus der letzten Stunde vorlesen und besprechen möchte.
3. Sagen Sie: „Wir bilden jetzt Vierergruppen. Überlegt gemeinsam in eurem Team, wie ihr euch in verschiedenen Situationen verhalten würdet, in denen eine moralische Entscheidung getroffen werden muss. Denkt darüber nach, was ihr selbst in einer solchen Situation tun würdet. Seid ehrlich zu euch selbst und zu den anderen in eurer Gruppe. Entscheidet euch nicht für eine bestimmte Antwort, nur weil ihr glaubt, dass die anderen sie hören wollen.“ Achten Sie darauf, dass dieser Punkt allen klar ist.
4. Bitten Sie die Kinder in Vierergruppen zu gehen und verteilen Sie folgende Aufgabenbereiche, bevor Sie beginnen:
   • ein Gruppenleiter;
   • ein Protokollant, der die Entscheidungen der Gruppe schriftlich festhält und im Plenum darüber berichtet;
   • zwei Kinder, die den anderen Anerkennung für ihre Beiträge zeigen und ihnen für die Beteiligung danken. Sie ermuntern auch diejenigen, die sich zurückhalten. Erklären Sie jeden Aufgabenbereich genau, und geben Sie Beispiele, bevor Sie die Kinder beginnen lassen. Erinnern Sie sie daran, dass sie durch ihre Zusammenarbeit zeigen sollen, wie viel sie schon vom Friedenschaffen verstehen.

Beachten Sie:
Wenn die Kinder in kooperativen Gruppen arbeiten, ist es besser, sie mehrere Wochen lang die gleichen Aufgabenbereiche übernehmen zu lassen, bevor sie sich abwechseln. Auf diese Weise werden sie mit ihren Rollen vertraut. Übrigens eignet sich diese Arbeitsweise für die verschiedensten Inhalte.

5. Stellen Sie sich folgende Situation vor. Benutzen Sie dazu eine Folie mit dem Text: „Wie soll Karen sich verhalten?“ (s. S. 130)
6. Geben Sie jeder Gruppe 5–10 Minuten Zeit über diesen Fall zu diskutieren. Gehen Sie von Gruppe zu Gruppe und achten Sie darauf, dass die Kinder bei der Sache bleiben und ihre ehrliche Meinung sagen. Sie können sich Notizen über die Zusammenarbeit der Gruppen machen, die Sie später mit den Kindern besprechen.
7. Lassen Sie die Kinder wieder einen großen Kreis bilden. Bitten Sie die Protokollanten den anderen mitzuteilen, welche Entscheidungen die Gruppe getroffen hat. Sie sollen ihre Entscheidungen auch begründen. Fragen Sie auch nach abweichenden Meinungen. Es ist wichtig, dass verschiedene Gefühle zur Sprache kommen.
8. Während die Kinder sich austauschen, sprechen Sie auch die Zusammenarbeit in der Gruppe an. Bringen Sie den Begriff „Integrität“ ins Spiel. Prüfen Sie, ob die Kinder verstehen, was dieser Begriff mit der soeben diskutierten Situation zu tun hat.
9. Nun folgt eine zweite Szene: „Was soll Johannes tun?“ (s. S. 130)
10. Lassen Sie die Kinder wieder in ihre Gruppen gehen und auch über diese Situation diskutieren.
11. Bitten Sie alle, abschließend noch einmal über die Diskussionen nachzudenken. Die Kinder schreiben in ihre Tagebücher, wie sie sich in den beiden Situationen verhalten hätten.

Szenenbeschreibung 1:

Wie soll Karen sich verhalten?

Herr Walter schreibt mit seiner Klasse ein Diktat. Karen hatte keine Zeit vorher zu üben. Es kommen viele schwierige Wörter vor. Sie möchte aber keine schlechte Note bekommen. Als Herr Walter einmal nicht hinschaut, schielt Karen auf Ingas Blatt und merkt, dass sie alles lesen kann, was Inga geschrieben hat. Inga schreibt immer Einsen. Wie soll Karen sich verhalten?

Szenenbeschreibung zu Übung 29

Szenenbeschreibung 2:

Was soll Johannes tun?

Johannes und Patrick besuchen mit ihren Eltern Familie Gold und deren zweijährigen Sohn Simon. Herr und Frau Gold bitten Johannes und Patrick mit Simon im Kinderzimmer zu spielen. Sie fangen an herumzutoben und Patrick stößt eine teure Lampe um, die dabei kaputtgeht.
Herr Gold kommt ins Zimmer und fragt: „Ist alles in Ordnung?“ „Niemand ist verletzt,“ antwortet Patrick, „Simon ist nur ein bisschen wild geworden und gegen die Lampe gerannt.“ Er zeigt auf die zerbrochenen Überreste. „Tut uns leid, dass das passiert ist, aber wir konnten ihn nicht mehr rechtzeitig festhalten.“ Johannes ist empört, weil er weiß, dass Patrick lügt. Was soll Johannes tun?

30 Übung

Gewissenskonflikte lösen III

Alter: für Kinder zwischen 6 und 10+

Ziele:
- ✗ Die Kinder zeigen, dass sie die Begriffe Moral, Integrität und Konsequenzen verstanden haben.
- ✗ Sie beschäftigen sich jetzt mit ernsthafteren moralischen Fragen und entscheiden, wie man damit umgehen sollte.
- ✗ Sie treffen im Team Entscheidungen.
- ✗ Sie reflektieren in ihren Friedens-Tagebüchern über moralische Fragen.

Material:
- Friedens-Tagebücher
- Szenenbeschreibung: „Wie soll Nina sich verhalten?“ auf Folie kopieren (s. S. 132)
- Overhead-Projektor
- Für alle Gruppen Papier und Stifte
- Notizblock und Klemmbrett für den Lehrer/Erzieher

So geht es:

1. Lassen Sie die Kinder einen Kreis bilden. Fragen Sie, ob ihnen seit der letzten Stunde noch etwas zum Thema Integrität eingefallen ist. Prüfen Sie, ob jemand seinen Tagebucheintrag zur letzten Übung mitteilen möchte. Diskutieren Sie darüber.
2. Fragen Sie die Kinder, was es bedeutet, moralisch zu handeln? „Welche Konsequenzen hätte es, wenn man sich nicht von einer Moral leiten ließe?“ Sprechen Sie über die Konsequenzen für einen selbst und für andere.
3. Diskutieren Sie folgende Frage: „Welche Probleme würden in unserer Gesellschaft entstehen, wenn die Menschen sich nicht von den Grundsätzen der Integrität und Moral leiten ließen?“
4. Kündigen Sie den Kindern an, dass sie sich in Gruppen mit Problemen beschäftigen werden, vor denen Kinder manchmal stehen. Sagen Sie, dass sie die gleichen Aufgabenbereiche übernehmen sollen wie beim letzten Mal.
5. Zeigen Sie am Overhead-Projektor die Szenenbeschreibung: „Wie soll Nina sich verhalten?“ (s. S. 132)
6. Gehen Sie wie in den beiden vorangegangenen Übungen vor. Die Kinder beschäftigen sich in ihren Gruppen mit dieser Szene. Der Lehrer/Erzieher geht von Gruppe zu Gruppe. Lassen Sie die Kinder dann wieder einen großen Kreis bilden, um sich auszutauschen und Rückblick zu halten. Achten Sie darauf, dass in der Diskussion die Begriffe Integrität und Konsequenz herausgearbeitet werden.
7. Bitten Sie die Kinder darüber zu schreiben, wie sie sich an Ninas Stelle verhalten hätten. Lassen Sie sie auch darüber schreiben, welche Konsequenzen es haben würde, wenn sie auf Marks Vorschlag eingehen würde.

Beachten Sie:
Wenn die Kinder in kooperativen Gruppen arbeiten, ist es besser, sie mehrere Wochen lang die gleichen Aufgabenbereiche übernehmen zu lassen, bevor sie sich abwechseln. Auf diese Weise werden sie mit ihren Rollen vertraut. Übrigens eignet sich diese Arbeitsweise für die verschiedensten Inhalte.

Szenenbeschreibung 3:

Wie soll Nina sich verhalten?

Mark und Nina sind auf dem Schulhof. Es ist Samstag und niemand sonst ist dort. Mark sagt: „Guck mal, was ich mitgebracht habe,“ und zieht zwei Zigaretten aus der Tasche. „Woher hast du die?“ fragt Nina. „Du weißt doch, dass Zigaretten dir schaden.“ „Sei doch kein Baby,“ sagt Mark und lacht. „Ich hab' sie aus der Manteltasche meiner Mutter genommen, bevor sie zur Arbeit ging. Sie merkt nicht, dass sie fehlen. Außerdem ist Rauchen cool. Meine Mutter raucht und mein Bruder auch. Hier, nimm eine!“ Wie sollte Nina sich verhalten?

Szenenbeschreibung 4:

Was soll Joschi tun?

Toni wird nach der Schule zu Joschi nach Hause eingeladen. Joschi gehört zu den „coolen Typen“. Toni durfte vorher noch nie bei ihren Treffen dabei sein. Eine lärmende Gruppe von Kindern hat sich überall im Haus verteilt. Joschis Eltern sind noch nicht von der Arbeit zurück. Als Toni in die Küche kommt, sieht er, wie einige Kinder Schnaps aus einer Flasche trinken, die sie aus dem Kühlschrank geholt haben. Toni schaut sie an und fragt: „Was ist mit Joschis Eltern?“ „Ist doch cool, Mann,“ sagt Linda. „Joschis Eltern kommen erst spät. Sie können uns überhaupt nicht erwischen.“ Sie reicht Toni die Flasche. Er zögert und sieht ein bisschen nervös aus. Eins der anderen Kinder sagt: „Stell dich nicht an, nimm schon einen Schluck.“ Toni weiß nicht, was er tun soll. Er ist doch erst im vierten Schuljahr und weiß, dass er noch keinen Alkohol trinken darf. Andererseits möchte er aber auch, dass die anderen ihn mögen. Was soll Toni tun?

31

Übung

Gewissenskonflikte lösen IV

Alter: für Kinder zwischen 8 und 10+

Ziele:

✘ Die Kinder zeigen, dass sie die Begriffe Integrität, Moral und Konsequenzen verstanden haben.
✘ Sie beschäftigen sich mit einem schwierigen moralischen Problem und denken darüber nach, wie ein solches Problem geregelt werden sollte.
✘ Sie arbeiten in Gruppen, um gemeinsam eine Entscheidung zu treffen.
✘ Sie schreiben in ihre Tagebücher, wie sie mit einem schwierigen moralischen Problem umgehen würden.

Material:

❖ Friedens-Tagebücher
❖ Overhead-Projektor
❖ Szenenbeschreibung: „Was soll Joschi tun?" (s. S. 132) auf Folie kopieren
❖ Papier und Stifte für alle Gruppen
❖ Notizblock und Klemmbrett für den Lehrer/Erzieher

So geht es:

1. Bitten Sie die Kinder sich in einen Kreis zu setzen und die Tagebucheinträge zur letzten Stunde auszutauschen (ein solcher Austausch ist immer freiwillig). Lassen Sie sie zu den Einträgen der anderen Stellung nehmen.
2. Sprechen Sie die Fragen von Integrität und Konsequenzen an, soweit sie bei der Besprechung der Tagebucheinträge eine Rolle spielen. Ab jetzt sollten die Kinder zeigen, dass sie diese beiden Konzepte wirklich verstanden haben.
3. Fragen Sie, ob der Austausch hilfreich gewesen ist und was sie daraus gelernt haben.
4. Bitten Sie die Kinder wieder in ihre Teams zu gehen. Zeigen Sie auf dem Overhead-Projektor die Szenenbeschreibung: „Was soll Joschi tun?" (s. S. 132)
5. Gehen Sie vor, wie in den vorangegangenen Übungen. Bitten Sie die Kinder sich in ihren Teams mit dem Fall zu beschäftigen, während Sie selbst von einer Gruppe zur anderen gehen.
6. Anschließend diskutieren alle im großen Kreis über die Entscheidungen und Einsichten, zu denen sie im Team gekommen sind. Bringen Sie erneut die Begriffe Integrität und Konsequenzen ins Gespräch.
7. Lassen Sie die Kinder in ihre Tagebücher eintragen, wie sie sich an Tonis Stelle verhalten hätten und warum. Verabreden Sie einen späteren Zeitpunkt innerhalb der Woche, zu dem die Kinder ihre Tagebucheinträge, Gedanken und Einsichten austauschen.

32
Übung

Wir tun etwas für die Gemeinschaft oder die Umwelt

Alter: für Kinder zwischen 8 und 10+

Ziele:
- ✗ Die Kinder werten einen Zeitungsartikel zu einem aktuellen Ereignis (Thema Frieden oder Umwelt) aus.
- ✗ Sie ziehen aus den Informationen, die der Artikel liefert, ihre eigenen Schlussfolgerungen.
- ✗ Sie suchen im Brainstorming nach Lösungen für Probleme, die im Artikel angesprochen werden.
- ✗ Sie versuchen in Gruppen zu einer Einigung zu kommen.

Material:
- ❖ Ein großes Plakat mit der Überschrift: „So informiere ich mich richtig“
- ❖ Ein Artikel zu einem aktuellen Ereignis, den sie besorgt haben
- ❖ Artikel zu einem aktuellen Ereignis, die die Kinder gesammelt haben
- ❖ Für jede Fünfergruppe ein Blatt in DIN-A4-Größe
- ❖ Ein Filzstift pro Gruppe

Beachten Sie:
Bevor Sie mit dieser Übung beginnen, sollten Sie den Elternbrief zum Thema „Aktuelle Ereignisse“ (s. S. 136) mit der Klasse/Gruppe besprechen und an die Eltern weitergeben.

So geht es:

1. Die Kinder nehmen ihre gesammelten Zeitungsartikel mit in den Kreis. Fragen Sie: „Kennt ihr den Ausdruck, ‚einen Beitrag leisten‘? Was versteht man darunter?“ Lassen Sie die Kinder herausarbeiten, was damit gemeint ist: dass Menschen etwas von sich selbst geben, um jemand anderem oder der Gemeinschaft zu helfen.
2. Fragen Sie: „Kennt ihr jemanden, der etwas für die Gemeinschaft oder auch für die Umwelt getan und so einen Beitrag geleistet hat?“ Sprechen Sie kurz darüber.
3. Betonen Sie, dass alle einen Beitrag leisten können und sich dazu gut informieren müssen. Erklären Sie, was es heißt gut informiert zu sein. „Als Bürger unseres Landes und Mitglieder der Weltgemeinschaft haben wir viele verschiedene Informationsmöglichkeiten. Welche Möglichkeiten sind das?“ Tragen Sie die Ideen der Kinder auf ein Plakat mit der Überschrift: „So informiere ich mich richtig“ ein. Mögliche Beispiele: Zeitung lesen, Radio hören, Fernsehnachrichten ansehen, mit der Klasse/Gruppe und der Familie diskutieren, Informationsveranstaltungen besuchen.

4. Sagen Sie: „Durch die Informationen aus eurem Zeitungsartikel seid ihr jetzt alle besser informiert." Bitten Sie die Kinder, sich mit dem Nachbarn über die Artikel auszutauschen, die sie ausgesucht haben.
5. Sagen Sie: „Heute wollen wir uns über das Thema ... (Das Thema des Artikels, den Sie ausgesucht haben) informieren. Ich werde euch jetzt den Zeitungsartikel vorlesen, den ich mitgebracht habe. Anschließend möchte ich mit euch über Lösungsmöglichkeiten des Problems diskutieren. Ihr sollt überlegen, wie man das Problem lösen könnte, das in dem Artikel angesprochen wird."
6. Nachdem Sie den Artikel vorgelesen haben, erklären Sie alle schwierigen Begriffe, die darin vorkommen. Am besten geben Sie den Kindern vorher einige Hintergrundinformationen zum Thema. Artikel mit Bildern verstehen die Kinder eher. Für jüngere Kinder müssen Sie eventuell den ganzen Artikel zusammenfassen.
7. Sprechen Sie mit ihnen über den Artikel. Fragen Sie: „Welches Problem steht im Mittelpunkt?"
8. Jeweils vier bis fünf Kinder bilden eine „Problemlösungs-Gruppe". Tragen Sie ihnen auf, in ihren Gruppen über Lösungsmöglichkeiten zu diskutieren.
9. Bitten Sie die Gruppenmitglieder einen Leiter zu wählen. Dabei sollen sie leise, friedlich und schnell zu einer Entscheidung kommen. Lassen Sie sie das Wahlverfahren selbst bestimmen. Jüngere Kinder können dabei von einem Helfer unterstützt werden.
10. Bitten Sie die Kinder dann nach Lösungen zu suchen. Fragen Sie: „Wie können wir dieses Problem angehen, sodass die Bedürfnisse aller Beteiligten erfüllt werden?" Geben Sie den Kindern sieben bis zehn Minuten Zeit im Brainstorming Ideen zu sammeln, sie aufzuschreiben und zu diskutieren. Gehen Sie von Gruppe zu Gruppe und assistieren Sie.
11. Wenn die Zeit abgelaufen ist, bitten Sie die Gruppen sich für eine der Lösungen zu entscheiden. Geben Sie ihnen dazu wieder einige Minuten Zeit. Sagen Sie den Kindern, dass die Einigung ruhig und fair erzielt werden muss, sodass niemand verliert. Erinnern Sie sie an die win-win-Methode in Konfliktsituationen.
12. Überprüfen Sie, wie viele Gruppen nach fünf Minuten wirklich zu einer Einigung gekommen sind. Bitten Sie die Gruppenleiter zu berichten, wie sie sich geeinigt haben oder warum keine Einigung erreicht wurde.
13. Sprechen Sie über den Ablauf des Gruppenprozesses und über die Gefühle der Teilnehmer. Machen Sie den Kindern klar, dass es nicht immer einfach ist in einer Gruppe eine Einigung zu erzielen, besonders wenn sie eine problematische Sache betrifft. Betonen Sie, dass man sich als guter Weltbürger anstrengen muss, um auch in schwierigen Fällen Lösungen zu finden. Betonen Sie auch, dass es keine einfachen Antworten gibt, wir es aber selbst in der Hand haben, Lösungen zu finden.

Beachten Sie:
Es kann sein, dass die im Zeitungsartikel genannten Probleme die Kinder betroffen machen. Ermutigen Sie sie dazu Leserbriefe zu verfassen oder den Menschen zu schreiben, die mit der Sache zu tun haben. So können sie ihre Meinung zum Ausdruck bringen.

Elternbrief zum Thema : „Aktuelle Ereignisse“

Liebe Eltern,

im Laufe dieses Jahres/Schuljahres möchte ich mit den Kindern Übungen zu aktuellen Ereignissen durchführen. Grundlage dafür ist das Programm „Frieden schaffen“. Sie können uns sehr dabei unterstützen, indem Sie Folgendes tun:

a) Geben Sie Ihrem Kind eine Zeitung oder Zeitschrift, die es durchsehen kann.

b) Fragen Sie Ihr Kind, welche Art von Artikel es braucht.

c) Helfen Sie, wenn nötig, Ihrem Kind einen bestimmten Artikel auszusuchen.

d) Achten Sie darauf, dass der Artikel sich für Ihr Kind eignet und nicht zu beängstigend oder kompliziert ist.

e) Lesen Sie den Artikel gemeinsam mit Ihrem Kind und helfen Sie ihm, ihn mündlich zusammenzufassen.

f) Erklären Sie Begriffe oder Gedanken, die nicht vertraut sind.

Heute braucht Ihr Kind einen Artikel zum Thema:

____

Vielen Dank für Ihre Hilfe.

Mit freundlichem Gruß

____

(Name des Lehrers/Erziehers)

Unsere ganz besonderen Wunschträume

Alter: für Kinder zwischen 6 und 10+

Ziele:

✗ Die Kinder entdecken persönliche Träume oder etwas, von dem sie fest überzeugt sind.

✗ Sie überlegen, woran sie glauben und zeichnen oder schreiben anschließend etwas dazu.

Material:

❖ Ein Plakat mit der Überschrift:

> „Wenn du gewinnen willst, musst du zuerst daran glauben, dass du es schaffen kannst. Danach ist harte Arbeit, Glück und die Unterstützung durch andere nötig."
>
> *Wilma Rudolph*

❖ Der Text: „Der Traum vom Gewinnen" über die Läuferin Wilma Rudolph (s. S. 139)

❖ Wolken-Schablonen, Wolle, Watte, Kleister, weißes DIN-A4-Papier oder große weiße Blätter für Freihand-Zeichnungen

❖ Ein Kassettenrekorder und eine unbespielte Kassette

❖ Friedens-Tagebücher, Stifte, Buntstifte

So geht es:

1. Lassen Sie die Kinder einen Kreis bilden und ein paarmal tief aus- und einatmen.
2. Sagen Sie: „Heute sprechen wir über etwas, von dem wir besonders überzeugt sind." Erklären Sie, dass Sie dabei an ein bestimmtes Ziel denken, das jeder Einzelne in seinem Leben erreichen will.
3. Lesen Sie das Zitat von Wilma Rudolph über das Gewinnen vor. Erklären Sie, dass Wilma Rudolph davon geträumt hat, einen Lauf zu gewinnen. Sie begann davon zu träumen, als sie nicht einmal allein gehen konnte. Erklären Sie, dass Gewinnen nicht unbedingt bedeutet jemand anderen zu besiegen. Menschen können auch gewinnen, ohne jemand anderem eine Niederlage beizubringen.
4. Lesen Sie den Text „Der Traum vom Gewinnen" über Wilma Rudolph (s. S. 139) und diskutieren Sie darüber.
5. Fragen Sie die Kinder, welche Träume oder Ideen sie selbst haben. Sagen Sie, dass es schön ist, an irgendetwas Positives zu glauben, und dass nichts so unrealistisch ist, dass man nicht wünschen dürfte es zu erreichen. „Wilma Rudolphs Wunschtraum, bei einem Lauf-Wettbewerb mitzumachen und ihn zu gewinnen, entstand zu einem Zeitpunkt, als sie nicht einmal gehen konnte. Ihr Traum gab ihr die Kraft und Hoffnung vorwärts zu kommen." Fragen Sie die Kinder, woran sie selbst glauben.

6. Lassen Sie die Kinder darüber nachdenken, woran sie selbst glauben. Wiederholen Sie immer wieder, dass keine Idee zu abwegig ist. Sagen Sie: „Einige der wunderbarsten Erfindungen und Errungenschaften auf der Welt sind aus ausgefallenen Ideen entstanden."
7. Geben Sie den Kindern einige Minuten Zeit nachzudenken. Stellen Sie eine Leitfrage: „Was ist das für eine Sache, an die ihr glaubt? Seid ihr mit anderen zusammen oder allein? Was ist es für ein Gefühl, wenn ihr euch jetzt in eurem Traum bewegt?"
8. Lassen Sie die Kinder der Reihe nach erzählen. Nehmen Sie ihre Äußerungen auf Kassette auf. Bestätigen Sie das, woran die Kinder glauben, indem Sie ihnen für ihre Beiträge danken.
9. Lassen Sie die Kinder Wolken malen, um den Rand der Wolken können sie Wolle oder Watte kleben (s. u.). In die Wolken malen oder schreiben die Kinder ihre Wünsche. Hängen Sie die Bilder auf.
10. Lassen Sie die Kinder in Kleingruppen über ihre Wunschträume sprechen.
11. Sie können auch einen Tagebucheintrag zum Thema „Woran ich persönlich glaube" formulieren. Die älteren Kinder schreiben etwas darüber, die jüngeren zeichnen Wunschträume, die sie noch nicht in die Wolken gemalt haben.

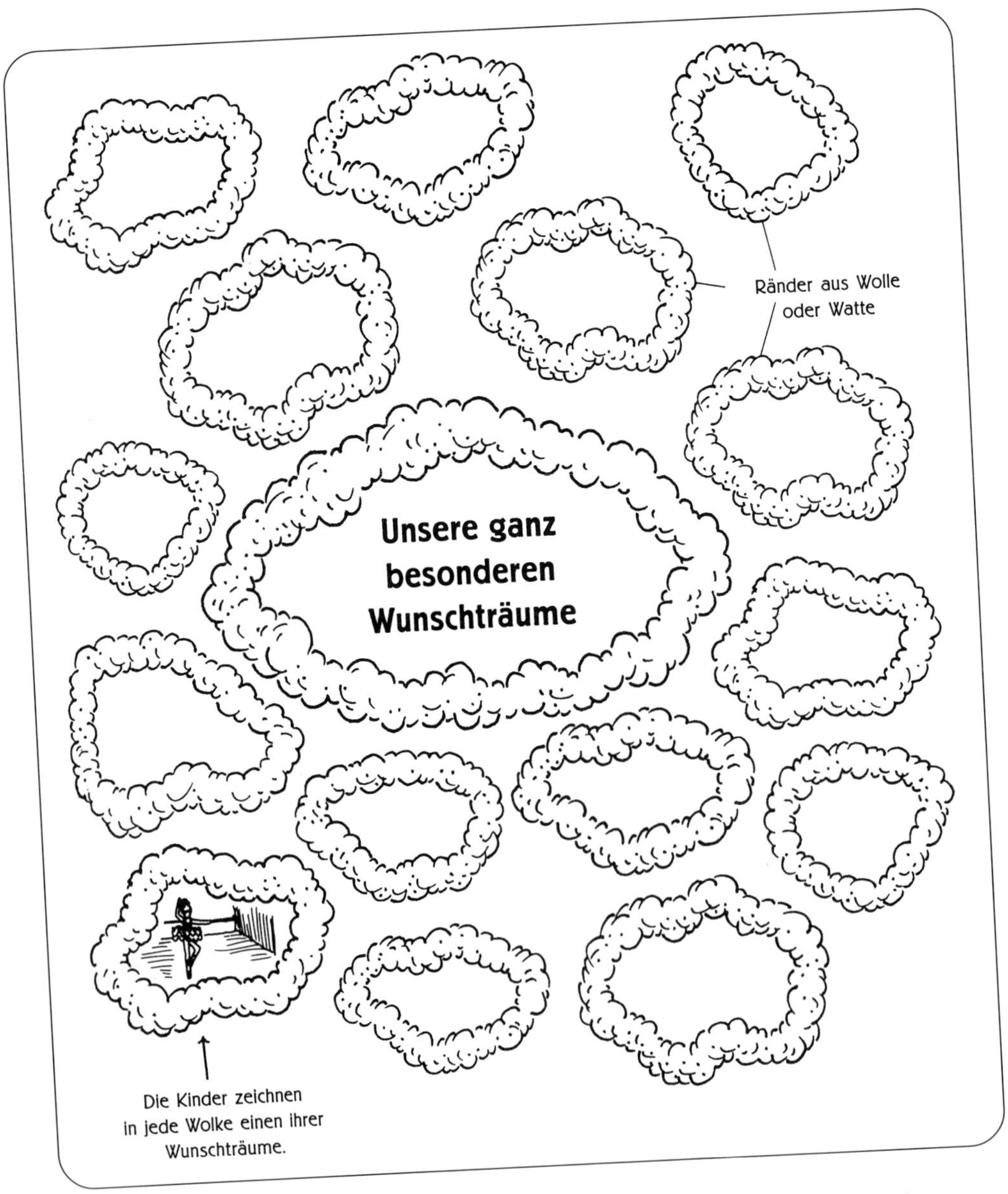

Der Traum vom Gewinnen

Über Wilma Rudolph (1940–1994)

Könnt ihr euch vorstellen, was es heißt nicht mehr gehen zu können? Genau das passierte Wilma Rudolph, als sie vier Jahre alt war. Sie erkrankte an Lungenentzündung, Scharlach und Kinderlähmung gleichzeitig. Sie war sehr krank und wäre beinah gestorben. Ihr linkes Bein wurde so schwach, dass sie nicht mehr laufen konnte. Wilma ließ sich jedoch nicht unterkriegen. Obwohl sie gezwungen war, den ganzen Tag im Rollstuhl zu sitzen, versuchte sie auch weiter mit all ihren Freundinnen zu spielen. Weil sie die Hoffnung nicht verlor, hielt sie durch. Sie war davon überzeugt, dass sie eines Tages wieder laufen würde.

Zu Wilmas Glück wurde sie von ihrer Familie sehr geliebt. Beide Elternteile arbeiteten den ganzen Tag und hatten nur einen Tag in der Woche frei. An diesem Tag fuhr ihre Mutter sie zum Arzt ins 65 Kilometer entfernte Krankenhaus. Der Arzt massierte Wilmas Bein, damit es kräftiger wurde. Wilma hatte 18 Geschwister! Die Mutter brachte Dreien von ihnen bei, wie sie Wilmas Bein massieren sollten. Sie massierten sie vier Mal täglich.

Allmählich wurde Wilma kräftiger. Mit sechs Jahren bekam sie ein Paar Spezialschuhe. So konnte sie aufstehen und auf einem Bein herumhüpfen. Als sie elf Jahre alt war, konnte sie schließlich ganz allein laufen, ohne Spezialschuhe. Ihre Hoffnung hatte ihr geholfen durchzuhalten!

Von dem Augenblick an, in dem Wilma allein gehen konnte, war sie nicht mehr zu bremsen. Sie fing an, Basketball zu spielen und wurde bald in die Schulmannschaft aufgenommen. Sie war groß und schlank. Sie rannte schneller als alle anderen über das Spielfeld, um Korbleger zu machen. In ihrem zweiten Studienjahr machte sie 803 Punkte in 25 Spielen – eine erstaunliche Leistung!

Noch erstaunlicher war ihre Leistung bei Laufwettbewerben. Ihr Laufstil war beeindruckend. Jemand beschrieb ihn einmal als „locker und süß“. Ihr Körper schien zu fließen. Ihre Arme schwangen im Rhythmus mit. Sie schien schneller zu sein als jede andere Läuferin auf der Welt.

Wilma wollte beweisen, dass sie die Beste war. Mit sechzehn nahm sie an der Olympiade teil. Ihre Staffel wurde Dritte und gewann Bronze. Beim 200-Meter-Lauf hatte sie jedoch überhaupt keinen Erfolg.

Die nächsten vier Jahre verbrachte Wilma mit Trainieren. Sie zwang sich jeden Tag zu laufen und immer noch mehr zu laufen. Bei den olympischen Spielen von 1960 war Wilma so weit. Sie nahm an allen Laufereignissen teil. Schließlich erntete sie drei Goldmedaillen, ein neuer Rekord! Ihr Team landete auf dem ersten Platz im 400-Meter-Staffellauf. Sie selbst gewann über 100 und 200 Meter.

Die Welt hatte sich in Wilma verliebt. Die Menschen in Russland nannten sie „Königin der Olympiade“. In Frankreich war sie die „Gazelle“ und die Italiener riefen sie „Schwarze Perle“.

Nur 16 Jahre vorher war die schnellste Frau der Welt nicht einmal in der Lage gewesen zu gehen. Die Welt wird den Triumph Wilma Rudolphs nie vergessen. Später war Wilma Rudolph Vorsitzende der Wilma-Rudolph-Stiftung. Die Stiftung hat sich zum Ziel gesetzt, junge Menschen zu unterstützen, damit sie ihre Träume verfolgen und zu erfolgreichen Sportlern werden können. Aber auch Charakter und Selbstvertrauen sollen gestärkt werden. Wilma Rudolph starb 1994 54-jährig in Brentwood (Tennessee) an einem Gehirntumor.

34
Übung

Wir träumen vom friedlichen Miteinander

Alter: für Kinder zwischen 6 und 10+

Ziele:

- ✘ Die Kinder stellen sich eine völlig friedliche Umgebung vor.
- ✘ Sie überlegen, was das Besondere an einer friedlichen Umgebung ist, und wie sie sich von einer nicht-friedlichen unterscheidet.
- ✘ Sie arbeiten gemeinsam an einer Wandzeitung zum Thema: „friedliches Miteinander“

Material:

- ❖ Zwei Plakate mit den Überschriften: „Eine nicht-friedliche Umgebung“/„Eine friedliche Umgebung“
- ❖ Große Blätter für die Wandzeitung – je fünf Kinder arbeiten zusammen
- ❖ Filz- und Buntstifte; weiteres Material zur Gestaltung der Wandzeitung
- ❖ Friedens-Tagebücher

So geht es:

1. Bitten Sie die Kinder sich in einen Kreis zu setzen. Beginnen Sie: „Wir haben darüber gesprochen, dass Frieden mit uns selbst beginnt und unsere Ideen dazu ausgetauscht. Heute wollen wir all diese Ideen verknüpfen und uns vorstellen, wie es wäre, wenn es in unserer Umgebung völlig friedlich zuginge und überlegen, was wir dazu beitragen können.
2. „Stellt euch bitte zunächst einmal das Gegenteil einer friedlichen Umgebung vor.“ Lenken Sie die Aufmerksamkeit der Kinder auf die Vorstellung von einer nicht-friedlichen Umgebung. Bitten Sie die Kinder, einen Moment darüber nachzudenken, wie es in ihrer Schule, in ihrer Gruppe, zu Hause usw. zuginge, wenn es dort nicht friedlich wäre. Fragen Sie: „Wie gehen die Menschen miteinander um, wenn die Atmosphäre nicht friedlich ist? Wie fühlen sie sich in einer solchen Atmosphäre?“ Schreiben Sie die Merkmale einer nicht-friedlichen Umgebung auf das Plakat.
3. Sagen Sie: „Wir wollen uns jetzt eine absolut friedliche Umgebung vorstellen. Sie soll genau so sein, wie ihr es euch wünscht. Keine Idee ist zu ausgefallen. Setzt euren Gedanken also keine Schranken und bewertet sie nicht. Die kreativsten Ideen entstehen oft aus Gedanken, die wir für ‚dumm‘ oder ‚unrealistisch‘ halten. Ihr habt jetzt die Gelegenheit, euch in aller Freiheit etwas auszudenken.“ Geben Sie den Kindern Zeit für Fragen und eine kurze Diskussion.
4. Nun sollen sich die Kinder ihre Schule, Gruppe oder Familie vorstellen, wenn dort alles so wäre, wie sie es sich gewünscht haben. Geben Sie den Kindern eine Minute Zeit still darüber nachzudenken.

5. Sagen Sie: „Stellt euch jetzt die Menschen in dieser friedlichen Umgebung vor. Wie sehen ihre Gesichter aus? Wie behandeln sie einander? Denkt an eure Schule: Wie geht es in den Fluren, den Klassenzimmern und auf dem Pausenhof zu? Denkt an euren Lehrer/Erzieher. Wie gehen Lehrer und Schüler miteinander um?"
6. Fragen Sie: „Mit wem habt ihr in eurer Umgebung zu tun? Mit anderen Kindern, Erwachsenen, den Eltern, Geschwistern? Gibt es auch Haustiere? Wie fühlt ihr euch in eurer Umgebung?" Geben Sie den Kindern ein oder zwei weitere Minuten, um darüber still nachzudenken.
7. Ermutigen Sie die Kinder, ihre Ideen zu einem friedlichen Miteinander in allen Einzelheiten zu beschreiben. Schreiben Sie Stichworte zu diesen Beschreibungen auf ein Plakat mit der Überschrift: „Eine friedliche Umgebung".
8. Bitten Sie die Kinder im Anschluss an die Diskussion Fünfergruppen zu bilden. Geben Sie jedem Team ein großes Blatt Papier für die Wandzeitung, Filz- und Buntstifte. Hier verbinden Sie ihre individuellen Ideen zu Gruppen-Entwürfen. „Nehmt euch ein paar Minuten Zeit, um zu planen, wie eure Wandzeitung zum Thema ‚friedliches Miteinander' aussehen soll. Entscheidet, wer welche Elemente gestaltet. Stifte und Zeichenmaterial werden mit der ganzen Gruppe geteilt. Wenn ihr in Konflikt geratet, dann wendet die win-win-Methode an, um ihn zu lösen. Eure Aufgabe ist es, in 20 Minuten gemeinsam eine Wandzeitung zu erstellen."
9. Lassen Sie die Kinder nun allein in ihren Gruppen arbeiten. Achten Sie auf den Prozess, mit dem sie den Aufbau ihres Wandbildes planen und entwickeln. Sie sollten sich bereit halten, um bei der Vermittlung von Streitigkeiten zu helfen, ohne dass die Kinder sich jedoch zu sehr auf Sie stützen.
10. Am Ende der Stunde stellen alle Gruppen ihre Arbeiten vor. Bitten Sie sie auch zu beschreiben, wie sie sich über die Gestaltung geeinigt haben. Fragen Sie, ob es Konflikte gab und wie die Kinder damit umgegangen sind.
11. Sagen Sie: „Eine friedliche Welt hängt von Menschen wie euch ab, die zusammen an verschiedenen Projekten arbeiten. Wie können wir als einzelner Mensch Verantwortung für eine gute Zusammenarbeit übernehmen?" Diskutieren Sie. „Wie können wir als Einzelne eine friedliche Umgebung nach unserer Vorstellung schaffen?" Bringen Sie die Kinder dazu Eigenverantwortung zu übernehmen. Die Kinder können verschiedene Vorsätze fassen, z.B.: „Ich werde versuchen meine Konflikte zu lösen, statt zu kämpfen," oder „Ich sammle Müll in der Schule und auf dem Schulhof," oder „Wenn neue Kinder an unsere Schule/in unsere Gruppe kommen (oder in unsere Nachbarschaft ziehen), kümmere ich mich um sie, damit sie sich nicht allein fühlen."
12. Lassen Sie die Kinder zum Thema dieser Übung Einträge in ihre Tagebücher schreiben.

35
Übung

Das Netteste an ...

Alter: für Kinder zwischen 6 und 10+

Ziele:

- ✘ Die Kinder loben, was ihnen besonders positiv an anderen Mitschülern/Gruppenmitgliedern auffällt.
- ✘ Sie beobachten, vergleichen und bewerten diese positiven Eigenschaften.

Material:

- ❖ Karteikarten (ca. 8 x 13 cm)
- ❖ Papier, Bunt- oder Filzstifte
- ❖ eine große Gesichtsschablone
- ❖ Wollfäden in verschiedenen Farben (für jedes Kind eine andere)
- ❖ festes Papier (ca. 10 x 15 cm)
- ❖ Scheren

So geht es:

1. Beginnen Sie: „Wir haben darüber gesprochen, dass Frieden mit jedem Einzelnen anfängt. Erinnert ihr euch noch, wie wir uns eine friedliche Schule vorgestellt haben. Zum „Friedlich-Sein" gehört, dass wir einander akzeptieren und bestätigen. Heute werden wir eine Person aus der Klasse in ganz besonderer Weise bestätigen."
2. Sprechen Sie mit den Kindern darüber, dass jeder Mensch irgendeine besonders gute Eigenschaft besitzt und bestimmen Sie ein Kind, das nach vorne kommen darf.
3. Bitten Sie die Gruppe besondere Eigenschaften des „Stars" zu nennen und sprechen Sie darüber.
4. Verteilen Sie die 8x13 cm großen Karteikarten und bitten Sie die Kinder, den Namen desjenigen oben auf die Karte zu schreiben, den Sie nach vorne gebeten haben und nun bestätigen wollen. Unten soll der eigene Name stehen. Im Anschluss an ein Gruppengespräch tragen dann alle eine besondere Eigenschaft dieses Kindes ein. Die Karten werden dann an das Plakat „Das Netteste über ..." (siehe Beispiel auf Seite 143) geheftet.
5. Danach schreibt jeder einen Satz auf die Karteikarte, der eine besondere Eigenschaft des Kindes, das vorne steht, zum Ausdruck bringt, z.B.: „Karen erzählt immer gute Witze und bringt mich zum Lachen." Danach zeichnen die Kinder Selbstporträts auf die weißen, 10x15 cm großen Blätter und schneiden sie aus.
6. Während die Gruppe arbeitet, malt der „Star" der Stunde ein Selbstporträt in die große Gesichtsschablone.
7. Befestigen Sie das große Selbstporträt auf dem Plakat. Um dieses Gesicht herum gruppieren Sie die Karteikarten mit den Eigenschaften und die kleinen Porträts. Verbinden Sie die einzelnen Karteikarten und das große Porträt in der Mitte mit Wollfäden.
8. Wenn Sie einen Fotoapparat zur Verfügung haben, können Sie das Plakat ablichten und dem „Star" einen Abzug mit nach Hause geben.

Beachten Sie:
Wiederholen Sie diese Übung wöchentlich einmal, so lange, bis alle einmal im Mittelpunkt stehen durften.

Das Netteste an ...

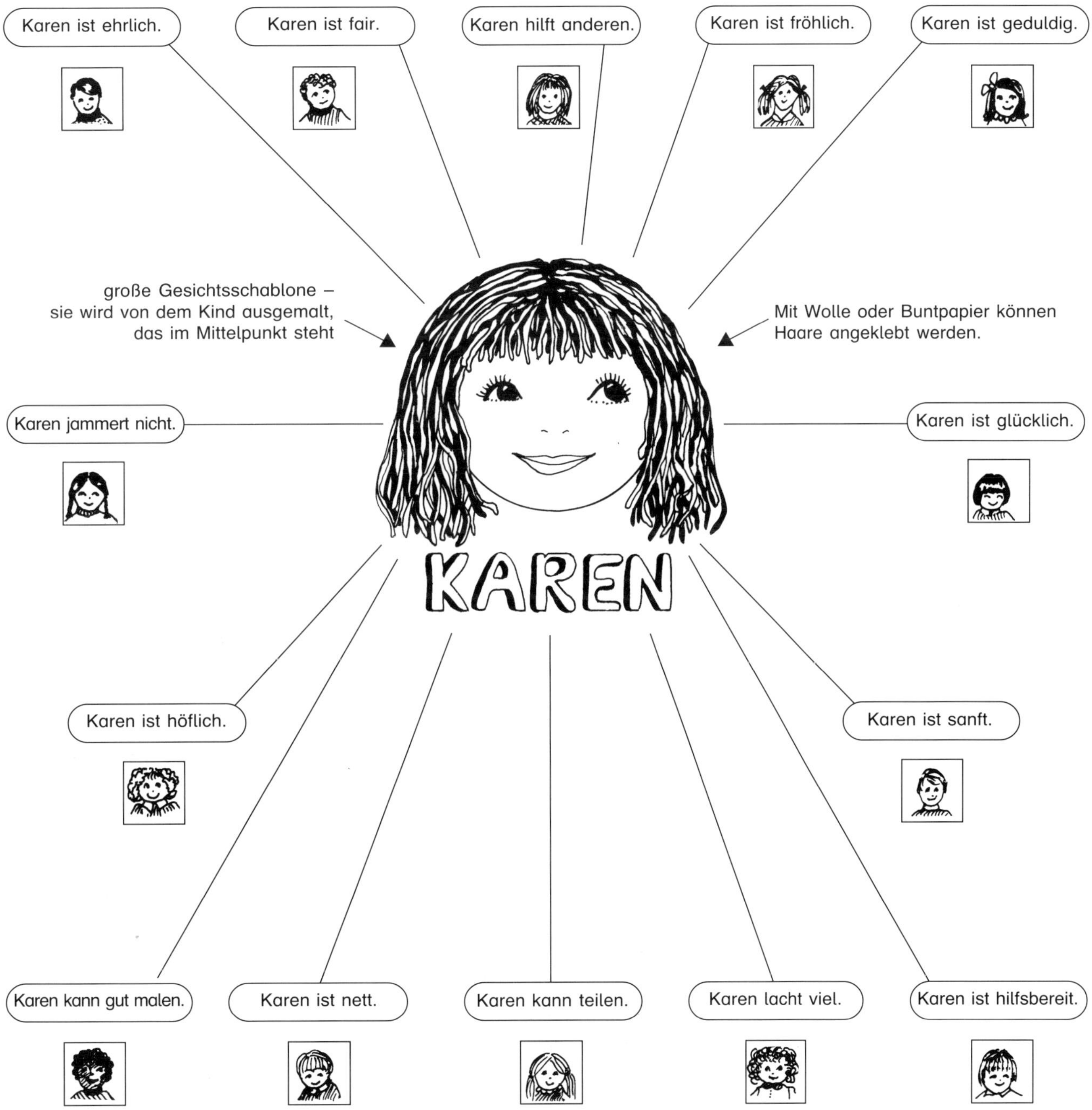

36

Übung

Anders sein

Alter: für Kinder zwischen 6 und 10+

Ziele:

✗ Die Kinder beschäftigen sich eingehend mit der Tatsache, dass alle Menschen sich auf die ein oder andere Weise voneinander unterscheiden, und dass jedes Individuum etwas Besonderes und Einzigartiges ist.
✗ Sie lernen den Wert des Andersseins kennen.
✗ Sie lernen, wie wichtig es ist zu akzeptieren, dass andere anders sind.

Material:

❖ Ein Plakat mit folgendem Zitat:

> „Was gestern noch Traum war, ist heute Hoffnung und wird morgen Wirklichkeit sein."
> *Robert Hutchings Goddard*

❖ Der Text: „Der Traum von unbekannten Welten" über Robert Hutchings Goddard, Pionier der Raumfahrt-Technik (s. S. 146).
❖ Material für einen Schaukasten: Schuhkartons, Kleister, Scheren, Buntstifte, Pfeifenreiniger, Ton, Wäscheklammern usw.

So geht es:

1. Die Kinder bilden einen Kreis und atmen einige Male tief ein und aus. Lassen Sie sie auf die Stille im Raum lauschen und die Ruhe in sich selbst spüren.
2. Beginnen Sie folgendermaßen: „Immer, wenn Menschen etwas Wertvolles geschaffen haben, hat zuerst jemand davon geträumt. Wir können unsere Träume verwirklichen. Ich werde jetzt ein Zitat von einem ganz besonderen Mann namens Robert Hutchings Goddard vorlesen, dessen Traum unser Leben verändert hat." Lesen Sie das Zitat auf dem Plakat vor: „Was gestern noch Traum war, ist heute Hoffnung und wird morgen Wirklichkeit sein." Erklären Sie den Kindern diesen Satz sorgfältig und achten Sie darauf, dass alle ihn verstehen, bevor Sie weitermachen.
3. Kündigen Sie den Kindern an, dass Sie ihnen etwas über Robert Hutchings Goddard und seinen besonderen Traum vorlesen werden. Besprechen Sie aber zuerst die folgenden Punkte:
   a) Wir alle haben Träume.
   b) Unsere Träume sind etwas Besonderes.
   c) Nichts ist zu ausgefallen, als dass man nicht darüber nachdenken dürfte.
   d) Alle wunderbaren Errungenschaften auf der Welt sind aus Träumen von Menschen wie wir entstanden.
4. Sagen Sie: „Ich werde euch jetzt eine Geschichte über Robert Hutchings Goddard vorlesen, dessen Traum die Menschen so ausgefallen fanden, dass sie ihn den ‚Mondmenschen' nannten. Das hielt ihn aber nicht davon ab, seinen Traum zu verwirklichen."

5. Lesen Sie den Text: „Der Traum von unbekannten Welten“ (s. S. 146) vor, und sprechen Sie darüber.
6. Fragen Sie die Kinder: „Habt ihr auch manchmal das Gefühl, dass ihr anders seid als andere? Warum?“ Diskutieren Sie und hören Sie zu. Wiederholen Sie dabei, dass jedes Kind etwas Besonderes ist, und dass es schön ist, anders zu sein. Betonen Sie auch, dass es wichtig ist, die Andersartigkeit der anderen zu akzeptieren, und dass dies zum Friedenschaffen dazu gehört.
7. Diskutieren Sie die Frage: „Was wäre heute anders, wenn Robert Hutchings Goddard seinen Traum aufgegeben hätte, nachdem die Menschen sich über ihn lustig gemacht hatten?“ Weisen Sie immer wieder auf Goddards Mut, die Bedeutung seines Traumes und seinen Willen hin, vor Hindernissen nicht gleich aufzugeben. Sprechen Sie darüber, was es heißt, nicht aufzugeben. Erzählen Sie den Kindern, was es für Sie persönlich bedeutet. Fragen Sie, was es für die Kinder bedeutet.
8. Fragen Sie: „Habt ihr schon einmal einen Traum wegen eines anderen Menschen aufgegeben?“ Hier bietet sich die Gelegenheit von einem persönlichen Traum zu erzählen, den Sie wegen der Einstellung eines anderen oder aufgrund negativer Reaktionen aufgegeben haben.
9. Betonen Sie den Wert von Akzeptanz, Unterstützung und gegenseitiger Fürsorge. Fragen Sie: „Wie können wir uns gegenseitig in unseren Träumen bestätigen?“
10. Sagen Sie: „Viele von uns träumen davon, die Welt zu einem besseren Ort zu machen. Wie möchtet ihr die Welt verbessern? Welche Art von Veränderungen würdet ihr vornehmen?“ Erzählen Sie zunächst von Ihren eigenen Träumen. Lassen Sie dann die Kinder über ihre Vorstellungen von einer besseren Welt diskutieren.
11. Zum Ende fertigen die Kinder Schaukästen zum Thema „Mein Traum von einer besseren Welt“ an. Sie können dies zu Hause oder in der Schule tun. Dazu benutzen sie Schuh- oder Geschenkkartons und verschiedenes Material (Stoff, Pfeifenreiniger, Ton, Bilder aus Zeitschriften, Wäscheklammern, Kleister, Buntstifte usw.).
12. Nachdem die Schaukästen fertig sind, lassen Sie die Kinder darüber diskutieren und über die Träume sprechen, die sie darin dargestellt haben. Stellen Sie die Schaukästen aus und laden Sie andere Klassen/Gruppen dazu ein, sie anzusehen und sich von den Träumen erzählen zu lassen, die sie inspiriert haben.

Der Traum von unbekannten Welten

Über Robert Hutchings Goddard (1882–1945)

Als Junge wurde Robert Goddard von den Leuten gehänselt, weil sie ihn eigenartig fanden: Er war ganz verrückt nach Maschinen. Sobald er sprechen konnte, begann er wissenschaftliche Fragen zu stellen. Er machte auch Experimente. Einmal bastelte er einen Helium-Ballon, der aber nicht vom Boden wegkam.

Robert träumte ständig von weit entfernten Orten und unbekannten Welten. Seine Lieblingsgeschichte war die über den Krieg der Welten gegen eine Invasion vom Mars. Einer von Roberts Tagträumen war so lebendig, dass er ihn für Wirklichkeit hielt. Das geschah, als er 17 Jahre alt war. Er kletterte gerade auf einen Kirschbaum im Garten seiner Großmutter, um einen abgestorbenen Ast zu entfernen. Er schaute in den Himmel. Plötzlich stellte er sich vor, er säße in einer fliegenden Maschine. Die Maschine konnte die Schwerkraft überwinden und in den Weltraum vordringen. Robert hatte das Gefühl zum Mond zu fliegen!

Den Rest seines Lebens verbrachte Robert damit an der Verwirklichung dieses Traumes zu arbeiten. Er studierte zuerst Physik, die Wissenschaft von der Energie und Bewegung. Dann fing er damit an seine eigenen Raketen zu bauen und abzuschießen und erregte damit Aufmerksamkeit. Die Menschen dachten, Goddard sei verrückt. In den Zeitungen wurde er der „Mondmensch" genannt. Sein Heimatstaat Massachusetts in den USA verbot sogar seine Raketenstarts, aus Angst, dass sie Flächenbrände auslösen könnten.

Goddard hatte aber auch noch mit anderen Problemen zu kämpfen. Er war oft krank. Sein Körper war dünn und zerbrechlich. Die meiste Zeit seines Lebens litt er an Tuberkulose, einer Lungenkrankheit. Er gab jedoch nicht auf. Schließlich fand er ein paar Menschen, die an seinen Traum glaubten. Das half ihm seine Experimente fortzusetzen.

Viele dieser Experimente misslangen. Er kam dem Ziel, eine Rakete auf den Mond zu schießen, niemals wirklich nah. Der Mond befindet sich 384 000 Kilometer von der Erde entfernt. Goddards größte Rakete kam jedoch nur 2 700 Meter hoch – nicht einmal ganz drei Kilometer. Trotzdem wurde Robert Goddard als Vater der modernen Raumfahrt bekannt. Er meldete Patente für 200 Raketenerfindungen an. Zwei seiner Entdeckungen waren besonders wichtig. Im Weltraum gibt es kaum Luft, er ist fast ein Vakuum.

Goddard war der Erste, der bewies, dass eine Rakete im luftleeren Raum fliegen kann. Er entdeckte auch den ersten haltbaren Raketentreibstoff, der die moderne Raumfahrt erst möglich macht.

Als Goddard 1945 starb, glaubte er immer noch an seinen Traum von unbekannten Welten. Er war sicher, dass die Menschen eines Tages zum Mond fliegen könnten.

37 Übung

Jeder Mensch ist anders

Alter: für Kinder zwischen 6 und 10+

Ziele:

- ✗ Die Kinder beschäftigen sich mit der Verschiedenheit der Menschen und dem Umgang mit Andersartigkeit.
- ✗ Sie zeigen, wie sie in der Vergangenheit mit Andersartigkeit (in Bezug auf Herkunft, Geschlecht, Kultur, Alter, Behinderung, Religion usw.) umgegangen sind.
- ✗ Sie lernen, dass sie als Friedensstifter die Andersartigkeit der anderen akzeptieren müssen.
- ✗ Sie arbeiten gemeinsam an einem Wandbild.

Material:

- ❖ Das Gedicht: „Wir alle sind verschieden“ (s. S. 149)
- ❖ Fotos aus Zeitschriften mit Abbildungen von Menschen, die sich in Bezug auf Hautfarbe, Herkunft, Alter oder Geschlecht unterscheiden. Auch Fotos von Behinderten sind geeignet.
- ❖ Kleister, Scheren
- ❖ Große Papierbögen für ein Wandbild mit der Überschrift: „Jeder Mensch ist anders“. Das Papier sollte so groß sein, dass jedes Kind mehrere Fotos aufkleben kann. Achten Sie auf genug Platz, um das Wandbild aufhängen zu können.

So geht es:

1. Bitten Sie die Kinder sich in einen Kreis zu setzen. Atmen Sie gemeinsam einige Male ein und aus, und lesen Sie dann das Gedicht „Wir alle sind verschieden“ vor. Sprechen Sie über den Gedanken, dass Menschen sich voneinander unterscheiden. Fragen Sie, welche Unterschiede in dem Gedicht angesprochen werden. Fragen Sie: „Wie fühlt ihr euch, wenn ihr mit Menschen zusammen seid, die anders sind als ihr selbst?“ Diskutieren Sie: „Ist es in Ordnung, dass die Menschen sich voneinander unterscheiden, oder wäre es besser, wenn wir alle gleich wären?“ Schreiben Sie folgenden Begriffe an die Tafel: Herkunft, Hautfarbe, Geschlecht, Behinderung, Religion. Erklären Sie die Bedeutung der einzelnen Begriffe und fragen Sie, wie Menschen auf solche Unterschiede bei anderen reagieren.
2. Bitten Sie die Kinder sich an den jeweiligen Nachbarn zu wenden: „Seht euren Partner an. Wie unterscheidet er sich von euch?“ Sprechen Sie gemeinsam darüber.
3. Fragen Sie die Kinder: „Welche Unterschiede zu euch habt ihr an eurem Partner bemerkt?“ Wiederholen Sie immer wieder, dass wir alle uns auf vielfältige Weise voneinander unterscheiden.
4. Fragen Sie: „Habt ihr schon einmal jemanden gesehen oder kennengelernt, der anders war als ihr? Welche Gefühle hat diese Andersartigkeit bei euch ausgelöst?“ Diskutieren Sie und betonen Sie, dass Gefühle, ganz gleich welche, in Ordnung sind. Es kommt

letztendlich auf unser Verhalten an. Es kann sein, dass die Kinder sich schämen oder schuldig fühlen, weil Andersartigkeit sie abstößt. Lassen Sie sie wissen, dass sie nicht die Einzigen sind, die so empfinden, dass es aber ein wichtiger Lernprozess ist, die Besonderheit und Einzigartigkeit des Einzelnen zu schätzen.

5. Stellen Sie folgende Aussage und Frage zur Diskussion: „Wir sind alle auf irgendeine Weise anders als die anderen. Was ist das für ein Gefühl, wenn andere euch demütigen, weil ihr anders seid?“
6. Diskutieren Sie folgende Frage: „Wenn wir eine friedliche Welt wollen – wie sollten wir dann Menschen behandeln, die wir als anders wahrnehmen? Denkt daran, dass wir alle auf irgendeine Weise anders sind. Wie unterscheidet ihr euch von anderen?“ Führen Sie die Kinder zu der Einsicht, dass es sehr wichtig ist, Verantwortung für das eigene Handeln zu übernehmen und andere zu akzeptieren.
7. Sagen Sie: „Wenn wir uns eine friedliche Welt wünschen, müssen wir selbst damit beginnen andere zu akzeptieren und ihnen Verständnis entgegenzubringen. Können wir von Ländern erwarten, dass sie die Andersartigkeit anderer akzeptieren, wenn wir als Einzelne sie schon nicht akzeptieren können?“ Weisen Sie darauf hin, dass wir dennoch alle den gleichen Wesenskern haben. Wiederholen Sie, dass Frieden mit jedem Einzelnen anfängt.
8. Lassen Sie die Kinder in kleinen Gruppen zusammenarbeiten. Machen Sie den Kindern klar, dass sie im Team arbeiten sollen. Erklären Sie die Bedeutung der Begriffe „Teamarbeit“ und „Kooperation“. Sagen Sie: „Wenn jeder Einzelne von uns die volle Verantwortung dafür übernimmt, dass die Welt so wird, wie wir sie uns wünschen, dann müssen wir Wege finden in kleinen und großen Gruppen zusammenzuarbeiten.“
9. Gemeinsam suchen sie Fotos von Menschen aus, die sich in Hautfarbe, Alter, Geschlecht usw. unterscheiden. Sie schneiden diese Fotos aus. Ermuntern Sie die Gruppen dazu, während der Arbeit darüber zu sprechen, dass man die Verschiedenheit der Menschen akzeptieren muss. Lassen Sie die Kinder ihre Fotos auf das Wandbild „Jeder Mensch ist anders“ aufkleben. Bitten Sie sie zu überlegen, wie sie sich dabei abwechseln können, damit sie sich nicht gegenseitig in die Quere kommen. Beobachten Sie, wie die Kinder dabei vorgehen und sprechen Sie anschließend mit ihnen darüber. Achten Sie darauf, was funktioniert und was nicht.
10. Lassen Sie zum Abschluss die Kinder wiederholen, warum es wichtig ist, dass alle Menschen verschieden sind, und warum wir Andersartigkeit akzeptieren müssen. Betonen Sie schließlich noch einmal, dass Frieden mit jedem Einzelnen anfängt, und dass das Verhalten jedes Menschen zur Veränderung der Welt beiträgt.

Wir alle sind verschieden

Wir alle sind verschieden,
seh'n nicht mal ähnlich aus.
Wir sprechen andere Sprachen,
heißen Ayshe oder Klaus.
Wir alle sind verschieden,
und doch auch wieder gleich,
ob groß, ob klein, ob dick, ob dünn –
ob arm oder ganz reich.
Manch einer staunt, dass Kinder im Rollstuhl spielen,
dass Blinde lesen, Taube sprechen,
nur halt nicht so wie wir.
Sieh einmal in dich selbst hinein,
dann wirst auch du bald merken:
Jeder hat, pass nur mal auf,
irgendwo seine Stärken.
Denn wir alle sind verschieden,
seh'n nicht mal ähnlich aus.
Wir sprechen andere Sprachen,
heißen Ayshe oder Klaus.
Wir alle sind verschieden
und doch auch wieder gleich,
ob taub, ob blind,
ob groß, ob klein, ob dick, ob dünn,
ob arm oder ganz reich.

(aus: „Kids on the Block". Lyrics, Barbara Aiello. Music; Bud Forrest.)

38
Übung

Die eigenen Gefühle

Alter: für Kinder zwischen 6 und 10+

Ziele:

✘ Die Kinder lernen, dass Menschen viele verschiedene Gefühle haben können.
✘ Sie verstehen, dass es wichtig ist, die eigenen Gefühle und die Gefühle anderer zu akzeptieren.
✘ Sie begreifen, dass Menschen mit ihren Gefühlen aber auch verantwortungsbewusst umgehen müssen und ihr Verhalten selbst bestimmen können.
✘ Die Kinder üben „Ich"-Botschaften zu verwenden.

Material:

❖ Gefühlsbilder (s. S. 152/153). Die Kinder können auch noch eigene Bilder von zu Hause mitbringen.
❖ Ein großes Wandbild zum Thema: „Alle Arten von Gefühlen"
❖ Filzstifte für ältere Kinder, Buntstifte für die jüngeren
❖ Ein großes Plakat mit der Überschrift: „Akzeptiere deine Gefühle und entscheide klug über dein Handeln"

So geht es:

1. Lassen Sie die Kinder einen Kreis bilden. Bitten Sie sie über eine Situation zu sprechen, in der sie selbst einmal traurig über etwas waren. Lassen Sie mehrere Kinder erzählen. Bitten Sie die Kinder auch darüber zu reden, wie sie sich gerade in diesem Moment fühlen. Ermuntern Sie sie zu Beiträgen, und akzeptieren Sie alle Antworten.
2. Zeigen Sie die Gefühlsbilder (s. S. 152/153) und sprechen Sie mit den Kindern darüber, welche Gefühle abgebildet sind.
   Wenn Sie den Kindern eine freiere Wahl bei der Beschreibung der Gefühle lassen wollen, sollten Sie vorher mit Tipp-Ex die Beschreibung der Gefühle löschen.
3. Zeigen Sie den Kindern das (noch leere) Wandbild mit dem Titel „Alle Arten von Gefühlen". Bitten Sie sie von verschiedenen Gefühlen zu erzählen, die sie selbst schon einmal erlebt haben.
   Legen Sie das leere Wandbild auf den Boden und verteilen Sie die Stifte. Die Kinder dürfen jetzt alle Gefühle aufschreiben, die sie schon erlebt haben. Geben Sie ihnen dazu fünf bis zehn Minuten Zeit. Jüngere Kinder können Gefühle darstellen, indem sie verschiedene Gesichtsausdrücke malen.
4. Wenn die Zeit abgelaufen ist, bilden die Kinder einen Kreis. Betonen Sie, dass Gefühle ein natürlicher Teil von uns sind. Verweisen Sie auf das Plakat mit der Überschrift: „Akzeptiere deine Gefühle und entscheide klug über dein Handeln". Fragen Sie, was das bedeutet. Betonen Sie den Gedanken, dass Menschen frei über ihr Handeln entscheiden können.
   Beispiel: „Nur weil jemand wütend ist, muss er nicht gleich zuschlagen. Er kann sich dafür entscheiden seine Gefühle auf andere Weise auszudrücken."

5. Betonen Sie: „Als verantwortliche Mitglieder der Gemeinschaft müssen wir uns darüber im Klaren sein, dass unsere Gefühle uns gehören. Niemand kann uns Gefühle aufdrängen. Andere Menschen können zwar bestimmte Gefühle bei uns auslösen, letztendlich bleiben sie aber unser Eigentum. Wir alle sind vollkommene, besondere und wunderbare Menschen, selbst wenn wir wütend sind. Wir sind nicht das Gefühl, das wir gerade empfinden. Wenn wir wütend sind, sind wir nicht schlecht, sondern einfach nur wütend. Vor allem dürfen wir nicht vergessen, dass wir uns selbst für ein bestimmtes Verhalten entscheiden. Wir müssen dies mit Bedacht tun und dabei immer die Gefühle anderer berücksichtigen." Diskutieren Sie über Alternativen, um Wut auszudrücken.
6. Teilen Sie die Kinder in Zweiergruppen ein und bitten Sie die Paare, abwechselnd folgende Sätze zu vervollständigen:

Ich bin glücklich, wenn ____________________

Ich bin traurig, wenn ____________________

Ich bin wütend, wenn ____________________

Ich mache mir Sorgen, wenn ____________________

Ich fühle mich super, wenn ____________________

Diskutieren Sie.

7. Sagen Sie: „Wenn wir mit anderen in einen Konflikt geraten, können eine ganze Reihe von Gefühlen auftauchen. Ihr könnt wütend, ängstlich, frustriert oder traurig sein." Geben Sie ein persönliches Beispiel. Fragen Sie: „Hat jemand von euch kürzlich einen Konflikt erlebt, von dem er uns gern erzählen möchte?" Bitten Sie die Kinder zu beschreiben, wie sie sich in diesem Konflikt gefühlt haben.
8. Suchen Sie eine Konfliktsituation aus, die die Kinder im Rollenspiel darstellen können. Bitten Sie Freiwillige, die verschiedenen Rollen zu übernehmen, benutzen Sie aber keine Namen von wirklichen Personen. Wiederholen Sie die Anleitung für die win-win-Methode.
9. Lassen Sie die Freiwilligen in der Mitte des Raumes den Konflikt darstellen. Helfen Sie ihnen „Ich"-Botschaften zu formulieren.
10. Wenn das Rollenspiel beendet ist, fragen Sie die Klasse/Gruppe: „Glaubt ihr, dass die Dinge, die ihr über Gefühle und Konflikte lernt, euch dabei helfen mit anderen klarzukommen?" Sprechen Sie mit den Kindern darüber.
11. Betonen Sie, dass die Kinder jedes Mal, wenn sie sich dafür entscheiden ihre Streitigkeiten ohne Gewalt beizulegen, helfen die Welt friedlicher zu gestalten. Sagen Sie: „Stellt euch vor, wie es wäre, wenn alle Menschen ihre Konflikte gewaltlos austragen würden. Wie sähe die Welt dann aus?" Lassen Sie die Kinder darüber sprechen.

Gefühlsbilder I

Bilder aus: **Hallo, wie geht es dir?** – Gefühle ausdrücken lernen.
Zu beziehen beim Verlag an der Ruhr, Best.-Nr. 2180

Gefühlsbilder II

Bilder aus: **Hallo, wie geht es dir?** – Gefühle ausdrücken lernen.
Zu beziehen beim Verlag an der Ruhr, Best.-Nr. 2180

39

Übung

Mein Freund ist anders als ich. Er ist etwas ganz Besonderes.

Alter: für Kinder zwischen 6 und 10+

Ziele:

- ✗ Die Kinder verstehen, dass gerade die Unterschiedlichkeit der Menschen sie zu etwas Einzigartigem und Besonderem machen.
- ✗ Sie wiederholen, dass es notwendig ist andere zu akzeptieren und lernen ihre Einzigartigkeit zu schätzen.
- ✗ Die Kinder legen ein Heft an mit dem Titel: „Mein Freund ist anders als ich. Er ist etwas ganz Besonderes".

Material:

- ❖ Bastelpapier (DIN-A5 oder DIN-A4) für den Hefteinband
- ❖ Für jedes Kind mindestens fünf Blätter zum Malen oder Schreiben (oder fünf Mal eine Kopie des Arbeitsblattes: „Mein Freund ist anders als ich. Er ist etwas ganz Besonderes" (s. S.156))
- ❖ Bunt- oder Filzstifte
- ❖ Ein Plakat mit der Überschrift: „Alle Menschen sind besondere Persönlichkeiten und unterscheiden sich auf vielfältige Weise voneinander"
- ❖ Das Plakat: „Die Verschiedenheit der Menschen" (s. S. 155)

So geht es:

1. Lassen Sie die Kinder einen Kreis bilden. Fragen Sie: „Was habt ihr in den Übungen, die wir schon durchgeführt haben, über die Verschiedenheit der Menschen gelernt?"
2. Zeigen Sie auf das Plakat „Die Verschiedenheit der Menschen" und sprechen Sie mit den Kindern über die einzelnen Punkte. Bitten Sie sie, die Gedanken, die auf dem Plakat stehen, mit ihren eigenen Worten zu wiederholen. Fragen Sie dazu nach der Bedeutung der einzelnen Sätze.
3. Fordern Sie die Kinder zu folgenden Gedanken auf: „Denkt an eure besten Freunde. Wie unterscheiden sie sich von euch? Denkt an euren besten Freund. Was ist anders an ihm? Was ist das Besondere an ihm?"
   Bitten Sie die Kinder sich an den Platznachbarn zu wenden, um mit ihm im Zweiergespräch Gedanken auszutauschen.
   Sagen Sie: „Ihr dürft jetzt eurem Nachbarn von einem Freund erzählen, der sich von euch unterscheidet und etwas ganz Besonderes ist, z.B.: ‚Meine Freundin ist etwas ganz Besonderes, weil sie nett und schlau ist.'" Geben Sie der Klasse/Gruppe etwa vier Minuten für den Austausch in der Zweiergruppe.
4. Verteilen Sie die Hefte oder Blätter. Die Jüngeren können ihre Hefte bebildern. Ältere Kinder können schreiben und zeichnen. Sagen Sie: „Wir werden jetzt an fünf Menschen denken, die wir kennen.

Sie sollen anders sein als wir und eine besondere Eigenschaft oder ein besonderes Merkmal besitzen. Füllt zu jeder Person eine Seite aus und zeichnet/schreibt, was das Besondere an ihr ist.“ (Als Vorlage können Sie das Formular auf Seite 156 benutzen.) Betonen Sie noch einmal, wie wichtig es ist, die Unterschiede zwischen den Menschen zu akzeptieren und betonen Sie, dass wir alle dem Wesen nach gleich sind.

5. Ergänzung: Lassen Sie die Kinder ihre Hefte der Klasse/Gruppe vorstellen und die Freunde beschreiben, über die sie geschrieben oder gemalt haben.

Beachten Sie:
Das Heft kann auch zu Hause fertiggestellt werden. Denken Sie daran, die Kinder ihre Hefte den anderen zeigen zu lassen, wenn sie fertig sind. Hier bietet sich eine gute Gelegenheit die Eltern einzuladen.

Plakat zu Übung 39

Die Verschiedenheit der Menschen

1. Menschen unterscheiden sich auf vielfältige Weise voneinander, aber dem Wesen nach sind alle gleich.
2. Alle Menschen haben die gleichen Grundbedürfnisse: Nahrung, Kleidung, Schutz und Liebe.
3. Unsere Verschiedenheit macht uns zu etwas Besonderem und Einzigartigem.
4. Frieden schaffen bedeutet uns selbst und andere zu akzeptieren.
5. Es ist wichtig, andere in ihrer Einzigartigkeit zu bestätigen.
6. Trotz unserer Verschiedenheit sind wir alle miteinander verbunden.

Mein Freund ist anders als ich. Er ist etwas ganz Besonderes.

Name: ______________________

Datum: ____________

So geht es:
Wähle fünf Personen.
Schreibe auf jede Seite den Vornamen
einer Person und fülle die folgenden Stichpunkte aus.

Mein Freund heißt: ______________________

Er ist anders als ich, weil: ______________________

____

____

Er ist etwas Besonderes, weil: ______________________

____

____

Male ein Bild
von deinem
besonderen Freund:

40
Übung

Die Verschiedenheit der Menschen: Wenn ich Alex wäre

Alter: für Kinder zwischen 6 und 10+

Ziele:

- ✘ Die Kinder versetzen sich in jemanden hinein, der anders ist als sie selbst.
- ✘ Sie entwickeln Verständnis für die Reaktionen der Menschen auf Andersartigkeit.
- ✘ Sie begreifen, wie es ist, wenn andere einem mit Vorurteilen begegnen.

Material:

- ❖ Das Plakat: „Die Verschiedenheit der Menschen“ (s. S. 155)
- ❖ Der Text: „Alex“ (s. S. 158)
- ❖ Zeichenpapier, Bunt- oder Filzstifte
- ❖ Die Friedens-Tagebücher

So geht es:

1. Lassen Sie die Kinder einen Kreis bilden. Sehen Sie sich gemeinsam noch einmal das Plakat aus Übung 39 „Die Verschiedenheit der Menschen“ an. Sagen Sie: „Wir haben über Unterschiede gesprochen und darüber, wie es ist der andere zu sein. Heute wollen wir uns in ein Kind namens Alex hineinversetzen. Alex ist anders als viele andere Kinder in der Schule. Wenn ich euch jetzt die Geschichte von Alex vorlese, möchte ich, dass ihr euch vorstellt, ihr wärt Alex. Alex kann ein Junge oder ein Mädchen sein.“
2. Sagen Sie: „Stellt euch vor, ihr würdet wie Alex mit eurer Mutter und Tante in der winzigen Wohnung über dem Eisenwarenladen zu wohnen. Ihr habt nur ganz wenig Spielzeug und der Fernsehapparat ist kaputt. Die Mutter verdient nicht genug Geld, um ihn reparieren zu lassen. Ihr friert, weil diese Woche die Wohnung nicht geheizt worden ist. Es wird Zeit für die Schule. Ihr zieht eure besten Sachen an, aber es ist ein Riss im Ärmel. Eure Turnschuhe sind alt und die Schuhriemen kaputt. An mehreren Stellen sind sie verknotet. Ihr geht nach draußen und macht euch auf den Weg zur Schule. Ihr trefft andere Kinder, die lachen und sich unterhalten. Sie sprechen über eine Fernsehsendung, die sie am Abend vorher ange-

> **Beachten Sie:**
> Gehen Sie während dieser Übung besonders sensibel vor. Lesen Sie den Text „Alex“ (s. S. 158) zuerst selbst. Wenn es in Ihrer Klasse/Gruppe Kinder gibt, die ähnlich leben wie Alex, dann entscheiden Sie vorher, wie Sie an diese Übung herangehen.

Übung 40

schaut haben. Ihr geht durch das Gedränge hindurch auf euren Platz ganz hinten in der Klasse und wartet auf den Lehrer. Wie sehen die anderen Kinder euch an? Was sagen sie? Was empfindet ihr? Was möchtet ihr tun? Was wünscht ihr, wie sich die anderen Kinder verhalten sollen?" Lassen Sie die Kinder ein paar Minuten in Ruhe nachdenken.

3. Sprechen Sie über die Fragen: „Wie habt ihr euch gefühlt, als ihr Alex wart? Wie würde sich euer Leben von dem unterscheiden, wie es jetzt ist, wenn ihr Alex wärt? Habt ihr schon einmal jemanden kennengelernt, dem es geht wie Alex? Habt ihr euch schon einmal so gefühlt wie Alex sich vielleicht fühlt?" Geben Sie den Kindern ausreichend Zeit für die Diskussion.
4. Fragen Sie: „Wenn wir eine Welt möchten, in der die Menschen einander akzeptieren und zusammenarbeiten – wie sollten wir dann mit Menschen umgehen, die anders zu sein scheinen als wir selbst?"
„Denkt daran, dass wir uns immer bewusst entscheiden können. Wir sind dafür verantwortlich unser Handeln sorgfältig und angemessen zu wählen. Wie können die Kinder, mit denen Alex zu tun hat, sich verhalten, um sein/ihr Leben glücklicher zu machen?"
5. Diskutieren Sie die Fragen: „Wollt ihr euch dazu verpflichten andere zu akzeptieren?" Erklären Sie die Bedeutung des Wortes „Verpflichtung". „Stellt euch vor, die Menschen aus verschiedenen Ländern würden sich gegenseitig akzeptieren. Was wäre dann anders auf der Welt?"
6. Lassen Sie ältere Kinder über ihre Erfahrungen als Alex mit Hilfe von Tagebucheinträgen reflektieren. Die Jüngeren können Zeichenpapier und Bunt- oder Filzstifte benutzen um ihre Gefühle auszudrücken.

Plakat zu Übung 27

Alex

Alex ist neun Jahre alt. Alex und seine/ihre Mutter wohnen zusammen mit der Tante in einer winzigen Wohnung über einer Spielothek. Alex Mutter verdient ihren Lebensunterhalt, indem sie für andere Leute putzt. Sie hat nur sehr wenig Geld, um Alex etwas zum Anziehen zu kaufen. Deshalb kann Alex nicht die teuren Markenklamotten tragen, die er gerne hätte. Da, wo Alex zur Schule geht, wohnen sonst nur Kinder, die teuer gekleidet sind und in Häusern mit schönen Gärten wohnen. Stellt euch vor, ihr wärt Alex. Wie wäre dann euer Leben? Wie gleicht Alex Leben eurem eigenen? Wie unterscheidet es sich?

Jedes Land hat eine eigene Flagge

Alter: für Kinder zwischen 8 und 10+

Ziele:

- ✗ Die Kinder lernen anhand von Flaggen etwas über die verschiedenen Länder der Erde.
- ✗ Jedes Kind malt die Flagge eines anderen Landes.
- ✗ Sie stellen Nachforschungen über die Länder an, deren Flagge sie gemalt haben.

Material:

- ❖ Lexika mit Abbildungen von Flaggen. Versuchen Sie noch zusätzliche Bilder zu sammeln, die die Kinder abzeichnen können.
- ❖ Kleine Notizzettel mit den Namen verschiedener Länder, die die Kinder aus einer Kiste ziehen (für jedes Kind sollte ein Land dabei sein)
- ❖ Weltkarte oder Globus
- ❖ Elternbrief (s. S. 161)
- ❖ „Verträge" über die Forschungsprojekte (s. S. 162)
- ❖ Festes Papier, Buntstifte, Lineale, Farbe (bei Bedarf), Scheren und Kleister

Beachten Sie:
Dieses Projekt können Sie mit den Kindern gemeinsam in einer Bücherei vorbereiten. Lassen Sie sie aus Büchern eine grobe Skizze zu ihren Flaggen nachzeichnen. Es wäre auch sinnvoll, eine Liste mit den Namen aller beteiligten Kinder, der jeweiligen Länder und dem Abgabetermin für die Aufgabe zusammenzustellen. Vor Beginn dieser Übung können Sie eine kurze Einführung ins Kartenlesen geben. Während der Übung werden die Kinder dann verschiedene Länder auf der Karte oder dem Globus suchen.

So geht es:

1. Lassen Sie die Kinder einen Kreis bilden. Sagen Sie: „Wir wissen, dass auf unserer Erde viele verschiedene Menschen leben. Unsere Verschiedenheit macht die Erde zu einem vielfältigen (erklären Sie diesen Begriff) und interessanten Lebensort. Wir haben darüber gesprochen, Unterschiede zu akzeptieren. Das fällt uns umso leichter, je mehr wir mehr über die Kultur und die Heimat anderer Menschen erfahren. Dabei soll uns das Projekt helfen, mit dem wir heute beginnen." Zeigen Sie in einem Lexikon Flaggen verschiedener Länder. „Die Mitglieder der Weltgemeinschaft kommen aus vielen verschiedenen Ländern. Wir alle sind Teil einer Welt, einer Erde. Diese Flaggen vertreten die verschiedenen Orte, an denen die Menschen auf der Welt leben."

2. Kündigen Sie an: „Heute wollen wir Flaggen von Ländern aussuchen, zu denen wir Forschungsprojekte durchführen werden.“
3. Bitten Sie alle Kinder die Augen zu schließen und aus einer Kiste einen Zettel mit dem Namen eines Landes zu ziehen. Lassen Sie die Kinder ihre Länder auf der Karte oder dem Globus zeigen. Helfen Sie ihnen bei der Suche. (Schreiben Sie bei unbekannteren Ländern auch den Kontinent auf den Zettel.)
4. Nachdem alle ihre Länder gefunden haben, kündigen Sie an: „Wir wollen jetzt über unsere verschiedenen Länder Nachforschungen anstellen.“ Erklären Sie den Begriff „Forschungsprojekt“.
5. Verteilen Sie die „Verträge“ über die Forschungsprojekte und besprechen Sie sie mit den Kindern. Erklären Sie, dass sie sich von ihren Eltern bei diesem Projekt helfen lassen dürfen. Zeigen Sie ihnen die Elternbriefe.
6. Lassen Sie die Kinder die Lücken im Vertrag und im Elternbrief ausfüllen.
7. Erklären Sie, dass das Projekt allen helfen wird, mehr über die Welt zu erfahren, in der wir leben. Sagen Sie: „Wie werden etwas über die Menschen herausfinden, mit denen wir unseren Planeten teilen.“
8. „Verteilen Sie die Lexika und lassen Sie die Kinder daraus abzeichnen. Zunächst einmal bietet es sich an, wenn die Kinder nur eine Skizze von der Flagge machen. Danach können sie eine größere Flagge aus Bastelpapier, Kleister, Bunt- und Filzstiften fertigstellen.“
9. Wenn noch genug Zeit bleibt, können die Kinder die große Flagge noch am gleichen Tag fertig basteln. Wenn nicht, kann dieser Teil der Übung auch am nächsten Tag durchgeführt werden.
10. Sagen Sie: „Denkt daran, dass wir alle miteinander verbunden sind. Wir gehören zusammen mit allen Menschen auf der Erde zu einer Weltgemeinschaft.“ Betonen Sie, dass wir durch die Projekte etwas über die Menschen erfahren, mit denen wir die Erde teilen.

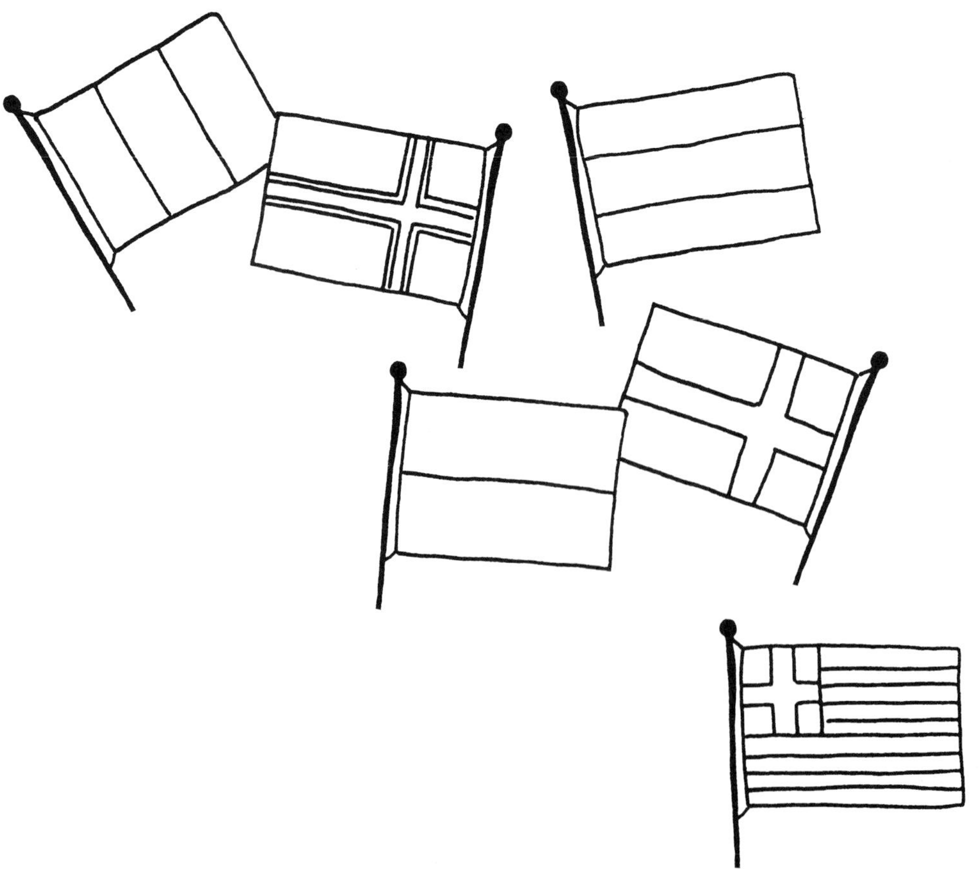

Elternbrief

Liebe Eltern,

im Rahmen unseres Programms „Frieden schaffen“ bringt Ihr Kind heute die Flagge von ______________________________ mit, die es gemalt hat. Ich habe es gebeten, Nachforschungen über dieses Land anzustellen. Es wäre nett, wenn Sie Ihrem Kind dabei helfen würden, Informationen zu folgenden Punkten zu sammeln, bzw. folgendes Material zu beschaffen:

1. Wo liegt das Land?
2. Eine Landkarte des Landes (die Ihr Kind abzeichnet)
3. Bevölkerung
4. Traditionelles Essen
5. Die am meisten verbreitete Arbeit
6. Wohnen (Ihr Kind kann landesübliche Behausungen beschreiben, zeichnen oder ein Modell anfertigen)
7. Andere interessante Informationen

Ihr Kind sollte in eigenen Worten einen Bericht über das Land anfertigen, der Informationen zu den o.g. Punkte enthält. Auch wenn das Kind dieses Projekt selbst durchführen soll, ist Ihre Hilfe und Anleitung sicherlich sehr wertvoll. Für weitere Fragen stehe ich Ihnen gerne zur Verfügung.

Mit freundlichem Gruß, Ihr/e ______________________________
(Name des/der ErzieherIn)

______________________ ______________________________
Abgabetermin *Name des Kindes*

- -

(Diesen Abschnitt bitte abtrennen und dem Kind wieder mitgeben)

Ich ______________________________ erkläre mich bereit
(Name des/der Erziehungsberechtigten)

meinem Kind ______________________________ bei der Arbeit
(Name des Kindes)

am Forschungsprojekt über ______________________________ zu helfen.
(Land)

✘ ______________________________
(Unterschrift)

Vertrag über ein Forschungsprojekt

Ich, ______________________________________ ,
(Name des Kindes)

erkläre mich bereit, ein Forschungsprojekt

über ______________________________________
(Land)

bis zum ______________________________________
(Datum)

durchzuführen. Ich bin einverstanden mir helfen zu lassen, wenn ich Hilfe brauche, um das Projekt rechtzeitig fertig zu bekommen.

Ich bin damit einverstanden, mich mit Problemen an meinen Erzieher zu wenden.

______________________ ______________________________________
(Datum) *(Unterschrift des Kindes)*

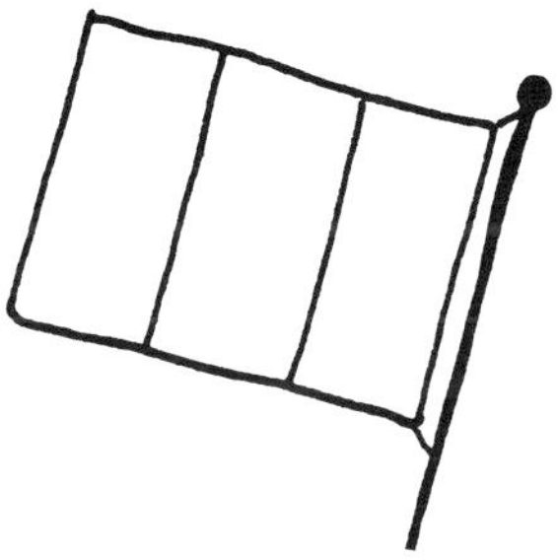

Über verschiedene Flaggen und Länder berichten

Alter: für Kinder zwischen 8 und 10+

Ziele:

- ✗ Die Kinder stellen ihre Forschungsprojekte mündlich vor.
- ✗ Dabei übernehmen sie selbst die Rolle des Erziehers. Sie dürfen Karten, Globus, Zeigestock oder anderes Material zur Veranschaulichung benutzen, wenn sie es benötigen.

Beachten Sie:
Ältere Kinder können Folien vorbereiten und den Overhead-Projektor benutzen. Ermuntern Sie die Kinder, auch anderes Anschauungsmaterial zu ihren Projekten mitzubringen.

Material:

- ❖ Berichte über die Forschungsprojekte
- ❖ Landkarten, Globus, Zeigestock
- ❖ Projektor (bei Bedarf)
- ❖ Kassettenrekorder, um die Referate der Kinder aufzunehmen (bei Bedarf)
- ❖ Freiwillig: Eine kulinarische Spezialität aus dem Land, über das berichtet wird

So geht es:

1. Die Kinder stellen abwechselnd ihre Projekte vor. Sie zeigen ihr Land auf der Karte oder auf dem Globus. Die jeweilige Flagge sollte während des Vortrags aufgehängt werden. Die Kinder zeigen unterschiedliches Bildmaterial.
2. Sprechen Sie kurz über jedes Referat. Ermutigen Sie die Kinder die verschiedenen Länder zu vergleichen. Freiwillig: Nehmen Sie die einzelnen Referate auf Kassette auf. Die Kinder können sich dann später selbst über Kopfhörer anhören.
3. Stellen Sie alle Referate und das Anschauungsmaterial aus.
4. Laden Sie eine andere Klasse/Gruppe dazu ein, sich die ausgestellten Referate und Flaggen anzusehen. Die Kinder aus Ihrer Klasse/Gruppe dürfen den anderen dann erzählen, über welche Länder sie gearbeitet haben.

43
Übung

Probleme, die uns alle angehen

Alter: für Kinder zwischen 6 und 10+

Ziele:

- ✘ Die Kinder suchen ein aktuelles, öffentliches Problem aus (z.B. aus den Bereichen Umwelt oder Soziales), mit dem sie sich beschäftigen wollen.
- ✘ Sie führen in Kleingruppen ein Brainstorming zu möglichen Lösungen für das Problem durch.
- ✘ Sie entscheiden sich gemeinsam für eine Lösung und entwerfen einen Aktionsplan.

Beachten Sie:
Wenn Sie mit jüngeren Kindern arbeiten, benötigen Sie die Hilfe von Eltern, Hilfskräften oder älteren Kindern, die die Brainstorming-Ideen aufschreiben.

Material:

- ❖ Das „Brainstorming"-Plakat aus Übung 14 (s. S. 96)
- ❖ Ein großes Plakat mit der Überschrift: „Dinge, die verbessert werden müssen"
- ❖ Papier und Stifte für alle Gruppen
- ❖ Friedens-Tagebücher

So geht es:

1. Lassen Sie die Kinder einen Kreis bilden. Erzählen Sie ihnen, dass im Mittelpunkt dieser Stunde die Lösung eines Problems steht, das sie alle etwas angeht. Fragen Sie die Gruppe, ob sie sich lieber mit einem sozialen Problem oder einem Umweltproblem beschäftigen möchte.
2. Wenn die Kinder eine Entscheidung getroffen haben, können sie darüber nachdenken, was ihrer Ansicht nach verbessert oder geändert werden muss. (Ein typisches Umweltproblem ist zum Beispiel Müll auf dem Schulhof oder in Parks. Ein soziales Problem wären z.B. fehlende Freizeitangebote für Kinder und Jugendliche.)
3. Tragen Sie die Probleme, die genannt werden, auf dem Plakat „Dinge, die verbessert werden müssen" ein.
4. Wenn genug Vorschläge gesammelt worden sind, stimmt die Gruppe darüber ab, mit welchem Problem sie sich beschäftigen möchte.
5. Besprechen Sie noch einmal gründlich das „Brainstorming"-Plakat. „Heute werden wir das Brainstorming dazu benutzen, Lösungen für das Problem zu suchen, über das wir gerade gesprochen haben."
6. Bitten Sie die Kinder, sich zu viert oder fünft zu „Problemlösungs-Gruppen" zusammenzuschließen und in jeder Gruppe einen Leiter zu wählen. Erklären Sie, dass der Leiter die Lösungsvorschläge der Gruppe aufschreibt. Verteilen Sie Papier und Stifte und sagen Sie: „Nehmt euch fünf bis zehn Minuten Zeit und sammelt im Brainstorming alle Ideen, die euch einfallen. Vergesst nicht, dass alle Ideen erwähnenswert sind." (Bei jüngeren Kindern schreibt ein Helfer die Lösungsvorschläge auf.)

7. Geben Sie den Kindern fünf bis zehn Minuten Zeit für das Brainstorming.
8. Beenden Sie das Brainstorming nach zehn Minuten, und bitten Sie die Gruppen, sich für eine der Lösungen zu entscheiden. Dazu sollten fünf Minuten genügen. Erinnern Sie sie daran, die win-win-Methode anzuwenden, wenn es nötig ist.
9. Bitten Sie die Gruppenleiter den anderen die Lösung mitzuteilen, die ihr Team gefunden hat. Lassen Sie anschließend die ganze Klasse/Gruppe über die beste Lösung abstimmen.
10. Nachdem alle sich auf eine Lösung geeinigt haben, entwerfen sie gemeinsam einen Aktionsplan. Besprechen Sie verschiedene Schritte, die unternommen werden müssen, um das Problem in Angriff zu nehmen. Wenn die Kinder sich z.B. mit einem Schulproblem beschäftigt haben, können Sie einen Brief an den Rektor verfassen, das Problem darin beschreiben und ihre Lösungsvorschläge kurz schildern. Vielleicht kann auch eine Gruppe von Kindern den Rektor aufsuchen, um mit ihm über das Problem zu sprechen, das den Kindern Sorgen bereitet. Sie können ihm dann ihre Lösungsvorschläge unterbreiten. Bei Problemen, die die Stadt oder Gemeinde betreffen, können die Kinder an den Bürgermeister, den Stadtrat oder die Lokalzeitung einen Brief schreiben. Auf diese Weise sprechen die Kinder das Problem öffentlich an und kümmern sich selbst um eine Lösung des Problems.
11. Ergänzung: Lassen Sie ältere Kinder dazu auch in ihre Friedens-Tagebücher schreiben. Die Überschrift könnte lauten: „So kann ich etwas in meiner Schule (Verein, Gruppe, Familie) oder Stadt verbessern." Die Kinder können auch ein weiteres Problem beschreiben, das ihnen aufgefallen ist und mögliche Lösungen dafür nennen. Sie können Ideen sammeln, um mit dem Problem fertig zu werden. (Jüngere Kinder malen ein Bild, das das Problem darstellt, und ein anderes zur Lösung des Problems.)

44

Übung

Sätze mit „Friedenswörtern“ bilden

Alter: für Kinder zwischen 7 und 10+

Ziele:

- ✘ Die Kinder sprechen über die Bedeutung der neuen Begriffe, die sie in den vorangegangenen Übungen kennen gelernt haben.
- ✘ Sie formulieren die Bedeutung jedes Begriffs noch einmal.
- ✘ Sie stellen diese Begriffe in einen Satzzusammenhang (schriftlich oder mündlich), um zu zeigen, dass sie die Bedeutung verstanden haben.

Beachten Sie:
Lassen Sie jüngere Kinder einfach mündlich wiederholen, was die Begriffe bedeuten und diskutieren Sie mit ihnen darüber. „Meine“ Erstklässler haben es aber schließlich geschafft, kurze Sätze mit den Begriffen zu schreiben. Sie fanden es toll „Erwachsenen“-Ausdrücke zu benutzen und zu verstehen. Eine Mutter erzählte mir, dass ihr Sechsjähriger nach Hause gekommen sei und sie gebeten habe ihn zu „bestätigen“.

Material:

- ❖ Das Plakat mit dem Titel: „Friedenswörter“ (s. S. 167)
- ❖ Papier und Stifte

So geht es:

1. Bitten Sie die Kinder sich in einen Kreis zu setzen.
2. Lenken Sie ihre Aufmerksamkeit auf das Plakat „Friedenswörter“. Lassen Sie die Kinder der Reihe nach über die einzelnen Begriffe sprechen. Diskutieren Sie über ihre Bedeutung und helfen Sie Verständnisschwierigkeiten zu beheben, die eventuell noch zu einzelnen Wörtern bestehen.
3. Teilen Sie die Wörterliste in Abschnitte von fünf oder sechs Wörtern ein. Zu diesen Wörtern schreiben die Kinder dann Definitionen auf und stellen sie in einen Satzzusammenhang. (Diese Arbeit kann auf mehrere Tage verteilt werden.)
4. Lassen Sie die Kinder zu zweit arbeiten. Wer zusätzliche Hilfe braucht, kann mit anderen zusammenarbeiten, die die Bedeutung und Anwendung der Wörter besser verstanden haben. Betonen Sie, wie wichtig es ist, zusammenzuarbeiten und sich gegenseitig zu helfen.

„Friedenswörter“

kooperieren
Konflikt
Lösung
bestätigen
anerkennen
Frieden
Hautfarbe
Herkunft
Behinderung
Geschlecht
einzigartig
Brainstorming
Realität
miteinander verbunden sein
„Ich“-Botschaft
win-win-Methode
Wohlbefinden
Friedensstifter
Beitrag
Problemlösung
Verpflichtung
rücksichtsvoll
Verantwortung
Integrität
Moral
Konsequenzen

45
Übung

Aktuelle Konflikte in den Medien

Alter: für Kinder zwischen 7 und 10+

Ziele:

- ✗ Die Kinder bringen Zeitungsartikel mit, die sich mit aktuellen Konflikten auf privater, lokaler oder globaler Ebene beschäftigen.
- ✗ Sie suchen im Brainstorming nach Lösungen für einen Konflikt in den Nachrichten.
- ✗ Sie begreifen, dass sie auch als Kinder ihre Meinung äußern und etwas zur Veränderung beitragen können.

Material:

- ❖ Aktuelle Zeitungsberichte über Konflikte (Bitten Sie die Kinder rechtzeitig, einen Artikel mitzubringen.)
- ❖ Anleitung zur win-win-Methode
- ❖ Papier und Stifte für die Problemlösungs-Gruppen (pro Gruppe vier bis fünf Kinder)
- ❖ DIN-A5-Papier für Gesichtsschablonen, die jeder mit einem Selbstporträt ausfüllt
- ❖ Bunt- und Filzstifte, um die Gesichter anzumalen
- ❖ Scheren

So geht es:

1. Bitten Sie die Kinder sich mit ihren Zeitungsartikeln in einen Kreis zu setzen. „Wir haben schon gesehen, wie wir etwas verändern und unsere Meinung zum Ausdruck bringen können, wenn es um Probleme in unserer unmittelbaren Umgebung geht. Ebenso können wir aber auch unsere Ansicht zu nationalen oder globalen Themen äußern, von denen wir aus der Zeitung oder den Nachrichten gehört haben."
2. Nun erzählen alle der Reihe nach in ein paar Sätzen, wovon ihr Artikel handelt. Lassen Sie die Kinder kurz ihre Artikel zusammenfassen und den Konflikt nennen, um den es geht.
3. Nachdem alle an der Reihe waren, suchen sie einen Artikel aus, den Sie in den Mittelpunkt stellen. Lesen Sie ihn vor oder fassen Sie ihn zusammen. Lassen Sie dann die Kinder die Konfliktsituation noch einmal nennen. Schreiben Sie einen Satz an die Tafel, der den Konflikt ausdrückt.
4. Lenken Sie die Aufmerksamkeit der Schüler auf die win-win-Methode. Wiederholen Sie die Regeln dazu, und fragen Sie die Kinder, wie diese Methode im geschilderten Konflikt weiterhelfen kann. Diskutieren Sie darüber.

Beachten Sie:
Geben Sie rechtzeitig, bevor Sie mit dieser Übung beginnen, den Kindern die Elternbriefe zum Thema: „Aktuelle Ereignisse" (s. S. 136) mit nach Hause.

5. Bilden Sie Problemlösungs-Gruppen von vier oder fünf Kindern. Jede Gruppe wählt einen Leiter, der die Vorschläge der Gruppenmitglieder auf ein Blatt Papier schreibt. (Jüngere Kinder benötigen dazu die Hilfe von Eltern, Helfern oder älteren Kindern. Der Gruppenleiter fragt nach Ideen, und der Helfer schreibt sie auf.) Fordern Sie die Kinder auf, jemanden als Leiter zu wählen, der bisher noch nicht diese Aufgabe übernehmen durfte.
6. Bitten Sie die Kinder an die win-win-Methode zu denken, wenn sie über den Konflikt sprechen, um den es in dem Artikel geht. Dann geht es ans Brainstorming. Ermuntern Sie die Kinder, auch ausgefallene Lösungen zu nennen und so kreativ wie möglich zu sein. Lassen Sie sie wissen, dass sie sich am Ende für nur ein oder zwei Lösungen entscheiden müssen (eventuell eine Kombination aus verschiedenen Vorschlägen), und dass durch den kreativen Prozess neue Ideen entstehen.
7. Geben Sie den Kindern sieben bis zehn Minuten Zeit, um Ideen zu sammeln und sich für eine Lösung zu entscheiden. Verteilen Sie Papier und Stifte. Achten Sie darauf, dass das Plakat mit der Anleitung zur win-win-Methode aufgehängt ist, damit alle noch einmal einen Blick darauf werfen können. Beobachten Sie, wie die Kinder vorgehen, und halten Sie sich zur Vermittlung bei Streitigkeiten bereit. Ermutigen Sie die Teilnehmer, sensibel auf die Gefühle beider Konfliktparteien zu achten.
8. Nachdem die Zeit abgelaufen ist, stellen die Gruppenleiter die Lösung vor, für die sich ihre Gruppe entschieden hat. Sie berichten auch darüber, wie ihre Gruppe bei der Problemlösung vorgegangen ist.
9. Schreiben Sie die Lösungen der einzelnen Gruppen an die Tafel. Bitten Sie die ganze Klasse/Gruppe über die Lösung abzustimmen, die sie unterstützen würde.
10. Die Klasse/Gruppe formuliert einen Leserbrief an die Zeitung oder Zeitschrift, der der Artikel entnommen ist und skizziert kurz den Lösungsvorschlag.
11. Verteilen Sie die DIN-A5-Blätter, auf die die Kinder ihr Gesicht zeichnen, ausmalen und ausschneiden. Die Porträts werden auf ein Plakat „Aktuelle Konflikte: Kinder wissen eine Lösung!" geklebt (siehe Beispiel auf Seite 171).
12. Achten Sie im Laufe des Monats darauf, ob der Leserbrief in der Zeitung oder Zeitschrift erscheint. Kopieren Sie ihn, wenn er abgedruckt wird, und geben Sie jedem Kind eine Kopie davon mit nach Hause.
13. Heften Sie den abgedruckten Leserbrief an das Plakat. Sollte er nicht in der Zeitung erscheinen, dann heften Sie eine Kopie des Briefes auf das Plakat. Betonen Sie, dass die Ideen der Kinder zur Veränderung beitragen. Weisen Sie die Kinder darauf hin: „Auch wenn ihr noch Kinder seid – könnt ihr zur Veränderung der Welt beitragen. Ihr habt die Möglichkeit euch in der Zeitung und in anderen Medien zu allem, was euch wichtig ist, zu äußern."

Beachten Sie:
Auf der Seite 170 finden Sie einen Muster-Leserbrief. In dem Artikel, auf den der Brief sich bezieht, ging es um den Brandanschlag auf ein Haus, das einer farbigen Familie gehörte, die in einer ansonsten nur von Weißen bewohnten Nachbarschaft lebte. Im gleichen Viertel wurde auch eine Synagoge mit Graffiti beschmiert.

Leserbrief

Liebe HerausgeberInnen,

Wir finden es sehr schlimm, dass in der Siedlung nahe unserer Schule ein Haus niedergebrannt worden ist. Wir haben gehört, dass dies nur passiert ist, weil die Familie, der das Haus gehörte, eine andere Hautfarbe hatte. Wir finden, dass wir Menschen, die eine andere Hautfarbe oder Religion haben, nett behandeln müssen. Wir finden auch schlimm, dass die Synagoge beschmiert wurde. Alle Menschen sollten einander höflich behandeln. Wir möchten in einer friedlichen Welt leben. Die Erde ist ein schöner Ort, um zu leben. Ob du Deutscher bist, Israeli oder Türke – es ist ganz egal, wo du herkommst. Es ist egal, wie du lebst und aussiehst. Du bist Teil der Welt. Wir sind traurig darüber, dass Menschen in unserer Stadt so etwas Schlimmes getan haben.

Mit freundlichem Gruß
Klasse 2b

Beachten Sie:
Führen Sie die Namen aller Kinder aus der Klasse auf. Die Kinder und alle, die diesen Brief lesen, werden sich noch lange daran erinnern.

Aktuelle Konflikte: Kinder wissen eine Lösung!

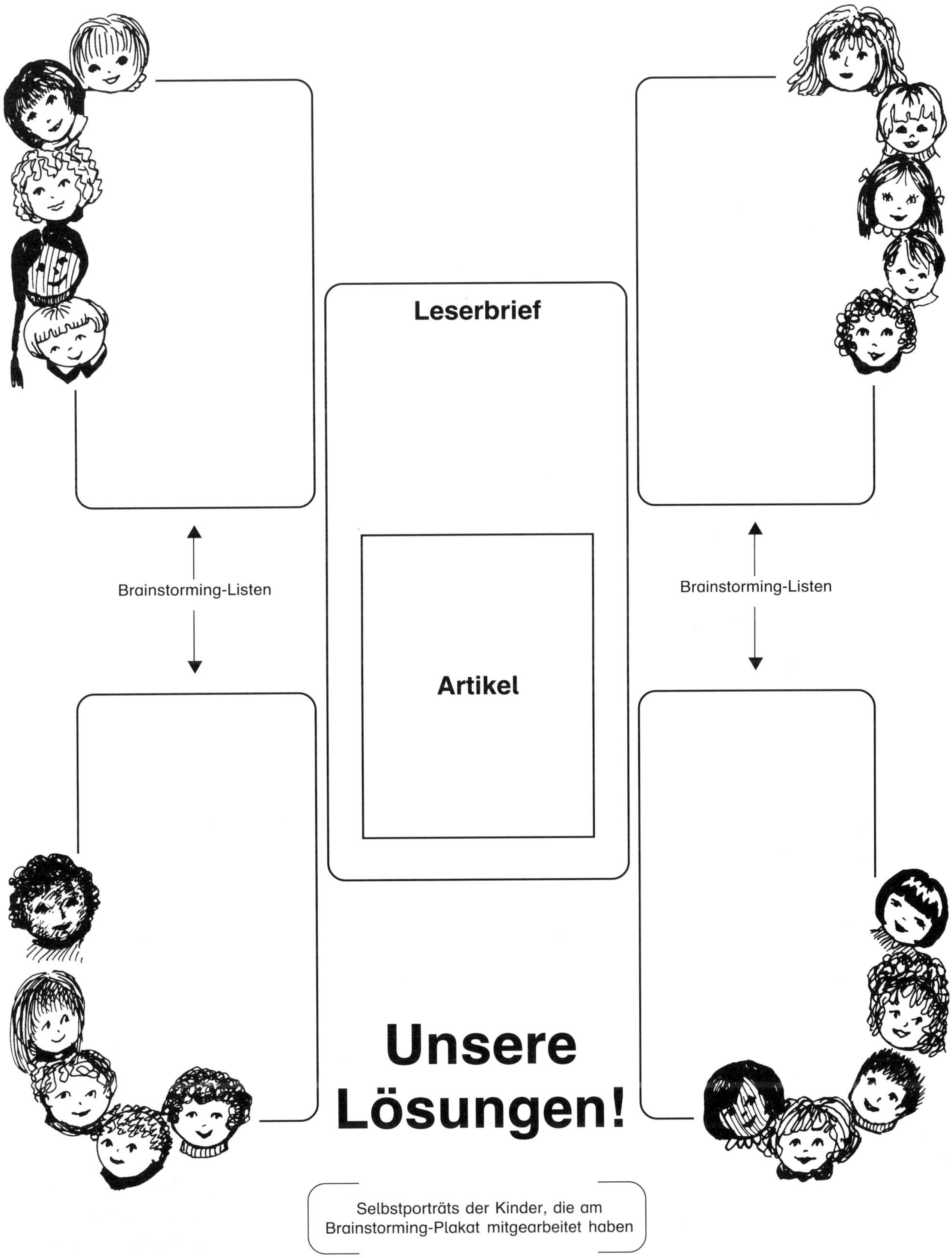

46
Übung

Friedensstifter aus aller Welt

Alter: für Kinder zwischen 6 und 10+

Ziele:

- ✗ Die Kinder sammeln Bilder, Geschichten und Artikel über Friedensstifter und bringen sie mit in die Schule.
- ✗ Sie üben Aktives Zuhören.
- ✗ Sie gestalten gemeinsam Bilder von Friedensstiftern.

Beachten Sie:
Verschicken Sie einen Elternbrief (s. S. 173), bevor Sie diese Übung durchführen.

Material:

- ❖ Elternbriefe, die vor dieser Übung verschickt werden (s. S. 173)
- ❖ Aktuelle Zeitungsberichte, Bücher und Geschichten über Friedensstifter, die die Kinder von zu Hause mitbringen
- ❖ Das Plakat: „Ein Friedensstifter ...“ aus Übung 21 (s. S. 109)
- ❖ Friedens-Tagebücher
- ❖ Plakat mit der Überschrift: „Friedensstifter aus aller Welt“

So geht es:

1. Bitten Sie die Kinder ihre Artikel, Bücher und Geschichten über Friedensstifter mit in den Kreis zu bringen.
2. Besprechen Sie das Plakat „Ein Friedensstifter ...“ (s. S. 109).
3. Bitten Sie die Kinder sich zu zweit zusammenzusetzen. Sagen Sie: „Erzählt jetzt bitte eurem Gesprächspartner etwas über den Friedensstifter aus eurem Artikel, eurem Buch oder eurer Geschichte. Dazu habt ihr fünf Minuten Zeit. Dann erzählt jeder der Klasse etwas über den Friedensstifter, den sein Partner ausgewählt hat. Denkt daran gut zuzuhören, während euer Partner spricht.
4. Lassen Sie alle Kinder kurz über den Friedensstifter des jeweiligen Partners berichten.
5. Die Zweier-Teams suchen gemeinsam den interessantesten Friedensstifter aus, über den sie an diesem Tag etwas erfahren haben.
6. Bitten Sie die Partner gemeinsam ein Bild von diesem Friedensstifter zu malen. Die Kinder denken sich selbst aus, wie sie dabei vorgehen wollen. Am Ende sollte jedes Team gemeinsam ein Bild fertiggestellt haben.
7. Heften Sie die fertigen Bilder auf ein gemeinsames Plakat (siehe Beispiel auf S. 174).
8. Die Kinder schreiben in ihren Tagebüchern über den Prozess der Zusammenarbeit an dem Bild und über den Friedensstifter. (Jüngere Kinder zeichnen.)

Elternbrief

Liebe Eltern,

ich habe die Kinder gebeten, Artikel oder Bilder von Menschen, die Frieden stiften, aus Zeitungen, Zeitschriften und Büchern auszusuchen. Es wäre nett, wenn Sie ihnen dabei helfen und den Inhalt des Artikels oder der Geschichte mit den Kindern besprechen würden. Wie immer, vielen Dank für Ihre Hilfsbereitschaft und

mit freundlichem Gruß
Ihr/e

____

(Name des/der ErzieherIn)

____

(Datum)

Friedensstifter aus aller Welt

Ghandi

Mutter Theresa

Martin Luther King

Michail Gorbatschow

Kofi Annan

Oskar Schindler

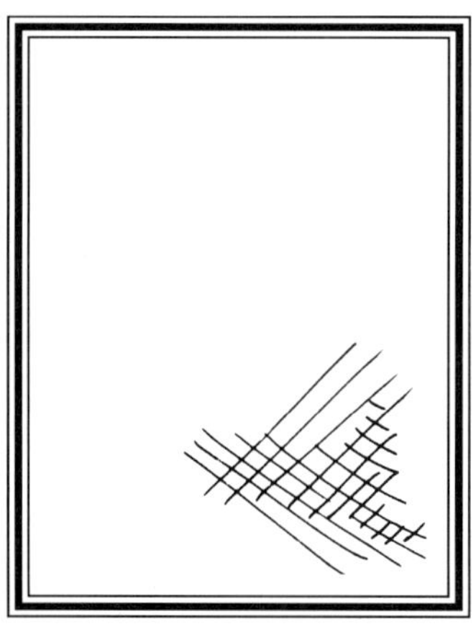

Dieses Plakat enthält eine Kombination aus Bildern und Fotos von Friedensstiftern. Die Bilder können von Hand gezeichnet und ausgeschnitten werden. Befestigen Sie unter jedem Bild ein Namensschild

47
Übung

Eine „tolerante Gesellschaft“ schaffen

Alter: für Kinder zwischen 7 und 10+

Ziele:

- ✗ Die Kinder sagen, was sie sich unter einer „Zivilisation der Toleranz“ vorstellen.
- ✗ Sie denken darüber nach, wie eine solche Gesellschaft aussehen würde.
- ✗ Sie sprechen darüber, was es heißt, die Würde jedes einzelnen Menschen zu respektieren.

Material:

- ❖ Ein großes Plakat mit dem Titel: „Eine Gesellschaft der Toleranz“
- ❖ Ein Wandbild mit der Überschrift: „Eine Gesellschaft der Toleranz“
- ❖ Bunt- und Filzstifte, Farben usw.
- ❖ Bücher über Gandhi (bei Bedarf)

So geht es:

1. Lassen Sie die Kinder einen Kreis bilden. Führen Sie folgende Übung durch: „Atmet ein paar Mal tief ein und aus. Stellt euch vor, ihr betretet einen Raum, der voller Menschen ist, die ihr nicht kennt. Ihr fühlt euch aber absolut sicher und entspannt. Es ist ein heller, sonniger Raum. Die Leute unterhalten sich leise. Sie lächeln und fangen sofort ein Gespräch mit euch an, so als ob sie euch schon immer gekannt hätten. Ihr fühlt euch sehr wohl. Ihr wisst, dass diese Menschen sich um euch kümmern, obwohl sie euch vorher noch nicht kannten. Ihr merkt, dass die Menschen verschiedene Hautfarben und verschiedene Gesichter haben. Manche sind schwarz, manche weiß, andere sehen asiatisch, indianisch oder spanisch aus. Langsam habt ihr das Gefühl, dass ihr alle zu einer Familie gehört. Ihr fühlt euch in diesem Raum sicher, geliebt und angenommen. Ihr möchtet gar nicht mehr hinaus. Ihr seid an einem ganz besonderen Platz.“
2. Bitten Sie die Kinder ihre Gefühle zu beschreiben.
3. Sagen Sie ihnen, dass Sie ihnen einen Ausschnitt aus einem Zeitungsartikel mit einer Äußerung von Papst Johannes Paul vorlesen werden. Erklären Sie, dass Johannes Paul ein Friedensstifter ist. In dem Artikel geht es auch um einen anderen berühmten Friedensstifter, vielleicht den Berühmtesten von allen: Mahatma Gandhi.
4. Fragen Sie: „Weiß jemand, wer Mahatma Gandhi war, und warum Menschen aus aller Welt so viel Respekt vor ihm haben?“ Diskutieren Sie und geben Sie den Kindern Hintergrundinformationen über Gandhi. Wenn Sie ein Buch über Gandhi haben, können Sie den Kindern zu diesem Zeitpunkt Fotos daraus zeigen.
5. Lesen Sie den folgenden Zeitungsausschnitt zweimal hintereinander vor. Es ist wichtig, dass alle den Inhalt verstehen. Erklären Sie den Kindern schwierige Begriffe und geben Sie ihnen alle nötigen Hintergrundinformationen.

„Mahatma Gandhi hat gelehrt: Wenn alle Männer und Frauen, ganz gleich wie verschieden sie auch sein mögen, sich an die Wahrheit halten und die Würde jedes einzelnen Menschen respektieren, dann kann eine neue Weltordnung – eine Gesellschaft der Toleranz – errichtet werden."

(aus: „The Star Ledger", Newark, NJ. 1. Februar 1986)

6. Fragen Sie: „Wie würde eine solche ‚Gesellschaft der Toleranz' aussehen?" Teilen Sie den Kindern Ihre eigenen Gedanken dazu mit.
   Lassen Sie die Kinder der Reihe nach ihre Vorstellungen und Gedanken dazu äußern.
   Klären Sie die Begriffe: Würde, Respekt und Toleranz.
   Fragen Sie: „Was bedeutet ‚die Würde jedes einzelnen Menschen respektieren'?"
7. Lassen Sie die Kinder still über eine „Gesellschaft der Toleranz, in der die Würde jedes einzelnen Menschen respektiert wird" nachdenken.
   Dazu haben sie etwa drei Minuten Zeit. Schreiben Sie danach die Gedanken der Kinder in Stichworten auf das Plakat: „Eine Gesellschaft der Toleranz".
8. Legen Sie das leere Plakat mit der Überschrift „Eine Gesellschaft der Toleranz" auf den Boden und verteilen Sie die Farben. Bitten Sie die Kinder sich zu verteilen und gemeinsam ein Plakat zu einer toleranten Gesellschaft zu entwerfen. Die Kinder sollten zunächst überlegen, wie sie vorgehen wollen.
9. Betonen Sie, dass sie mit dieser gemeinsamen Anstrengung die Grundsätze von Frieden und Zusammenarbeit demonstrieren können, denen Gandhi sein ganzes Leben gewidmet hat.
10. Erweiterung: Laden Sie den Rektor/Leiter der Einrichtung ein, sich das Wandbild anzusehen. Ermöglichen Sie auch den Eltern das Bild einmal zu sehen. Rufen Sie bei der Lokalzeitung an und bitten Sie die Journalisten ein Foto von der ganzen Klasse/Gruppe vor ihrem Wandbild zu machen. Lassen Sie die Kinder wissen, dass sie auch durch künstlerisches Gestalten einen Beitrag zur Veränderung leisten und damit allen Menschen, die das Plakat anschauen, eine Botschaft übermitteln.

Zusammenfassende Fragen zu den Übungen aus Stufe II:

„Wir schaffen Frieden in unserer Umgebung“

1. Was bedeutet „Frieden beginnt mit mir“?
2. Erkläre in deinen eigenen Worten
   die Regeln für das Brainstorming.
3. Wozu ist Brainstorming wichtig?
4. Worin können Menschen sich unterscheiden?
   Zähle bitte einige Unterschiede auf.
5. Welche verschiedenen Möglichkeiten haben die Menschen
   sich zu informieren?
6. Warum ist es wichtig informiert zu sein?
7. Nenne zwei bekannte Friedensstifter und beschreibe,
   warum sie Friedensstifter genannt werden dürfen.
8. Was hast du im vergangenen Monat getan,
   um deiner Schule, deiner Stadt oder
   dem Land zu helfen?
9. Definiere folgende Begriffe:
   - Würde
   - miteinander verbunden sein
   - Respekt
   - Moral
   - Integrität
   - Konsequenzen
   - Toleranz
10. Was tust du, um Konflikte
    mit anderen auszutragen?

Beachten Sie:
Sie können diese Seite für eine Verständnisüberprüfung zu den Übungen aus Stufe II benutzen. Passen Sie die Fragen dem Alter der Kinder an. Sie können die Fragen auch mündlich mit den Kindern besprechen, um herauszufinden, wie gründlich sie die Konzepte verstanden haben.

Stufe III:

Wir entdecken, dass wir zu einer Weltgemeinschaft gehören

48

Übung

Gruppen-Brainstorming zu globalen Fragen

> **Beachten Sie:**
> Verschicken Sie zuerst die Elternbriefe (s. S. 182), bevor Sie beginnen.

Alter: für Kinder zwischen 7 und 10+

Ziele:

- ✗ Die Kinder fassen Artikel über andere Länder zusammen, die sie aus Zeitungen oder Zeitschriften ausgeschnitten und mitgebracht haben.
- ✗ Sie nennen den wichtigsten Punkt oder das Hauptproblem, das in dem Artikel behandelt wird.
- ✗ Sie sammeln im Brainstorming Lösungsvorschläge für das genannte Problem.
- ✗ Die Kinder entscheiden sich gemeinsam für eine Lösung.
- ✗ Sie einigen sich auf einen Aktionsplan.

Material:

- ❖ Zeitungsartikel
- ❖ Landkarte
- ❖ Papier und Stifte für alle Gruppen
- ❖ Tafel und Kreide

So geht es:

1. Die Kinder nehmen die Zeitungsartikel mit in den Kreis. Sagen Sie: „Wir haben uns schon lange Gedanken gemacht, was wir zu einer friedlicheren Welt beitragen können. Heute werden wir uns mit Dingen beschäftigen, die von globaler Bedeutung sind.“ Erklären Sie, was „global“ bedeutet. „Wir werden für mindestens eines der Probleme, über die wir lesen, eine Lösung suchen.“
2. Fragen Sie, warum es für uns wichtig ist, etwas über globale Fragen zu wissen? Diskutieren Sie darüber. Betonen Sie, dass alle Menschen Bürger sind – nicht nur in ihrer Gemeinde, in ihrer Stadt oder ihrem Land, sondern in der ganzen Welt: „Wir gehören zu einer Weltgemeinschaft. Was bedeutet es für euch, Mitglied einer Weltgemeinschaft zu sein?“
3. Wiederholen Sie die Bedeutung des Begriffes „miteinander verbunden sein“. Fragen Sie: „Wie sind wir mit der Umwelt verbunden?“ Heben Sie unsere Abhängigkeit von Luft, Licht, Nahrung und Wasser hervor. Fragen Sie auch, wie wir mit anderen Menschen verbunden sind.
4. Lassen Sie alle Kinder kurz ihre Artikel zusammenfassen, die Namen der betreffenden Länder nennen und beschreiben, welches Problem angesprochen wird.
5. Suchen Sie einen dieser Artikel aus, wiederholen Sie kurz den Inhalt und schreiben Sie das Hauptproblem an die Tafel. Lassen Sie die Kinder auf der Landkarte zeigen, wo das Land liegt, und die Nachbarstaaten dieses Landes nennen. Zeigen Sie, auf welchem Kontinent das Land sich befindet. Bitten Sie dann die Kinder in ihre Problemlösungs-Gruppen zu gehen.

6. Jede Gruppe wählt einen Leiter. Der Leiter schreibt alle im Brainstorming gesammelten Ideen auf ein Blatt Papier und berichtet später der Klasse/Gruppe darüber.
7. Sagen Sie: „Ich gebe euch fünf bis zehn Minuten Zeit, um für das genannte Problem im Brainstorming nach einer Lösung zu suchen. Behaltet die Bedürfnisse der Menschen im Auge, um die es in dem Artikel geht. Versetzt euch in ihre Lage und denkt darüber nach, welche Art von Lösung ihr euch an ihrer Stelle wünschen würdet." Verteilen Sie Papier und Stifte.
8. Geben Sie den Teams Zeit für das Brainstorming. Wenn alle fertig sind, kommen sie wieder in den großen Kreis zurück. Geben Sie dem Gruppenleiter Zeit die Lösungen mitzuteilen. Schreiben Sie sie an die Tafel und haken Sie Lösungen ab, die mehrfach genannt wurden.
9. Gehen Sie die Liste mit den Brainstorming-Lösungen noch einmal durch. Lassen Sie die Klasse/Gruppe dann die besten Lösungen aussuchen und kreisen Sie sie ein.
10. Bitten Sie die Kinder nun, die besten Lösungen zu kombinieren (wenn die Vorschläge sich dazu anbieten), um so zu einer endgültigen Lösung zu kommen.
11. Die Kinder entscheiden sich für eine Lösung. Fragen Sie dann: „Wem teilen wir diesen Vorschlag am besten mit, damit er eine möglichst große Wirkung erzielt?" Schreiben Sie dazu alle Ideen auf.
12. Bitten Sie die Kinder einen Aktionsplan aufzustellen. Dazu kann z.B. ein Brief an den Präsidenten des betreffenden Landes, an die UN, an die Zeitung usw. gehören. Setzen Sie ihren Aktionsplan in die Tat um.
13. Erweiterung: Stellen Sie alle Reaktionen oder Briefe, die Sie als Antwort auf die Aktion erhalten, aus, und verteilen Sie Kopien an den Rektor/Leiter der Einrichtung, die Eltern und die Kinder.

Elternbrief

Liebe Eltern,

im Rahmen unseres Programms „Frieden schaffen“ planen wir eine Aktion zu einem globalen Problem. Könnten Sie Ihrem Kind bei der Auswahl eines Artikels helfen, der sich mit einer globalen Frage beschäftigt und der für Ihr Kind verständlich ist? Vermeiden Sie bitte Artikel, die kontrovers sind oder exzessive Gewalt schildern. Besprechen Sie den Artikel bitte mit dem Kind (lesen Sie ihn wenn nötig vor) und achten Sie darauf, dass es die Namen der beteiligten Länder und die Art des Problems versteht. In der Klasse/Gruppe werden die Kinder dann im Brainstorming nach Lösungen für das geschilderte Problem suchen.

Wie immer vielen Dank für Ihre Unterstützung

Mit freundlichem Gruß, Ihr/e

_______________________ _______________

Name des/der ErzieherIn *Datum*

49

Übung

„Ich"-Botschaften und „Du"-Botschaften in globalen Auseinandersetzungen

Alter: für Kinder zwischen 7 und 10+

Ziele:

✗ Die Kinder stellen im Rollenspiel die Menschen dar, um die es in dem Artikel, der in Übung 48 besprochen wurde, ging.

✗ Sie verwenden „Ich"-Botschaften in der Kommunikation mit anderen.

✗ Sie bestimmen, welche Art der Kommunikation in der Behandlung globaler Fragen besser funktioniert.

Material:

❖ Das Plakat mit der win-win-Methode aus Übung 10 (s. S. 85)

❖ Friedens-Tagebücher

❖ Der Artikel, über den in Übung 48 gesprochen wurde

So geht es:

1. Lassen Sie die Kinder einen Kreis bilden. Erinnern Sie an den bereits besprochenen Artikel.
2. Sagen Sie: „Heute werden wir diese Menschen im Rollenspiel darstellen. Dabei wenden wir die win-win-Methode an und versuchen das Problem zu lösen."
3. Bestimmen Sie mehrere Kinder in die Mitte des Kreises.
4. Sagen Sie: „Bevor wir beginnen, möchte ich eine Änderung an der win-win-Methode vornehmen. Ich möchte, dass ihr diesmal „Du"-Botschaften statt „Ich"-Botschaften verwendet." Lassen Sie die Kinder den Unterschied zwischen „Ich"- und „Du"-Botschaften noch einmal wiederholen, dabei nennen sie mehrere Beispiele.
5. Wiederholen Sie die Regeln für die win-win-Methode und beginnen Sie mit der szenischen Darstellung des globalen Konflikts.
6. Nach dem Spiel sprechen Sie mit den Kindern darüber, wie die Beteiligten miteinander umgegangen sind. Fragen Sie die Gruppe und die Darsteller danach, wie die „Du"-Botschaften das Ergebnis beeinflusst haben. Diskutieren Sie.
7. Spielen Sie die gleiche Szene noch einmal mit anderen Kindern. Lassen Sie sie diesmal aber „Ich"-Botschaften verwenden.
8. Sprechen Sie darüber, wie die „Ich"-Botschaften den Ausgang des Konflikts verändert haben. Welche Art der Kommunikation eignet sich für Auseinandersetzungen auf globaler Ebene besser – „Ich"- oder „Du"-Botschaften?
9. Lassen Sie die Kinder zu dem eben durchgespielten Prozess und den Einsichten, die sie daraus gewonnen haben, Einträge in ihre Friedens-Tagebücher schreiben.

50
Übung

Unsere Herkunftsländer I

> **Anmerkung:**
> Diese Übung ist besonders interessant, wenn sie in einer Klasse/Gruppe mit vielen ausländischen Kindern durchgeführt wird.

Alter: für Kinder zwischen 7 und 10+

Ziele:

- ✗ Die Kinder informieren sich über die Herkunftsländer zugereister Mitmenschen und erforschen, ob sie auch selbst Vorfahren haben, die aus anderen Ländern stammen.
- ✗ Sie starten ein Forschungsprojekt über mindestens ein fremdes Herkunftsland.
- ✗ Sie begreifen, dass viele ihrer Mitmenschen aus vielen verschiedenen Ursprungsländern stammen.

Material:

- ❖ Elternbrief (s. S. 187)
- ❖ Kenntnisnahme der Eltern (s. S. 188)
- ❖ „Vertrag“ über das Forschungsprojekt (s. S. 186)
- ❖ Landkarte oder Globus

So geht es:

1. Verteilen Sie die Elternbriefe und die „Verträge“ über das Forschungsprojekt.
2. Besprechen Sie mit den Kindern die „Verträge“ und Briefe, und füllen Sie gemeinsam die Lücken im Text aus. Hängen Sie ein Blatt mit dem Datum, an dem die Forschungsprojekte abgeschlossen sein müssen, in der Klasse/Gruppe auf.
3. Einige Bewohner dieses Landes stammen nicht direkt von hier, sondern kommen aus einem anderen Herkunftsland. Oder aber sie sind hier geboren und ihre Vorfahren kommen aus einem anderen Herkunftsland. Erklären Sie, was ein Herkunftsland ist. Erzählen Sie, dass in der nächsten Stunde alle Kinder weitere Informationen über ihr Herkunftsland bzw. dem Herkunftsland ihrer Vorfahren mitbringen sollen. Eine weitere Möglichkeit ist die, dass die Kinder sich ein bestimmtes für sie interessantes Land aussuchen, zu dem sie Informationen sammeln wollen. Lassen Sie die Kinder wissen, dass die Eltern ihnen bei dieser Aufgabe helfen können. Kündigen Sie an, dass Sie diese Zettel dann in der nächsten Stunde auf das Plakat mit dem Lebensbaum heften werden.
4. Lassen Sie die Kinder aufzählen, welche ausländischen Kinder sie kennen. Ausländische Kinder können direkt von ihrem Herkunftsland

> **Beachten Sie:**
> Für diese Übung (wie zu Übung 51, 52 und 53) sollten Sie ein Plakat ähnlich dem von Seite 189 „Der Lebensbaum ernährt sich aus seinen Wurzeln“ verwenden. Hängen Sie ihr eigenes Plakat vor Beginn der Übung auf.

erzählen. Zeigen Sie jeweils die Länder, von denen gesprochen wird, auf der Landkarte oder dem Globus. Klären Sie den Begriff „ethnische Herkunft“. Betonen Sie: „Wir gehören alle zu einer Weltgemeinschaft. Wir sind alle miteinander verbunden, auch mit Menschen, die wir überhaupt nicht kennen. Es kann sogar sein, dass auch wir noch Verwandte in anderen Ländern haben, weil unser Ururgroßvater oder andere Ahnen von dort kamen. Vielleicht werden wir ihren Nachkommen in diesen Ländern irgendwann einmal begegnen. Einige von euch sind es vielleicht auch schon.“ Sprechen Sie mit den Kindern darüber.

5. Lassen Sie verschiedene Herkunftsländer nennen, z.B. Niederlande, Türkei, Italien, Spanien, England, Griechenland, Libyen, USA, Kasachstan, Polen usw. Nun wählen die Kinder jeweils ein Herkunftsland aus, über das sie sich genauer informieren (siehe 3. Schritt). Alle dürfen etwas mitbringen, das den ethnischen Hintergrund dieses Landes veranschaulicht, wenn sie der Klasse/Gruppe darüber berichten: Bilder, Bücher, Kleidungsstücke, Briefmarken, Spielzeug. Wer möchte, darf auch am Tag der Präsentation eine kulinarische Spezialität mitbringen, die alle dann probieren können.

6. Sagen Sie, dass Sie in der nächsten Stunde noch weitere Herkunftsländer auf der Karte suchen werden. Achten Sie darauf, dass alle Kinder verstanden haben, was mit „Herkunftsland“ gemeint ist.

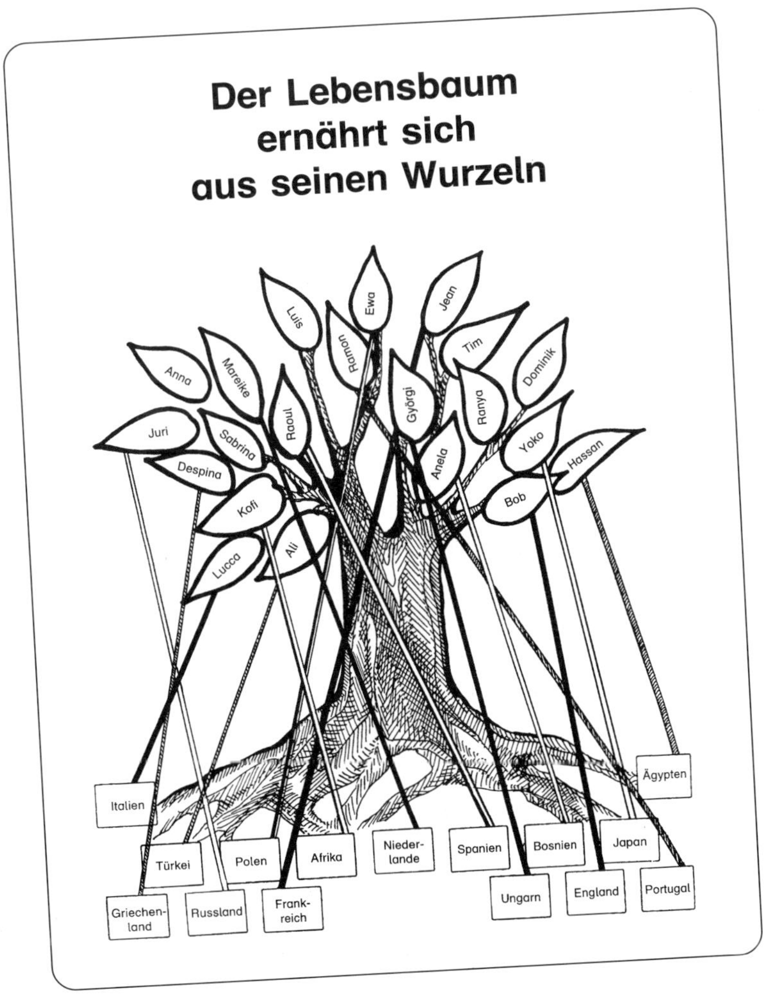

Vertrag über das Forschungsprojekt: „Herkunftsländer“

Ich, ______________________________ ,
(Name des Kindes)

erkläre mich bereit, mein Forschungsprojekt

über ______________________________
(Land)

bis zum ______________________________
(Datum)

fertigzustellen. Ich versichere, dass ich um die Hilfe bitte, die ich zur Lösung dieser Aufgabe benötige. Ich bin auch einverstanden, mich an meinen Erzieher zu wenden, wenn ich Probleme damit habe.

______________ ______________________________
(Datum) *(Unterschrift des Kindes)*

Elternbrief zum Forschungsprojekt: „Herkunftsländer“

Liebe Eltern,

im Rahmen des Programms „Frieden schaffen“ führen die Kinder ein schriftliches Projekt über ein bestimmtes Herkunftsland durch. Bitte helfen Sie Ihrem Sohn/Ihrer Tochter, die Herkunftsländer Ihrer Vorfahren auf dem beigefügten Blatt aufzuzählen und geben Sie es bis zum ______________________ zurück. Wenn zum ethnischen Hintergrund Ihres Kindes mehrere Länder gehören, braucht nur eines davon für die Aufgabe ausgesucht zu werden. Wenn Sie nichts Genaues über die Herkunft Ihrer Vorfahren wissen oder aber das Herkunftsland der Vorfahren das Land ist, in dem sie heute noch leben, darf Ihr Sohn/ Ihre Tochter auch über ein anderes Land berichten. Um das Projekt durchführen zu können, benötigt Ihr Kind folgende Informationen/ folgendes Material:

- ✘ Eine Karte des Herkunftslandes, das es aus einem Buch, einem Lexikon oder einer Landkarte direkt kopieren kann.
- ✘ Auf welchem Kontinent liegt das Land?
- ✘ Wie sieht die Landesflagge aus? Ihr Kind kann sie zeichnen.
- ✘ Welche Kleidung oder Tracht ist für das Land typisch? Das Kind kann diese beschreiben, malen oder ein Anschauungsobjekt mitbringen.
- ✘ Welche Nationalgerichte gibt es? Wenn Sie möchten, können Sie dem Kind bei der Zubereitung einer nationalen Spezialität helfen, die es am Tag der Präsentation mit in die Schule/Einrichtung bringt.
- ✘ Welche anderen interessanten Einzelheiten kann Ihr Kind über das Land erzählen?
- ✘ Bitte helfen Sie Ihrem Kind die nötigen Informationen zu sammeln. Es soll den Bericht jedoch mit eigenen Worten formulieren.

Vielen Dank

____

Der/die ErzieherIn

Kenntnisnahme der Eltern zum Forschungsprojekt: „Herkunftsländer“

Name des Kindes: ______________________

Herkunftsland/länder: ______________________

Ich werde meinem Sohn/meiner Tochter bei der Beschaffung von Informationen über das Herkunftsland ______________________ helfen.
Ich habe zur Kenntnis genommen, dass das Projekt bis zum ______________________ fertiggestellt sein muss.

Mein Kind bringt eine kulinarische Spezialität des Landes mit: Ja ☐ Nein ☐

____

Unterschrift des/der Erziehungsberechtigten

Bitte geben Sie diesen Zettel Ihrem Kind wieder mit in die Schule/Einrichtung.

Der Lebensbaum ernährt sich aus seinen Wurzeln

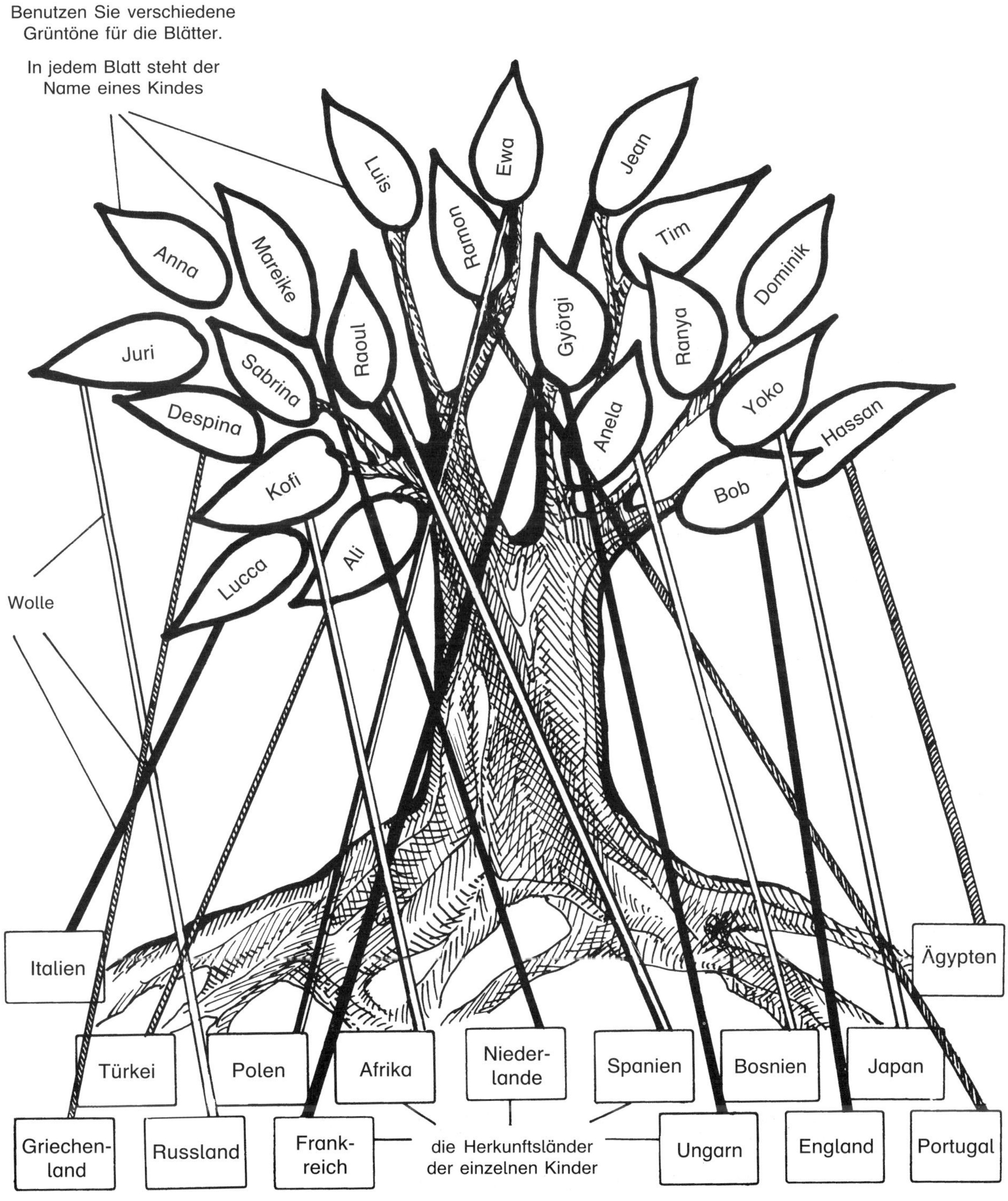

51

Übung

Unsere Herkunftsländer II

Anmerkung:
Diese Übung ist besonders interessant, wenn sie in einer Klasse/Gruppe mit vielen ausländischen Kindern durchgeführt wird.

Alter: für Kinder zwischen 7 und 10+

Ziele:

- ✘ Die Kinder suchen die besprochenen Herkunftsländer auf einer Karte oder einem Globus.
- ✘ Sie verstehen, dass in der Klasse/Gruppe (in der Nachbarschaft, im ganzen Land, auf der Welt) Kinder von sehr verschiedener Herkunft zusammenleben.

Material:

- ❖ Zettel mit den Herkunftsländern (vgl. Übung 50, ab S. 184)
- ❖ Notizzettel für alle Kinder, auf den der Name notiert wird
- ❖ Weltkarte oder Globus
- ❖ Wolle, Kleister, Aufkleber
- ❖ Ein Plakat mit der Überschrift: „Wir kommen aus vielen verschiedenen Gegenden"
- ❖ Das Plakat: „Der Lebensbaum ernährt sich aus seinen Wurzeln" (s.S. 189)

So geht es:

1. Lassen Sie die Kinder einen Kreis bilden und sagen Sie: „Viele Kinder haben Verwandte oder Vorfahren, die aus anderen Ländern zu uns gekommen sind. Diese Länder nennt man ‚Herkunftsländer'. Ihr habt vor einigen Tagen Elternbriefe mitgenommen, in denen ich eure Eltern gebeten habe, euch bei der Suche nach diesen Herkunftsländern zu helfen." Die Kinder nennen der Reihe nach das Herkunftsland, für das sie Informationen eingeholt haben. Danach zeigen alle ihre Herkunftsländer auf der Karte. Verteilen Sie die Notizzettel und weisen Sie alle an, in die obere linke Ecke den Namen des Herkunftslandes einzutragen und zu unterstreichen. Über dieses Land sollen Nachforschungen angestellt werden. Lassen Sie sie in die obere rechte Ecke den eigenen Namen schreiben. Diese Notizzettel werden später an den Lebensbaum geheftet. Zeigen Sie auf dem Plakat mit dem Lebensbaum, wo die Zettel hängen werden.
2. Die Kinder verbinden das Land, in dem sie jetzt leben, mit ihrem Herkunftsland oder dem Herkunftsland, über das sie Informationen eingeholt haben, auf einer Karte oder dem Globus mit einem Stück Wolle.
3. Schreiben Sie die Namen der Kinder und alle ihre Ursprungsländer auf das Plakat mit der Überschrift „Wir kommen aus vielen verschiedenen Gegenden".
4. Sagen Sie: „Wir alle leben auf einer Erde. Wir bilden eine Weltgemeinschaft. Einige Vorfahren sind aus anderen Ländern in den deutschsprachigen Raum gekommen. Wir leben jetzt in Harmonie zusammen, so wie eines Tages alle Menschen auf der Welt in Harmonie leben werden." Fragen Sie: „Was bedeutet in Harmonie leben für euch?"

52
Übung

In Harmonie leben

Alter: für Kinder zwischen 7 und 10+

Anmerkung:
Diese Übung ist besonders interessant, wenn sie in einer Klasse/Gruppe mit vielen ausländischen Kindern durchgeführt wird.

Ziele:

- ✗ Die Kinder stellen sich ein harmonisches Zusammenleben vor.
- ✗ Sie beschäftigen sich mit Initiativen zur Integration ausländischer Mitbürger, die das harmonische Zusammenleben fördern wollen.
- ✗ Sie betreiben Ahnenforschung und entdecken ihre Verbundenheit miteinander.

Material:

- ❖ Das Plakat: „Wir kommen alle aus verschiedenen Gegenden" (vgl. Übung 51)
- ❖ Das Plakat: „Der Lebensbaum ernährt sich aus seinen Wurzeln" (s. S. 189) und einen Namenszettel für alle Kinder (vgl. Übung 50)
- ❖ Wolle
- ❖ Die Zettel, die die Kinder mit dem Namen des Landes, über das sie Nachforschungen anstellen, beschriftet haben
- ❖ Globus oder Karte mit Wollfäden
- ❖ Tafel, Kreide

So geht es:

1. Bitten Sie die Kinder sich in einen Kreis zu setzen. Besprechen Sie mit ihnen das Plakat „Wir kommen alle aus verschiedenen Gegenden". Betonen Sie die Vielfalt der Länder, die die Kinder vertreten.
2. Erklären Sie, was Harmonie in der Musik bedeutet: Verschiedene Instrumente spielen zusammen und bringen dabei einen Klang hervor. Dennoch hat jedes Instrument einen anderen Charakter. Stellen Sie sicher, dass die Kinder die Analogie verstehen.
3. Sprechen Sie mit den Kindern über verschiedene kulturelle oder religiöse Gemeinschaften in ihrer Stadt oder Gemeinde. Finden Sie heraus, welche Veranstaltungen angeboten werden (z.B. Feste der Begegnung), die das Zusammenleben der Menschen aus verschiedenen Herkunftsländern fördern. Nehmen Sie, wenn möglich, mit den Kindern daran teil. Setzen Sie sich auch mit Initiativkreisen oder Asylhelfergruppen in Verbindung.
4. Sagen Sie: „In der Klasse/Gruppe arbeiten wir harmonisch zusammen. Wir haben nicht immer alle die gleiche Herkunft. Dennoch sind wir in vielen Dingen gleich." Fragen Sie: „Worin sind wir gleich?" Zählen Sie alle gemeinsamen Eigenschaften an der Tafel auf.
5. Verweisen Sie auf die Zettel mit den Herkunftsländern, die in Übung 50 und 51 erwähnt wurden. Lassen Sie alle Kinder einzeln zum Plakat „Der Lebensbaum ernährt sich aus seinen Wurzeln" kommen und dort ihre Zettel anheften.
6. Sprechen Sie weiter über die verschiedenen Herkunftsländer. Weisen Sie darauf hin, wenn mehrere Kinder ähnliche Wurzeln haben. Stel-

len Sie die in der Klasse/Gruppe vertretene Vielfalt fest und betonen Sie, wie reich die Gruppe an verschiedenen Kulturen ist. Erinnern Sie die Kinder noch einmal an das Abgabedatum für ihre Projekte. Sagen Sie, dass sie ihre Berichte mündlich vortragen sollen. Erinnern Sie noch einmal daran, verschiedenes Anschauungsmaterial, Bilder oder (Kunst-)Gegenstände mitzubringen, die etwas mit ihrem Land zu tun haben. Erinnern Sie die Kinder, die sich dazu bereit erklärt haben, auch noch einmal daran eine typische Spezialität mitzubringen.

7. Lassen Sie die Kinder das Plakat „Lebensbaum" betrachten, das jetzt vollständig ist. Sagen Sie: „Achtet auf all die verschiedenen Länder, aus denen wir stammen. Der Lebensbaum ist wie unser Land und unsere Erde. Wir sind alle miteinander verbunden."

Beachten Sie:
Reservieren Sie eine besondere Ecke des Raumes, in der die Kinder die Ausstellungsstücke zu ihrem Projekt arrangieren können. Sagen Sie, dass alles, was sie mitbringen, auch ausgestellt wird.

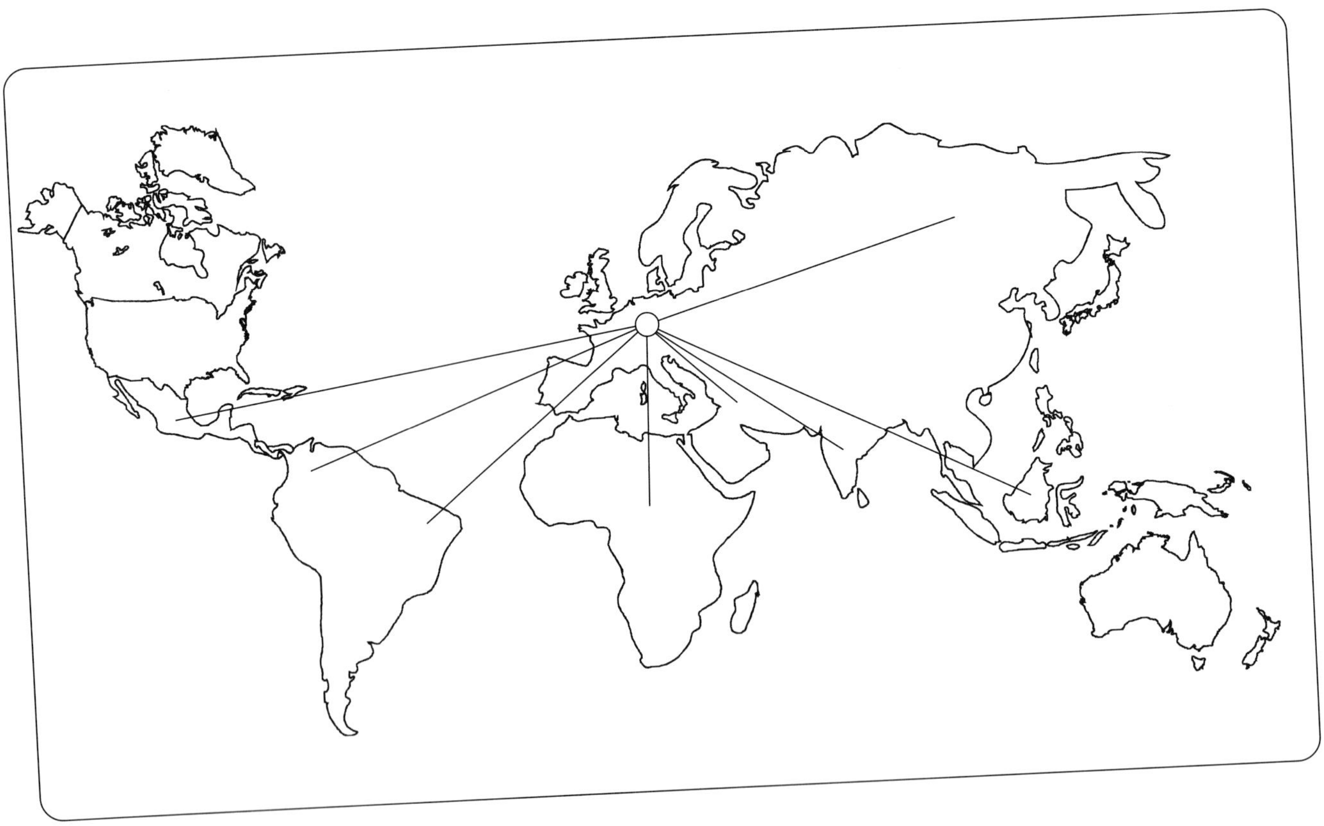

Anmerkung:
Diese Übung ist besonders interessant, wenn sie in einer Klasse/Gruppe mit vielen ausländischen Kindern durchgeführt wird.

Mündlicher Bericht: Verschiedene Herkunftsländer

Alter:

für Kinder zwischen 6 und 10+

Ziele:

- ✗ Die Kinder halten Referate über ihre eigenen oder die ausgewählten Herkunftsländer.
- ✗ Ihnen wird bewusst, dass es in ihrer Klasse/Gruppe viele Kinder gibt, deren Familien aus anderen Ländern stammen oder in deren Familie es Vorfahren gibt, die aus einem anderen Land kamen.

Beachten Sie:
Diese Übung kann mehrere Tage in Anspruch nehmen, wobei pro Tag eine Gruppe ihren Bericht vorstellt. Dieses Vorgehen empfiehlt sich vor allem dann, wenn die Berichte relativ lang sind. So vermeiden Sie, dass die anderen sich langweilen.

Material:

- ❖ Die Berichte der Kinder und Anschauungsmaterial dazu
- ❖ Landkarte oder Globus
- ❖ Bei Bedarf: Pappteller, Schüsseln, Gabeln oder Löffel

So geht es:

1. Während des mündlichen Vortrags können die Kinder entweder auf ihren Plätzen sitzen bleiben oder einen Kreis bilden. Sagen Sie, dass alle mit ihren Berichten an die Reihe kommen, und dass die Zuhörer Fragen stellen oder Zusatzinformationen geben dürfen.
2. Lassen Sie alle Kinder ihre Referate halten und die Länder, über die sie berichtet haben, auch auf der Karte oder dem Globus zeigen.
3. Kinder, die eine Spezialität mitgebracht haben, können diese nach dem Vortrag servieren.

54
Übung

Die Friedensleiter

Alter: für Kinder zwischen 6 und 10+

Ziele:

- ✘ Die Kinder begreifen, dass Frieden Schritt für Schritt geschaffen wird und die einzelnen Schritte aufeinander aufbauen.
- ✘ Sie verstehen, dass individuelles Handeln globale Auswirkungen haben kann.
- ✘ Die Kinder lernen Verantwortung für Angelegenheiten zu übernehmen, die über ihr persönliches Umfeld hinausgehen.

Material:

- ❖ Ein Plakat: „Die Friedensleiter" (s. Beispielvorlage Seite 196)
- ❖ Das Plakat: „So kannst du Frieden verwirklichen" (s. S. 197)
- ❖ Kopie eines Auszugs aus der Allgemeinen Erklärung der Menschenrechte (s. S. 197)
- ❖ Acht verschieden große Zettel. Auf den kleinsten schreiben Sie „Jeder Einzelne" und auf die anderen, immer größer werdenden Zettel: „Du und ich", „Wir (kleine Gruppen)", „Unsere Gemeinde (Stadt oder Ort)", „Unser Bundesland", „Unser Land", „Unser Kontinent" und schließlich auf den größten Zettel: „Unsere Erde"
- ❖ Tesafilm, um die Zettel anzukleben

So geht es:

1. Bitten Sie die Kinder sich in einen Kreis zu setzen. Lenken Sie ihre Aufmerksamkeit auf das Plakat „Die Friedensleiter".
2. Sagen Sie: „Die Leiter ist Symbol für den Frieden in der Welt und zeigt, welche Rolle wir spielen können, um diesen Frieden zu erreichen. Stellt euch vor, ihr würdet die Leiter festhalten. Was würde passieren, wenn ihr die Leiter loslassen würdet? (Sie würde umkippen.) Genau so ist es mit dem Friedenschaffen. Jedes einzelne Individuum muss Verantwortung für eine friedliche Welt übernehmen. Es kommt auf den Einzelnen auf der untersten Stufe der Leiter an. Von dieser Stufe aus könnt ihr Frieden auch auf den anderen Ebenen ermöglichen."
   Frieden ...
   - in euch selbst,
   - mit anderen,
   - in euren Gemeinden (Städten),
   - in eurem Land und auf der ganzen Erde.
3. Zeigen Sie auf die nächste Sprosse „Du und ich". Verweisen Sie auf das Plakat „So kannst du Frieden verwirklichen". Diskutieren Sie die einzelnen Gedanken.
4. Nun betrachten Sie die nächste Stufe der Leiter „Wir". „Diese Stufe steht für die Tatsache, dass ihr als Einzelne zur Veränderung in kleinen Gruppen beitragen könnt. Zu welchen kleinen Gruppen gehört ihr?" Verweisen Sie wieder auf das Plakat „So kannst du Frieden verwirklichen". Lassen Sie die Kinder Verbindungen zwischen den einzelnen Punkten auf dem Plakat und der Art und Weise ih-

res Verhaltens in kleinen Gruppen herstellen. Sprechen Sie im Zusammenhang mit dieser Stufe über Kooperation und Akzeptanz.

5. Beschäftigen Sie sich danach mit den nächsten Stufen: Gemeinde – Bundesland – Staat. Machen Sie den Kindern klar, dass sie zum Frieden auf all diesen Ebenen beitragen können und dies auch schon mit einigen der durchgeführten Aktionen getan haben. Diskutieren Sie darüber und fragen Sie: „Wie könnt ihr in eurer Gemeinde/Stadt oder eurem Land Verantwortung übernehmen und mitarbeiten?" In diesem Zusammenhang können Sie auf die Möglichkeit hinweisen, Briefe zu schreiben, sich über aktuelle Ereignisse zu informieren, Ratsversammlungen zu besuchen usw.
6. Fragen Sie, was „Stimmrecht" bedeutet. Sprechen Sie über das Recht aller Bürger eine Regierung zu wählen und so ein Mitspracherecht in Angelegenheiten zu erhalten, die alle Menschen betreffen.
7. Verweisen Sie auf die Allgemeine Erklärung der Menschenrechte (s. Auszüge, S. 197) und diskutieren Sie mit den Kindern darüber. Sagen Sie: „Frieden stiften, bedeutet auch seine Rechte auszuüben. Dadurch übernehmen wir Verantwortung für die Welt um uns herum."
8. Erklären Sie auf diese Weise alle Stufen der Leiter bis zur letzten – „Weltfrieden". Definieren Sie den Begriff „Weltbürger" als Mensch, der Teil der Weltgemeinschaft ist. Sagen Sie: „Weltbürger sein heißt, dass wir alle Bürger des Planeten Erde sind. Wir sind miteinander verbunden und teilen die Erde miteinander. Durch unsere Kommunikationsfähigkeit können wir Kontakt zu allen Menschen der Erde aufnehmen." Lassen Sie die Kinder verschiedene Kommunikationsmöglichkeiten aufzählen, durch die wir weltweit miteinander verbunden sind. (Mögliche Antworten: Fernsehen, Radio, Internet, Satelliten, Post, Luftverkehr, Telefon.)
9. „Durch gemeinsame Bemühungen ist es möglich, Informationen auszutauschen und sogar Probleme zu lösen. An welchen globalen Problemen könnten wir zusammenarbeiten?" (Mögliche Antworten: Hunger, Krieg, Armut, Vertreibung, Krankheiten, Umweltverschmutzung, Kriminalität, Analphabetentum.) Fragen Sie, was wir zur Verbesserung in irgendeinem dieser Bereiche beitragen können.

Beachten Sie:
Hier bietet sich eine günstige Gelegenheit, mit den Kindern ein Projekt auszusuchen, das ihnen ermöglicht, sich mit der Lösung eines globalen Problems zu beschäftigen. Wählen Sie ein Problem, das die Kinder besonders betroffen macht. Führen Sie ein Brainstorming zu den einzelnen „Aktionsschritten" durch und entscheiden Sie, wann Sie mit dem Projekt beginnen möchten.

10. Als Freiarbeit können Sie die Kinder paarweise zum Plakat mit der Friedensleiter kommen lassen. Hier zeigen sie auf die einzelnen Stufen und sagen, wie sie persönlich auf dieser Ebene Frieden verwirklichen können.
11. Zum Abschluss der Übung sollten die Kinder noch einmal wiederholen, dass jede Stufe der „Friedensleiter" von der nächsttieferen und vom einzelnen Individuum an der Basis abhängt.

Die Friedensleiter

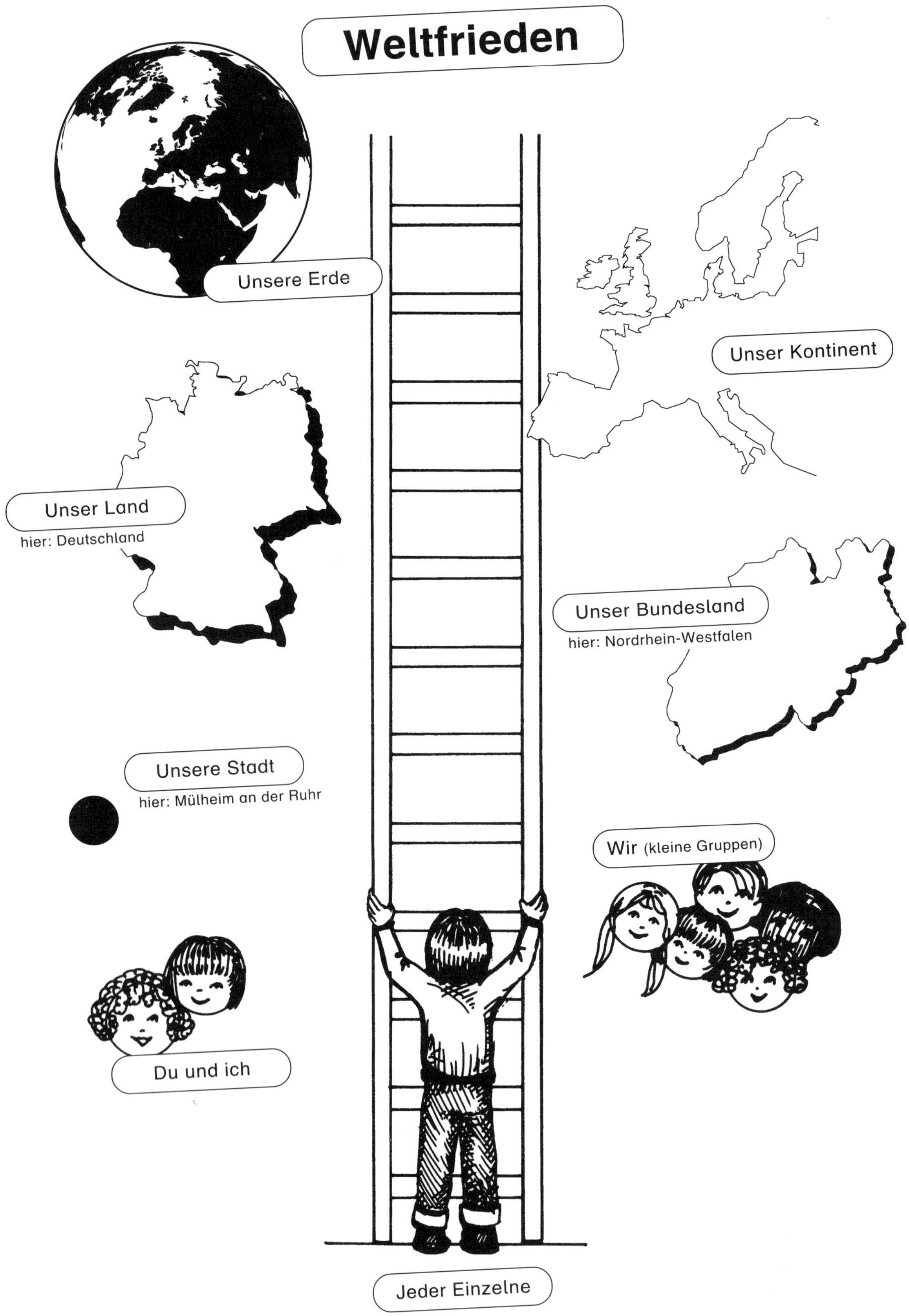

So kannst du Frieden verwirklichen

→ Behandele andere so, wie du selbst behandelt werden möchtest.

→ Akzeptiere andere.

→ Arbeite mit anderen kooperativ zusammen. Löse deine Konflikte gewaltlos.

→ Mache dir bewusst, dass wir alle Teil einer Weltgemeinschaft sind.

Plakat zu Übung 54

Auszüge aus der allgemeinen Erklärung der Menschenrechte

Am 10. Dezember 1948 haben die Vertreter der meisten Länder der Erde diese Erklärung unterschrieben.

Allgemeine Erklärung der Menschenrechte

Artikel 1:
Alle Menschen sind gleich an Würde und Rechten geboren. Sie sind mit Vernunft und Gewissen begabt und sollen einander im Geiste der Brüderlichkeit begegnen.

Artikel 2:
Jeder Mensch hat Anspruch auf die in dieser Erklärung verkündeten Rechte ohne irgendeine Unterscheidung, wie etwa nach Rasse, Farbe, Geschlecht, Sprache, Religion, politischer oder sonstiger Überzeugung, nationaler oder sozialer Herkunft, nach Eigentum, oder sonstigen Umständen.

Artikel 3:
Jeder Mensch hat das Recht auf Leben, Freiheit und Sicherheit der Person.

Artikel 25:
Jeder Mensch hat das Recht auf Gesundheit und Wohlbefinden.

Artikel 26:
Jeder Mensch hat das Recht auf Bildung.

Artikel 27:
Jeder Mensch hat das Recht auf Teilnahme am kulturellen Leben.

55

Übung

Wir sind verschieden und doch gleich

Alter: für Kinder zwischen 6 und 10+

Ziele:

- ✗ Während einer Übung zur Konfliktlösung entdecken die Kinder Unterschiede und Ähnlichkeiten in ihrer jeweiligen Denkweise.
- ✗ Sie führen ein Rollenspiel zur Konfliktlösung durch.

Material:

- ❖ Eine „Konfliktliste" mit den Spalten: „Name", „Name des Konfliktpartners", „kurze Beschreibung des Problems"

So geht es:

1. Betonen Sie, dass wir uns als Weltbürger immer bewusst sein müssen, dass wir selbst dafür verantwortlich sind, die Konflikte zu lösen, in die wir geraten. Heute lernen wir eine neue Methode kennen, wie wir das bewerkstelligen können.
2. Sagen Sie: „Wenn ihr Schwierigkeiten habt, ein Problem mit einem anderen Kind zu lösen, dann solltet ihr das heute auf dieser Liste notieren (Halten Sie das Klemmbrett mit der Konfliktliste hoch). Tragt bitte euren Namen, den Namen des Konfliktpartners ein und schildert kurz euer Problem. Beschuldigt aber niemanden.
3. Versammeln Sie am Ende der Stunde/des Tages alle Kinder in einem Kreis. Bringen Sie das Klemmbrett mit den Listen mit.
4. Geben Sie den Kindern nun Zeit für ein Gespräch über die Einträge in der Liste. Sprechen Sie darüber, was funktioniert und was nicht funktioniert hat. Sagen Sie: „Wir werden jetzt eine neue Technik zur Problem- und Konfliktlösung anwenden. Ihr dürft jetzt einmal so tun, als wärt ihr der andere, sodass ihr das Problem aus einer anderen Sicht betrachten könnt."
5. Beginnen Sie: „Heute sind __________ und __________ in einen Konflikt geraten. Kommt bitte in die Mitte des Kreises. __________, tue jetzt bitte einmal so, als wärst du __________. __________, tue so, als wärst du __________. Ihr tauscht jetzt einfach eure Rollen und tragt den Konflikt aus."
6. Helfen Sie den Kindern, das Verhalten und die Gefühle darzustellen, die sie bei der anderen Person wahrgenommen haben.
7. Nachdem die beiden damit fertig sind, setzen sie sich wieder in den Kreis. Lassen Sie die Gruppe diskutieren, was passiert ist. Erklären Sie, dass Menschen auch dann von anderen gemocht und respektiert werden möchten, wenn sie verschiedene Ansichten haben.
8. Machen Sie den Kindern klar, dass Menschen trotz ihrer Unterschiede Probleme lösen können, indem sie sich in die Perspektive des anderen hineinversetzen. Lassen Sie die Kinder, die ihre Rollen getauscht haben, erzählen, was ihnen dabei aufgefallen ist.
9. Sie können die Konfliktliste und das Rollenspiel zum festen Bestandteil Ihrer Arbeit mit der Klasse/Gruppe machen. Manche Lehrer/Erzieher führen diese Aktion mehrmals pro Woche durch.

Beachten Sie:
Führen Sie Schritt 1 und 2 direkt zu Beginn der Stunde durch. Die übrigen Schritte dieser Übung folgen dann am Schluss.

56

Übung

Weltbürger sein

Alter: für Kinder zwischen 8 und 10+

Ziele:

- ✗ Die Kinder vertreten gemeinsam mit ihren Teams verschiedene Länder.
- ✗ Sie bestimmen in Teamarbeit, was die wichtigsten Bedürfnisse „ihres“ Landes sind. Dabei berücksichtigen sie auch globale Interessen.
- ✗ Sie spielen die Außenminister der Länder, die sie vertreten.
- ✗ Die Klasse/Gruppe einigt sich über die wichtigsten globalen Bedürfnisse und ihre Einlösung.

Beachten Sie:
Vor Beginn dieser Übung benötigt jedes Kind einen Artikel über ein aktuelles Ereignis. Schicken Sie eventuell vorher einen Brief an die Eltern mit der Bitte, den Kindern bei der Auswahl eines Artikels über ein fremdes Land zu helfen, und mit ihm gemeinsam das Hauptproblem und die Bedürfnisse des Landes herauszufinden.

Material:

- ❖ Artikel über aktuelle Ereignisse
- ❖ Für jede Fünfergruppe ein großes Blatt Papier und Stifte
- ❖ Friedens-Tagebücher
- ❖ Papier und Stifte für die „Außenminister“

So geht es:

1. Lassen Sie die Kinder ihre Artikel über ein aktuelles Ereignis mit in den Kreis bringen.
2. Bitten Sie Kinder, kurz über ihren Artikel, das Land, von dem er handelt, das geschilderte Problem und alle erkennbaren Bedürfnisse dieses Landes zu berichten.
3. Suchen Sie die in den Artikeln genannten Länder aus und besprechen Sie mit den Kindern die Probleme, die darin beschrieben werden. Schreiben Sie die Namen der einzelnen Länder an die Tafel und darunter die Probleme, die in den Artikeln genannt werden. Teilen Sie die Klasse in Teams ein, die die an der Tafel aufgezählten Länder vertreten. Geben Sie den Teams und ihren „Außenministern“ Papier und Stifte. Lassen Sie die Gruppen einen Leiter, der die Informationen aufschreibt und einen „Außenminister“ wählen.
4. Beschreiben Sie die Situation: „Ihr bereitet euch auf eine gemeinsame Sondersitzung vor. Auf dieser Sitzung sollt ihr zu den Vertretern anderer Länder sprechen. In eurer Ansprache geht es um die wichtigsten Weltprobleme und die Frage, wie sie gelöst werden können. Für die Lösung der Probleme, die eurer Meinung nach für die gesamte Weltgemeinschaft am wichtigsten sind, wird euch ein unbegrenzter Geldbetrag zur Verfügung gestellt. Sucht mit eurer Gruppe die drei wichtigsten Probleme aus und entscheidet euch für Lösungsvorschläge. Versucht dabei auch an die Probleme zu

denken, die speziell für euer Land von Gewicht sein könnten. Nach acht Minuten hören wir auf." Lassen Sie die Kinder oben auf ihr Blatt den Namen des Landes schreiben, das sie vertreten. Darunter tragen sie ein, welche drei Probleme ihnen weltweit am wichtigsten erscheinen. Dabei sollten sie sowohl die besonderen Probleme des Landes, das sie vertreten, als auch allgemeine, globale Probleme berücksichtigen. Ermutigen Sie die Kinder, sich auf das zu berufen, was sie über Weltprobleme wissen, wie z.B. Hunger, Krankheit, Gewalt usw.

5. Geben Sie den Gruppen Zeit zu diskutieren, ein Brainstorming durchzuführen und alle Probleme aufzuschreiben. Bitten Sie sie dann die drei Hauptprobleme und mögliche Lösungen dafür aufzuschreiben. Gehen Sie von Gruppe zu Gruppe und helfen Sie bei Bedarf bei der Vermittlung von Streitigkeiten. Der „Außenminister" trägt alles auf sein Blatt ein.
6. Nach acht Minuten sagen Sie: „Jetzt hören wir uns an, welche Probleme und Lösungen die einzelnen Länder gefunden haben." Lassen Sie die Gruppenleiter die Probleme und Lösungen vortragen.
7. „Jetzt besuchen alle ‚Außenminister' ein anderes Land (eine andere Gruppe) und diskutieren dort über die Stichpunkte auf der Liste, um herauszufinden, ob das Land, das er besucht, mit dieser Liste einverstanden ist oder nicht. Als Abschluss dieser Aktion werden wir mit unseren Listen in einer gemeinsamen Sondersitzung die drei größten Weltprobleme bestimmen und mögliche Lösungen dafür suchen."
8. Geben Sie den „Außenministern" fünf Minuten Zeit, um ein anderes „Land" zu besuchen. Die Länder können jetzt Änderungen in ihren Listen vornehmen.
9. Lassen Sie die Klasse/Gruppe jetzt die gemeinsame Sondersitzung spielen. Sie können in den Gruppen zusammensitzen, die ein Land vertreten. Lassen Sie die Außenminister ihre überarbeiteten Listen und den Prozess der Überarbeitung vortragen.
10. Bitten Sie die gesamte Klasse/Gruppe die drei wichtigsten globalen Probleme und Lösungsvorschläge zu wählen. Lassen Sie die Kinder darüber sprechen, wie sie in diesem Punkt zu einer Einigung gekommen sind, oder warum sie keine Einigung erzielen konnten.
11. Fragen Sie: „Wie muss es für wirkliche Politiker aller Welt sein, wenn sie an der Lösung globaler Fragen arbeiten?"
12. Die Kinder schreiben in ihre Friedens-Tagebücher, wie sie sich während dieser Übung gefühlt haben. War es schwierig, sich mit anderen innerhalb oder außerhalb der eigenen Gruppe zu einigen? Was hat funktioniert und was nicht? Glauben die Kinder, dass es zwischen verschiedenen Ländern in Wirklichkeit möglich ist, Streit friedlich beizulegen?

Wandbilder: Eine friedliche Welt

Alter: für Kinder zwischen 6 und 10+

Ziele:
- ✘ Die Kinder stellen sich eine Welt in Frieden vor.
- ✘ Sie kombinieren ihre individuellen Ideen zu zwei miteinander verbundenen Wandbildern.

Material:
- ❖ Zwei oder drei große Papierbögen für die Wandbilder – für jede Gruppe von zwölf Kindern ein Bogen
- ❖ Wachsmalstifte, Filz- und Buntstifte, Farben

So geht es:

1. Bitten Sie die Kinder sich in einen großen Kreis zu setzen. Sagen Sie: „Wir malen uns heute einmal aus, wie die Erde aussähe, wenn sie absolut friedlich wäre. Stellt euch vor, alle Menschen würden sich vertragen."
2. „Stellt euch vor, Kinder aus ganz verschiedenen Ländern spielten zusammen wie eine große Weltgemeinschaft. Ich gebe euch jetzt einen Moment Zeit, euch eine friedliche Welt vorzustellen."
3. Lassen Sie die Kinder erzählen, was sie sich vorgestellt haben.
4. Nachdem die Kinder genügend Zeit hatten, sich über ihre Ideen zu unterhalten, sagen Sie: „Wir bilden jetzt zwei große Gruppen, um gemeinsam auf einem Wandbild unsere Ideen von einer friedlichen Welt darzustellen." Bitten Sie die Kinder Gruppenleiter zu wählen. Sagen Sie: „Auf jedem Wandbild könnt ihr die Ideen Einzelner zu einem großen Bild zusammenfügen. Entscheidet zusammen mit eurem Gruppenleiter, welche Grundbestandteile auf das Wandbild sollen. Probiert aus, wie gut sich viele Ideen kombinieren lassen."
5. Verteilen Sie das Papier für das Wandbild und das übrige Material. Sagen Sie: „Auf dem Wandbild darf jeder von euch seine eigene Vorstellung vom Frieden ausdrücken. Aber alle Einzelideen sollten zu einem einzigen großen Thema zusammenfließen. Überlegt, wie ihr alle Ideen in Einklang bringen könnt."
6. Betonen Sie, dass die Arbeit am Wandbild eine Friedensaktion ist. Sie verlangt, dass verschiedene Menschen zusammenarbeiten, Ideen austauschen und Probleme lösen, wenn sie auftauchen. Betonen Sie, dass es vielleicht Frieden auf der Welt gibt, wenn alle Menschen lernen kooperativ zusammenzuarbeiten.
7. Lassen Sie die Gruppen besprechen, wie sie das Wandbild gestalten wollen.
8. Geben Sie den Kindern so viel Zeit wie sie benötigen. Reservieren Sie für dieses Projekt bei Bedarf auch einen zusätzlichen Nachmittag. Auch das Aufräumen hinterher gehört zur gemeinsamen Aktion.

Ergänzung, nachdem die Wandbilder fertig sind:
Rufen Sie bei der lokalen Presse an, um eine Aufnahme von den Wandbildern machen zu lassen. Stellen Sie die Wandbilder dann in der Schule/Einrichtung aus.

58

Übung

Eine Weltflagge entwerfen

Alter: für Kinder zwischen 6 und 10+

Ziele:

- ✘ Die Kinder erfinden und malen in Teamarbeit Weltflaggen.
- ✘ Sie beschreiben, was ihrer Ansicht nach nötig ist, um Frieden in der Welt zu erreichen.

Material:

- ❖ Eine Liste mit der Überschrift: „Das brauchen wir zum Frieden in der Welt" (Auf diese Liste werden die Ideen der Kinder geschrieben.)
- ❖ Vier oder fünf Zeichenblätter (DIN-A3) für die Flaggen
- ❖ Bunt- und Filzstifte, Lineale, Farben
- ❖ Fotoapparat, Film

So geht es:

1. Beginnen Sie: „Wir haben etwas über die verschiedenen Herkunftsländer gelernt und über die Flaggen der verschiedenen Nationen. Heute wollen wir Weltflaggen malen, die ihr erfindet. Außerdem stellen wir eine Liste zusammen, auf der wir beschreiben, was unserer Ansicht nach nötig ist, damit es Frieden auf der Welt gibt. Wir schicken dann Fotos von unseren Weltflaggen und Kopien unserer Liste an den Bundespräsidenten. Dazu bilden wir jetzt mehrere Gruppen."
2. Diskutieren Sie: „Warum haben wir bis jetzt noch keine Weltflagge?"
3. Fragen Sie die Kinder, ob sie es für möglich halten, dass sich alle Länder auf der Erde vertragen. Diskutieren Sie darüber.
4. Fragen Sie: „Was könnte eurer Meinung nach helfen Frieden in der Welt zu schaffen?" Schreiben Sie die Ideen der Kinder auf die Liste „Das brauchen wir zum Frieden in der Welt". Lenken Sie die Kinder zum Gedanken der Verantwortung jedes Einzelnen und rufen Sie ins Gedächtnis, dass alle Menschen miteinander verbunden sind.
5. Sagen Sie, nachdem die Liste komplett ist: „Stellt euch eine Flagge vor, die alle Menschen und alle Länder vertritt. Wie könnte sie aussehen?" Lassen Sie die Kinder darüber nachdenken.
6. Teilen Sie dann die Klasse in vier Gruppen ein und geben Sie ihnen Papier und Stifte usw., damit sie ihre Flaggen gestalten können. Geben Sie ihnen fünf bis zehn Minuten Zeit für einen Entwurf.
7. Lassen Sie die Gruppen ihre Flaggen in Teamarbeit malen. Dabei entscheiden die Gruppenmitglieder gemeinsam, wie sie ihre Ideen ausführen wollen.
8. Fotografieren Sie die Flaggen, wenn die Gruppen mit der Arbeit fertig sind. Bitten Sie die Kinder einen Brief an den Bundespräsidenten zu verfassen. Darin können sie das Programm beschreiben, an dem sie in diesem Jahr/Schuljahr teilgenommen haben. Lassen Sie die Kinder auch erzählen, wie sie auf die Idee gekommen sind, eine Weltflagge zu malen. Sie können außerdem Vorschläge einfügen, wie Frieden in der Welt zu erreichen ist. Fügen Sie zusätzlich die Liste „Das brauchen wir zum Frieden in der Welt" bei.

Ein Versprechen für die Zukunft

Alter: für Kinder zwischen 6 und 10+

Ziele:

- ✗ Die Kinder verpflichten sich zum Engagement, indem sie sagen, was sie persönlich jetzt und in Zukunft zu einer friedlichen Welt beitragen können.
- ✗ Sie schreiben in ihre Tagebücher, welche Rolle sie bei der Gestaltung einer friedlichen Zukunft übernehmen können.

Material:

- ❖ Eine Liste mit dem Titel: „Was ich am liebsten zum Frieden in der Welt beitragen möchte"
- ❖ Friedens-Tagebücher

So geht es:

1. Lassen Sie die Kinder einen Kreis bilden. Sagen Sie: „Das Jahr/Schuljahr ist bald zu Ende. Wir haben eine Menge über uns selbst und die Welt erfahren. Was habt ihr darüber gelernt, wie ihr am Aufbau einer friedlichen Zukunft mitwirken könnt?"
2. Stellen Sie folgende Fragen zur Diskussion:
   - „Glaubt ihr, ihr könnt zur Veränderung der Welt beitragen?"
   - „Glaubt ihr, dass ihr auch jetzt schon etwas tun könnt? Was?"
   - „Wie könnt ihr euch ganz persönlich für eine friedlichere Welt einsetzen?"
   - „Was könnt ihr für eure Gemeinde (Stadt) tun?
   - „Was könnt ihr für euer Land tun?"
   - „Welchen Beitrag könnt ihr zum Frieden in der ganzen Welt leisten?"
   - „Was ist der größte Beitrag, den ihr zum Frieden in der Welt leisten könnt, sei es als Kinder oder als Erwachsene? Denkt an die Sache, die ihr euch am meisten wünscht, damit die Welt zu einem besseren Platz wird. Stellt euch vor, ihr selbst würdet das schaffen."
3. Bitten Sie die Kinder: „Erzählt jetzt dem Kind, das neben euch sitzt, welchen Beitrag ihr am liebsten in der Welt leisten würdet. Beschreibt auch, wie ihr das schaffen wollt." Geben Sie den Kindern vier bis fünf Minuten für das Partnergespräch.
4. Bitten Sie die Kinder dann wieder in den Kreis zusammenzukommen. Alle Kinder teilen jetzt der Gruppe mit, was sie am liebsten für die Welt leisten möchten.
5. Fragen Sie die Kinder, ob sie sich dazu verpflichten wollen, ihre Ideen auch in die Tat umzusetzen: „Wenn wir uns bereit erklären, etwas Wichtiges zu tun, ist das der erste Schritt zur Verwirklichung. Wenn wir dann auch noch aufschreiben, wozu wir uns verpflichten, bekräftigen wir unsere Absicht."
6. Kündigen Sie nun an, dass die Kinder heute die Gelegenheit haben ein Versprechen für die Zukunft abzugeben.

Bitten Sie die Kinder, ihr Versprechen für die Zukunft in die Tagebücher zu schreiben. Geben Sie ihnen Gelegenheit die Erklärungen laut vorzulesen.

7. Betonen Sie, dass die Kinder selbst der Schlüssel zu einer friedlichen Welt sind.
8. Lesen Sie folgende Zitate vor:

„Wenn einer allein träumt, dann bleibt es ein Traum. Wenn aber wir alle gemeinsam träumen, dann wird es Wirklichkeit."
(Helder Camara)

„Unsere Träume können wir erst dann verwirklichen, wenn wir uns entschließen, einmal daraus zu erwachen."
(Josephine Baker)

Zusammenfassende Fragen zu den Übungen aus Stufe III:

„Wir entdecken, dass wir zu einer Weltgemeinschaft gehören"

1. Erkläre die Fremdwörter:
   - Konfliktlösung
   - Herkunftsland
   - Vereinte Nationen
   - Harmonie
2. Erkläre mit eigenen Worten die win-win-Methode.
3. Glaubst du, dass man durch Vermittlung einen Streit schlichten kann? Warum oder warum nicht?
4. Worin gleichst du anderen Menschen?
5. Beschreibe die Friedensleiter.
6. Welchen Beitrag möchtest du für die friedliche Zukunft der Welt leisten?
7. Wenn du den Bundeskanzler oder den Bundespräsidenten sprechen dürftest, was würdest du ihm sagen?

Beachten Sie:
Benutzen Sie dieses Blatt zur Wiederholung und zum Rückblick oder als Arbeitsblatt für einen Test.

Auswertungsbogen

Zur Vorbereitung

Datum: ____________________

So geht es:
Kreuze die Antworten an, die am besten passen.
Du kannst zu jeder Frage auch mehrere Antworten ankreuzen.
Sei ehrlich. Du brauchst deinen Namen nicht auf das Blatt zu schreiben. Fülle bitte alle Abschnitte aus.
Deine Antworten sind sehr wichtig für uns.
(Du kannst die Rückseite oder ein anderes Blatt benutzen, wenn du mehr Platz brauchst.)

1. Wie reagierst du normalerweise, wenn ein anderes Kind dich ärgert?

- ☐ Ich schlage, boxe oder stoße den anderen.
- ☐ Ich bitte jemanden um Hilfe, um das Problem zu lösen.
- ☐ Ich benutze Schimpfwörter.
- ☐ Ich fluche.
- ☐ Ich tratsche über den anderen.
- ☐ Ich versuche, mit dem anderen Kind zu sprechen.
- ☐ Ich gehe weg, bin dem Kind aber weiter böse.
- ☐ Ich gehe weg und vergesse die Sache.
- ☐ Ich spreche hinter seinem Rücken über ihn.
- ☐ Ich benutze eine „Ich"-Botschaft.
- ☐ Ich suche nach einer Einigung.
- ☐ Ich versuche den Standpunkt des anderen zu verstehen.
- ☐ Sonstiges.

Erkläre: ____

____

2. Hast du den Eindruck, dass die meisten Kinder an dieser Schule/ Einrichtung sich gegenseitig nett und mit Respekt behandeln?

☐ normalerweise ja ☐ oft ☐ manchmal
☐ selten ☐ nie

Erkläre: ____

3. Findest du, dass an dieser Schule/Einrichtung Kinder, die aus anderen Ländern kommen, akzeptiert werden?

☐ normalerweise ja ☐ oft ☐ manchmal
☐ selten ☐ nie

4. Hast du schon einmal beobachtet, dass Kinder an der Schule/ Einrichtung schlecht über andere geredet haben, weil sie aus einem anderen Land kommen, eine andere Hautfarbe oder Religion haben, oder weil sie ein Junge oder Mädchen sind?

☐ ständig ☐ oft ☐ manchmal
☐ selten ☐ nie

Erkläre: ____

5. Findest du, dass es an unserer Schule/Einrichtung friedlich zugeht?

☐ immer ☐ meistens ☐ manchmal
☐ selten ☐ nie

Erkläre: ____

6. Wie könnte es friedlicher sein?

Erkläre: ____

____

Auswertungsbogen

Zur Nachbereitung

1. **Welche Veränderungen hast du im Umgang der Kinder miteinander festgestellt, seit wir mit dem Programm „Frieden schaffen“ begonnen haben?**

Erkläre: ______________________________

____

____

2. **Findest du, dass die Kinder jetzt weniger miteinander streiten?**

☐ ja ☐ nein

Erkläre: ______________________________

____

____

3. **Was machst du selbst anders, seit wir mit dem Programm begonnen haben?**

Erkläre: ______________________________

____

____

4. **Helfen Erzieher und andere Erwachsene dir dabei, Konflikte jetzt anders auszutragen?**

Erkläre: ______________________________

____

____

Literaturempfehlungen

Gefühle, Selbstbewusstsein ...

Akin, T. u.a.:
Gefühle spielen immer mit.
Mit Emotionen klarkommen.
Verlag an der Ruhr. 2000.
ISBN 3-86072-553-X

Beer, U.:
Schüchtern, scheu und selbstunsicher. Selbstbewusstsein kann man lernen. Moderne Verlagsgesellschaft. 2.Aufl. 1996.
ISBN 3-478-08467-9

Gottmann, J.:
Kinder brauchen emotionale Intelligenz. Ein Praxisbuch für Eltern. Heyne Verlag. o.J.
ISBN 3-453-14950-5

Krabel, J.:
Müssen Jungen aggressiv sein?
Eine Praxismappe für die Arbeit mit Jungen.
Verlag an der Ruhr. 1998.
ISBN 3-86072-392-8

Hiawyn, O./Kitamura, S.:
Der wütende Willi. Ein Bilderbuch über die Sinnlosigkeit von Gewalt.
Verlag an der Ruhr. 1993.
ISBN 3-86072-111-9

Lisner, S.:
Der wütende Willi.
Eine Arbeitsmappe zum Bilderbuch. Gefühle erkunden und Aggressionen abbauen.
Verlag an der Ruhr. 1993.
ISBN 3-86072-212-3

Reichling, U./Wolters, D.:
Hallo wie geht es dir?
Gefühle ausdrücken lernen.
Verlag an der Ruhr. 1994.
ISBN 3-86072-180-1

Streiten, Konflikte ...

Faller, K.:
Mediation in der Pädagogischen Arbeit. Ein Handbuch für Kindergarten, Schule und Jugendarbeit.
Verlag an der Ruhr. 1998.
ISBN 3-86072-341-3

Faller, K./Kerntke, W./Wackmann, M.:
Konflikte selber lösen.
Trainingsbuch für Mediation und Konfliktmanagement in Schule und Jugendarbeit.
Verlag an der Ruhr. 1996.
ISBN 3-86072-220-4

Haumersen, P./Liebe, F.:
Multikulti: Konflikte konstruktiv.
Trainingshandbuch Mediation in der interkulturellen Arbeit.
Verlag an der Ruhr. 1998.
ISBN 3-86072-429-0

Seeling, E./Schmidt, B.:
Alltagserlebnisse in Kindergruppen. Hilfen zur Sozialerziehung in Kindergarten, Hort und anderen Gruppen.
Bd. 1: Streiten und Vertragen.
Steinkopf Verlag. 1991.
ISBN 3-7984-0712-6

Soziales Lernen, Teamarbeit ...

Finney, S.:
Zusammen kann ich das – Effektive Teamarbeit lernen.
Verlag an der Ruhr. 2000.
ISBN 3-86072-499-1

Herdegen, P.:
Soziales und politisches Lernen in der Grundschule. Grundlagen, Ziele, Handlungsfelder. Ein Lernbuch und Arbeitsbuch.
Auer Verlag. 1999.
ISBN 3-403-03054-7

Höper, C.-J./Kutzleb, U./Stobbe, A.:
Die spielende Gruppe.
115 Vorschläge für soziales Lernen in Gruppen (Praxisbuch).
Pfeiffer, München; Jugenddienst. 1998. ISBN 3-7904-0640-6

Keller, G./Hafner,K.:
Soziales Lernen will gelernt sein. Lehrer fördern Sozialverhalten. Auer. 1999.
ISBN 3-403-03199-3

Schilling, D.:
Miteinander klarkommen.
Toleranz, Respekt und Kooperation trainieren.
Verlag an der Ruhr. 2000.
ISBN 3-86072-551-3

Schilling, D.:
Soziales Lernen in der Grundschule.
50 Übungen, Aktivitäten und Spiele, die den Schülern helfen, mit Konflikten umzugehen.
Verlag an der Ruhr. 2000.
ISBN 3-86072-489-4

Smith, Charles A.:
Hauen ist doof. Spiele gegen Aggressionen in Kindergruppen.
Verlag an der Ruhr. 1994.
ISBN 3-86072-155-0

Sonnenberg, J./Windsor, A.:
Teamarbeit trainieren in der Grundschule.
Übungen, Aktivitäten und Spiele, Teamfähigkeit zu stärken und auszubauen.
Verlag an der Ruhr. 2000.
ISBN 3-86072-490-8